风展红旗如画

——走进中央苏区武夷山

福建省炎黄文化研究会
福建省文学艺术界联合会 编
福 建 省 作 家 协 会
中共武夷山市委宣传部

海峡出版发行集团 | 海峡文艺出版社

图书在版编目(CIP)数据

风展红旗如画:走进中央苏区武夷山/福建省炎黄文
化研究会等编. －福州:海峡文艺出版社,2021.8
ISBN 978-7-5550-2687-7

Ⅰ.①风… Ⅱ.①福… Ⅲ.①革命纪念地－介绍－
武夷山市 Ⅳ.①K878.23

中国版本图书馆 CIP 数据核字(2021)第 154935 号

风展红旗如画
　　——走进中央苏区武夷山

福建省炎黄文化研究会
福建省文学艺术界联合会
福 建 省 作 家 协 会　　编
中共武夷山市委宣传部
责任编辑　何　莉
出版发行　海峡文艺出版社
经　　销　福建新华发行(集团)有限责任公司
社　　址　福州市东水路 76 号 14 层
发 行 部　0591－87536797
印　　刷　福建新华联合印务集团有限公司
厂　　址　福州市晋安区后屿路 6 号
开　　本　700 毫米×1000 毫米　1/16
字　　数　300 千字
印　　张　18.25
版　　次　2021 年 8 月第 1 版
印　　次　2021 年 8 月第 1 次印刷
书　　号　ISBN 978-7-5550-2687-7
定　　价　58.00 元

如发现印装质量问题,请寄承印厂调换

本书编委会

主　　任：陈荣春

副 主 任：马照南　林思翔　杨少衡　章　武

　　　　　江建华　杨青建　谢启龙

编　　委：（以姓氏笔画为序）

　　　　　马照南　王小华　王建华　王晓岳　朱谷忠

　　　　　江建华　杨少衡　杨青建　张锦才　陈荣春

　　　　　陈慧瑛　林秀美　林思翔　林　滨　罗永胜

　　　　　金文莲　唐　颐　黄　燕　黄文山　黄敬林

　　　　　章　武　彭秀莲　谢启龙

执行编审：黄文山

特约编审：刘志峰

前　言

　　武夷山是世界自然遗产和文化遗产的双遗产地，碧水丹山，物华天宝，自然风光美丽独特，历史文化积淀深厚。但许多人不知道，在革命战争时期，武夷山还是中央苏区的重要组成部分，是中央苏区的东大门。武夷山有着悠久的革命传统，1928 年发生的上梅暴动，打响了闽北人民反抗国民党反动派的第一枪，催生了闽北红军——中国工农红军第 55 团的诞生。20 世纪 30 年代，武夷山革命高潮迭起，方志敏、粟裕等先后率红十军和红军挺进师入闽，之后，中共闽北分区委和苏维埃政府成立，红色政权覆盖全境。闽北革命根据地日益发展，红军和地方武装不断壮大，苏区的政权建设、经济建设和文化建设都取得了显著成绩。到 1933 年，闽北苏区已经成为中央苏区的一部分，担负着中央苏区东北大门的防御和作战任务。

　　1934 年 10 月，中央主力红军开始战略转移，闽北苏区由此进入艰苦卓绝的三年游击战争时期。在黄道同志的领导下，武夷山红旗不倒，随着游击区不断扩大，游击战术灵活多样，红军队伍也不断壮大，成为我党坚持游击战争的典范。1937 年末，骁勇善战的 1500 名闽北红军被编入新四军三支队五团，成为日后驰骋在抗日战场上的无畏之师。

　　解放战争时期，武夷山仍然是中共福建省委的驻扎地之一，血雨腥风，磨砺着一个个革命志士的钢筋铁骨和耿耿丹心。

　　而今，张山头红军医院旧址宛在，深山密林中，1343 座无名红军墓，组成一列列永恒的军阵，肃穆庄严；赤石渡口，滔滔崇溪畔，仍然回响着新四军战士奋勇突围时的呐喊，激昂壮烈；昔日红色首府大安，红军礼堂静静地沐浴在冬日的阳光下，让人想见土地革命时群情激奋的欢闹情景。

　　毛泽东、朱德、周恩来、彭德怀、方志敏、粟裕等老一辈革命家，从来重视武夷山的战略地位，多次指挥雄师，"直指武夷山下"。黄道、黄立贵、徐履峻、陈昭礼、陈耿……在武夷山浴血战斗，直至献出自己宝贵的生命。一个个武夷山儿女，无私无畏、赤胆忠心。由他们组建的新四军五团，五次保卫繁昌，与强寇殊死搏斗，立下赫赫战功。皖南事变中，为保卫新四军军部，1500人大部牺牲，谱写了一曲感天动地的英雄壮歌。

为庆祝中国共产党成立 100 周年，纪念崇安苏区成立 90 周年暨毛泽东主席《如梦令·元旦》词创作 90 周年，由福建省炎黄文化研究会和福建省作家协会组织的作家采风团以及军旅采风团应邀来到红色武夷山。经过作家们的深入采访和精心创作，《风展红旗如画——走进中央苏区武夷山》一书将于近日付梓。本书按题材分为四辑：《星耀史册》《武夷情怀》《英雄壮歌》《土地诗篇》。

武夷山，这座名闻遐迩的双遗产地，正从作家们深情的笔下，向世人讲述一段不平凡的苏区红色历史。"为有牺牲多壮志"，曾经洒满殷殷鲜血的青山，因为革命的壮烈而更加妩媚，更加值得后人缅怀和珍惜。

2021 年 6 月

目　录

四、土地诗篇

一、星耀史册

武夷红

张建光　张晓平

　　进入武夷山，印象最深的是碧水环绕的座座山峰，红崖丹壁，纵横东西，突兀峥嵘，大块写意。中生代白垩纪初，东南沿海发生了强烈燕山构造运动，太平洋板块和欧洲的沉积岩抬升隆起便有了今日武夷三十六峰、七十二洞和九十九岩。更为奇特的是沉积岩里赤铁矿在干热的条件下，氧化成红色或紫红色的红层。这样的地貌，中国科学家发明了一个被世界认可的概念——丹霞地质。在全国发现的 520 余处丹霞山岩中，武夷山属于发育最完整、最典型且最有观赏价值的成熟地带。

　　武夷红横空出世！愈经风雨，愈深沉庄重，变得绛红、紫红，以致黑红。像无数面迎风招展的旗帜，高悬在拔地而起的危崖高标上；像纷至沓来的红星，闪耀在翠绿欲滴的世界；像汩汩不息的泉流，在人们的血管中奔涌；像凝固了的太阳记忆光盘，一旦开启，尘封许久充满铁血的故事便会四射开来。

　　是的，武夷山是红色革命圣地。丹山如血——武夷丹山赤石是志士先烈的鲜血染成。在武夷山洋庄张山头，崇山峻岭之间，近年老乡发现一处红军墓葬群，那里曾经是闽北红军医院、中共闽北分区委和闽北红军独立团驻地，1343座无名红军墓装点着少量青砖碎石，红军将士的鲜血已经深深浸入地下的泥土。张山头不过是武夷山红色文化的一个山头。整个新民主革命，1.2 万余名武夷儿女参加红军游击战，血溅沙场，有名有姓被定为革命烈士的 2838 人。新中国成立初全市有老红军、老游击队员、老战士、老苏区干部、老接头户

1743 名。全市革命时期被毁灭的村庄 549 个，民房 8.44 万间，1.19 万户人家成为绝户。苏维埃时期全市人口 14.4 万人，到新中国成立前夕仅剩下区区 6.9 万人。

然而，2009 年以前，武夷山仍未被中央认定为中央苏区。个中原因众说纷纭。人们回过头来，重新审视这方山水，一片灿烂的武夷红让世人景仰称叹。

红色遗址

项南

武夷武夷，天下称奇。

大安大安，永志勿忘。

赤石赤石，人生价值。

崇安崇安，无限风光！

纵横俯仰武夷山，红色遗址星罗棋布。从历史纵向看，武夷山星火燎原，红旗不倒；从地理横向看，东西南北中，武夷山全域一片红。

进入武夷山东部，上梅暴动遗址如今已成为革命圣地，瞻仰者来到崇安民众局旧址、烈士徐履峻牺牲处、上梅暴动纪念亭前，感受着浓厚的红色气息和

上梅暴动陈列馆

战争年代的革命传奇。20 世纪 20 年代，红色武夷风起云涌。1927 年 7 月，武夷山的共产党组织——中共崇安特别支部成立，直接隶属中共中央。次年 9 月，发动著名的福建五大农民暴动之一的上梅暴动，打响了闽北革命武装反抗国民党反动派的第一枪，这是闽北革命历史上

中共崇安特别支部

第一次有纲领、有组织、有准备的武装行动。民众武装令人鼓舞地发展壮大成 16 支队伍，直接催生了崇安浦城闽北红军——中国工农红军第 55 团的诞生。

在武夷山北部，岚谷乡红色遗址众多，网山炮台、闽赣省委旧址、中共闽北特委旧址、红军广场、红军兵工厂、解放大军入关旧址等都引人瞩目。伫立在红 55 团雕像前，耳边仿佛响起阵阵枪炮声、军号声和冲锋呐喊声，新四军第五团"繁昌对日作战""血战东流山""皖南事变军部保卫战"的画面栩栩如生地再现。

20 世纪 30 年代，武夷革命高潮迭起。闽北分区委成立，闽北分区苏维埃政府成立。地处武夷山西北部的大安闽北苏区首府名震天下，这里党政军和群团机关一应俱全，党校、军校、学校、红色医院、印刷厂、银行、商店分布周边，还有红军街、红军礼堂、红军地道等，珍贵的历史遗存和历史文献令人叹为观止。走进闽赣省委所在地坑口村，1931 年红十军刷写的"中国红军万岁"标语仍然醒人眼目，坑口纪念馆里讲解员介绍方志敏红十军入闽、粟裕红军挺进师与闽北红军会师的故事，再一次令人震撼！

英姿勃发的方志敏同志率领红十军会师武夷山，武夷山迎来了第一次解放，红色苏维埃覆盖全部县城。1933 年 4 月，闽北苏区纳入中央苏区闽赣省，成为中央苏区组成部分。经过艰苦卓绝的三年游击战，闽北红军高歌奔赴抗日前线。1938 年 6 月，中共闽浙赣特委与闽东特委合并组成中共福建省委（后闽

中党组织加入），省委机关就设在武夷山坑口村头村，武夷山成为福建抗战大本营的"红色都城"。福建省委在此举办过 4 期干部培训班，中共七大福建代表团在此产生并前往延安，台湾抗日义勇军和少年团就是从这里出发奔赴抗日前线杀敌报国。

在武夷山南部，赤石暴动纪念馆里新四军战士雕像和女战士雕像打动人心，与崇阳溪畔的赤石渡口、虎山庙大屠杀旧址、赤石烈士园等遗址遥相呼应，生动诠释浴血赤石的历史，铭刻着 73 位烈士不屈不挠、不怕牺牲的革命印记。20 世纪 40 年代，红色武夷可歌可泣。"皖南事变"中，闽北儿女誓死保卫军部、保卫军长叶挺，拼尽最后一颗子弹，流尽最后一滴血，大多数同志壮烈牺牲！"皖南事变"后，关押在江西上饶集中营的新四军被转移，途经武夷山赤石村，第六中队秘密党组织成功举行军事暴动，史称"赤石暴动"，成为抗日战争重大历史事件之一。

谁能想到喧闹的武夷山城市中央地带，坐落着葱茏树木掩映的列宁公园。进入一座青石牌坊，便可见花岗石的火炬，那是本地特有的武夷红石质，在人们面前熊熊燃烧。驻足抬眼东望，但见老一辈革命家朱德、陈毅和叶飞所题烈士纪念碑直指蓝天，傲视苍穹。环顾四周，松柏掩映中粟裕将军的骨灰安放在古树名木老樟树近旁。公园最深处就是闽北革命纪念馆，那里聚集了闽北 10 多万平方公里数十年的红色风暴，无不唤醒人们"国际悲歌歌一曲，狂飙为我从天落"的历史记忆。圣道朝天，沿着公园的中轴线走下去，将走进一个神圣殿堂！

红色政权

> 本县苏维埃政权与中华苏维埃共和国临时中央政府有隶属关系，苏维埃政权管辖面积是本县面积的一半以上，苏维埃政权坚持斗争需半年以上。
> ——评定中央苏区的三个基本条件

对于武夷山提出申报中央苏区，中央和地方党史研究室及党史专家高度重视。经过党史专家研究论证，武夷山完全符合中央苏区的条件，是毛泽东所称道的"方志敏式"革命根据地的一部分。

从红色政权隶属关系看，1930年5月，以崇安为中心的闽北革命根据地建成，拥有中共闽北分区委、闽北分区革命委员会、闽北分区军事委员会、共青团闽北分区委、闽北分区苏维埃政府等组织。崇安苏区先后隶属闽北特委、赣东北特委、赣东北省、闽浙赣省。1933年4月26日，中华苏维埃共和国临时中央政府人民委员会在瑞金召开第40次常委会，决定将闽北苏区和相连7县以至信托两河一带划归闽赣省，成立闽赣省革命委员会。从时间看，党史专家收集300多篇历史文献，大量史实证明崇安苏区进入中央苏区闽赣省的时间始于1933年5月，止于1934年9月，达16个月以上。从管辖面积看，1932年崇安苏区全面鼎盛时期，苏维埃政权遍布全县，境内先后建立了2个地区级、3个县级、18个区级和234个乡村级苏维埃政权。

不仅如此，武夷山还是闽北苏区中建立政权最早、地域最广、牺牲最多、贡献最大的苏区。红旗飘飘，革命之根深植武夷红土地，打上深刻烙印，具有鲜明特征。

第一，特别讲政治。武夷山党组织直承中央，福建最早的共产党支部之一中共崇安特别支部成立时，就是由中央指派中共中央常委会和政治局会议秘书陈昭礼到武夷山指导建设的。毛泽东同志提出"枪杆子里出政权"著名论断，武夷山发动了以上梅为中心的崇浦农民武装暴动，随后成立的中国工农红军第55团、红军教导团，遵循毛泽东同志的建军宗旨和原则，开辟出苏维埃根据地。方志敏同志两次亲自指挥红十军入闽作战，武夷山成为主战场。尽管武夷苏区红色政权隶属关系数度变更，有时归闽赣省委，有时同闽东特委合并属福建省委，但武夷山同志每次都坚决服从中央决定，没有任何的怨言与杂音。

第二，特别讲民主。苏区民主包含民生、民本、民众主义等多重含义。徐履峻首创将农会改成"民众局"为民众打天下。崇安苏区开展的土地革命是一场翻天覆地的伟大变革，分配土地约40万亩，近15万人分得土地。苏区在革命的同时大力发展生产，农业生产力得到大幅度释放，耕田种地只争朝夕。工业也突飞猛进，凡成立县一级红色政权的地方，都开办了农具、茶叶、硝盐、制革、被服、造纸、印刷等工厂。崇安甚至设立了自己的金融机构，苏区银行为军民提供存贷款业务。毛泽东同志在中央苏维埃政府第二次大会所做报告《关心群众生活，注重工作方法》中，表扬闽赣苏区粮食产量增长两成。"解放区的天是明朗的天"，分田得地的崇安苏区人民第一次有了自己文化精神上的满足。列宁小学、红旗小学、列宁师范学校里传出百姓陌生而亲切的读书声。闽北工农剧社的演出热火朝天，农民百姓成了精神文化的创造者，4 年群众创作的歌曲多达 300 余首。红场体育场设跑道、球场、观礼台，一次运动会参加群众有 2000 多人。苏区的婚姻让人耳目一新，千百年来的媒妁之言父母之命不管用了，全都由青年男女自愿自由结合，苏区群众整个身心都从黑暗如山的封建枷锁中解放出来。

第三，特别讲奉献。武夷山是红军和新四军的兵源地，方志敏组建红十军时，崇安红军 1500 多人赴赣东北编入红十军；中央苏区闽赣省组建红七军团时，以崇安红军为主的闽北红军独立师 1800 多人被编入 21 师 58 团，三年游击战时期崇安红军发展到 6 个纵队 3000 人。抗战时期闽北红军改编成新四军第 3 支队 5 团，计 1600 人。崇安苏区为中央苏区提供了大量财力物力支持，仅 1933 年底就认购公债 10 万元。武夷山苏区牺牲也是最大的，从苏维埃时期到新中国成立前夕，武夷山人口锐减 7.5 万人，大多数人为革命斗争光荣牺牲。

红色领袖

毛泽东《如梦令·元旦》

宁化、清流、归化，

路隘林深苔滑。

今日向何方，

直指武夷山下。

山下山下，

风展红旗如画。

武夷山有幸,中国共产党第一代领袖精英几乎都与这方山水有过交集。朱德同志亲临此地,为列宁公园闽北革命烈士纪念碑题字;邓小平同志为保护武夷山水做出过重要批示;李先念同志指示武夷山"山不能破坏,水不能污染";彭真同志亲笔挥毫"星火千古耀崇安";方志敏两次率领红十军驰骋武夷山大地;而黄道、粟裕将自己骨殖和骨灰永久留在了武夷山……

关于武夷山与红色领袖之间的历史关联,人们最关心的是毛泽东同志有否来过武夷山?有人说他秘密来过,所以才有了《如梦令·元旦》一词;有人说他只是跨过武夷山脉,并未踏入现在武夷山的地域。

20世纪20年代末的冬天,中国革命正行进在山复林深的闽赣古道上。南方阴雨连绵,一路泥泞。毛泽东同志站在深深密林山径转弯一块巉石处,他的眼光越过千层山峦,山林间响起苍凉的湖湘口音:"宁化、清流、归化,路隘林深苔滑……"

轰轰烈烈的大革命形势因"四一二"蒋介石的枪声急转直下,中国革命处在紧要关头。毛泽东以一位革命者的政治勇气和洞察古今中外的如炬目光,探索中国革命的道路问题,"枪杆子里出政权",他提出了农村包围城市,武装夺取政权的思想。"秋收时节暮云愁,霹雳一声暴动。"毛泽东把红旗打到了井冈山上,成立了中国共产党堂堂正正的军队——中国工农红军第四军。他在探索,理论来源于实践,更要在实践中不断验证和推进。

山路越来越险峻,天空中渐渐飘起南国的雪花,雾上来了,几步之外看不见树影人形,闽赣多有的松柏似乎也失去了青翠。毛泽东的心情是凝重的。不完全在于军情紧迫。井冈山根据地建而复失,闽、粤、赣三省敌人向闽西发动新一轮"会剿",红四军为了保卫闽西而离开闽西,此行兵分两路,转战赣南能否顺利会师尚不得而知。事实上他有更痛苦揪心的事,党内志同道合同志之间存在认识分歧是正常的,但他不能容忍单纯军事观点、极端民主化、流寇主义等各种非无产阶级思想,不能容忍中央派来代表的不正确主张,不能容忍红四军代表会议未能将正确路线写进决议。他甚至一度离开了红四军领导位置。中国革命就像脚下的山路又走到了一个转弯处:今日向何方?

好在1929年7月下旬,陈毅同志到上海向党中央如实汇报红四军情况,中央政治局成立三人委员会专门解决红四军问题。著名的"九月来信"充分肯定他的路线正确，要求他仍回前委工作。年底彪炳史册的古田会议召开，第一次以党的决议的形式明确无产阶级政党领导新型人民军队的重大问题。一路行来，他的心情亢奋超过了凝重。当然，他的乐观是建立在对革命形势的科学预判上，就在上路的几天前，针对党内存在的"红旗到底能打多久"的疑问和悲观倾向，他写下了著名的《星星之火，可以燎原》，以大气磅礴的气概，史诗般预言中国革命高潮的到来："它是站在地平线上遥望海中已经看到桅杆尖头的一只航船，它是立于高山之巅远看东方光芒四射喷薄欲出的一轮红日，它是躁动于母腹中的快要成熟了的一个婴儿。"

事实上，信中描绘的景象，已经是武夷山下崇安红色苏区的现实。1929年10月，中共崇安县委将活跃在武夷山内外的16支民众队伍陆续整编为各队红军，编为"中国工农红军第55团"。这支队伍在党组织领导下，以连为单位，攻城略地，全面出击，解放了崇安大部分乡村，控制了建阳、浦城以及江西沿山、上饶等地大片乡镇，闽北苏维埃政权也将应运而生。毛泽东一定了解武夷山下工农武装割据的局面，武夷山革命形势验证了他的理论和预言，不绝的诗意涌上他的心头："今日向何方，直指武夷山下。山下山下，风展红旗如画。"

今天重温毛泽东《如梦令·元旦》，应该更加深刻领会：（1）"红旗如画"展示出当年武夷山苏区生机勃勃的革命形势，是对"红旗到底能够打多久"再一次有力的回答。（2）毛泽东提出农村包围城市、武装夺取政权的光辉思想，如果说井冈山时期还在酝酿探索，那么1930年闽赣时期则是大道初创，虽然整个思想体系是在党的七大时提出的。（3）红色领袖毛泽东对武夷山苏区一往情深，具有浓厚的革命感情。据历史文献《碧血丹心——毛泽东与他麾下的将领》记载，1932年12月，遭受排挤、正在长汀休养的毛泽东，见到从邵武（邵武与崇安相邻，距离约80公里）调闽西就任红十二军军长的张宗逊。毛泽东和他相谈甚欢，内容涉及很多方面。毛泽东话题一转，突然问："现在崇安情况怎么样？"见张宗逊不甚了解，毛泽东又说："占领邵武以后，应该让人到崇安县去联系一下。"

红色风流

毛泽东《沁园春·雪》
惜秦皇汉武，略输文采；
唐宗宋祖，稍逊风骚。
数风流人物，还看今朝。

武夷山革命历史的天空，闪耀着革命者英勇献身的光辉，他们筚路蓝缕，艰难困苦，金戈铁马，仰天长笑，充满着"为有牺牲多壮志，敢教日月换新天"的壮烈豪情。然而，革命岂止是血与火、刀和枪、生同死的碰撞，岂止仅有生死置之度外的大无畏，革命者更有用激情和生命谱写的倜傥风流，造就出史诗般的壮美和绝唱。

江禹烈就是其中的一位杰出代表，时任北京工业大学党支部书记，同李大钊、陈乔年、赵世炎、陈毅一起组织北大、北工大和北京女子师范大学的师生，反对帝国主义和军阀政府，和鲁迅悼念的刘和珍君一起在"三一八"惨案中牺牲。他牺牲时年仅 28 岁，但他对中国社会的分析和对中国革命的认识十分深刻。他原先抱定实业救国，科学救国的宗旨而发奋读书，接触马列主义后，立志投身革命事业。"帝国主义未打倒之前，真正为人类谋幸福的实业是不能在中国发达的""做革命事情，实以工农为最，我们应从此入手"。当时中国共产党刚刚成立一两年，革命领袖们也还在黑暗中艰苦地探索前行，江禹烈的言行表明他已成为革命的先驱。他牺牲后，人们在北京为他树了两块纪念碑。上梅暴动的组织者徐履峻也是这样一位具有革命理性又认真实践的同志，他从南京金陵大学走出，以教书为掩护，深入乡村发动群众。当时恰逢国民党背叛革命，血雨腥风，乡村形势错综复杂。他循循善诱群众，反抗日商买办压迫敲诈，发动三四千农民成立了民众局，处决了罪大恶极反动分子，破仓分粮，平田废债，在武夷山第一次砸开了压在农民头上几千年的枷锁，第一次打破了封建土地所有制，揭开了闽北土地革命序幕。一个大学生能用农民的语言深入浅出地说理，让广大农民自愿跟他拼命，这是何等的才干，何等的气概！革命烈士中还有许多目不识丁的同志，他们同样具有聪明才智。汪林兴同志参加革命自学成才，从支部书记成长，担任过崇安县委书记、闽浙赣特委组织部长、福建省委常委等职，他同时是位济世救人本领不小的中医，还特别爱护知识分子，国民党军队进攻建阳太阳山时，他带领一支由知识分子和女同志20多人组成的队伍，野外行进突遇刮风下雨，他拿起柴刀砍毛竹搭棚让大家避雨，在场的同志都十分感动省委干部如此爱护知识分子。最让人感叹的是牺牲时年仅19岁的陆如碧，她只读过两年私塾，凭着对革命的热情，军事上无师自通，练就三绝：一是能使双枪，二是会骑马作战，三有神行飞腿；历任司号员、警卫连指导员、特务连指导员、闽北独立团机炮营政委，是一位威震闽北的巾帼英雄。

武夷山红色革命史中有太多的"风流人物"，赤石暴动73烈士值得永远铭记。他们中大多数来自读书明礼的知识阶层，有的出身资产阶级或地主家庭。烈士林夫是中国新兴木刻运动的先驱之一，在上海美专读书时参加了鲁迅先生倡导的中国新兴木刻运动，很多作品得到过鲁迅指点，参加过两次全国木刻流动展览。烈士徐瑞芳原是医学院学生，谙熟英德两门外语，又酷爱音乐，她和丈夫任光一一起创作的《别了，皖南》等许多著名歌曲，至今还被人们传唱。烈士王之燕、黄刚培之前都是大学生，阅读马列书籍后投身革命。烈士李平、杨德环都是爱国华侨，捐钱捐物支持抗战，参加华侨救国义勇队，脱下西装，换上新四军服……国民党特务原来以为这些"少爷""小姐"们好对付，谁知许愿升官发财不成、欺骗引诱也不成，于是施以威吓、谩骂、鞭打、枪杀。新四军的志士们威武不屈，73位同志没有一人写"悔过书"，没有一位低下高贵的头颅，他们宁愿站着死，不愿跪着生。

令人钦佩无比的是，失去自由、身陷囹圄的新四军狱友们，始终保持着革命的乐观精神和浪漫情怀。调来看守新四军的是一批"长于统驭，精明干练"的特务，对狱友们"实施长期严格训练"，甚至不让狱友们议论说话，只让集中唱歌。于是秘密党支部组织大家唱《太行山》《八路军军歌》，唱《五月的鲜花》《歌八百战士》，一首《新四军军歌》唱得整齐嘹亮、铿锵有力。特工们不解："这是什么歌？"狱友们笑答说："这是铁流歌。"敌人发现不对后下令禁唱。就在那样一种苦役般的生活环境下，新四军的同志们把集中营作为学校，作为磨炼的基地。他们通过秘密渠道，设法从狱外找来马克思主义理论书籍，拆开分装在国民党书籍中阅读。最让人称奇也最让人感到豪迈的是，第六中队新四军同志是高唱着《义勇军进行曲》发动赤石暴动的。"啦！啦！啦！"当歌声响起，暴动信号也就发出，说时迟，那时快，指挥员把手一挥，发出响亮的指令："同志们，冲啊！"80多名新四军志士一跃而起，冲过水田，冲过丘陵，冲过枪林弹雨，向武夷山冲去。很多人倒下了，40多位战友终于冲出了重围。重重夜幕下，这些挣脱牢笼的志士们呼吸着清新而自由的空气，擦干脸上的血渍和汗迹，重整行装，又踏上了新的革命征程。

对那些背离了革命队伍的变节者，红土地人民将他们钉在历史的耻辱柱上。至今武夷山的方言中有"李德胜"一词，专门用来形容靠不住的人和事。李德胜当时是苏维埃闽北军分区的司令员，国民党"围剿"开始时，他出奇的"左"，要求"以红色堡垒对白色堡垒"，与敌人进行大决战。当党政军机关撤出武夷山大安，他竟然携枪叛变投敌，丧心病狂地带着国民党部队偷袭闽北红军。闽北分区特委书记黄道义愤填膺，奋笔疾书作《骂叛徒李德胜歌》："骂声叛徒休猖狂，乌云一过出太阳，这笔血债要偿还！同志们，不要怕，革命好比火炼金，真金不怕火，怕火非真金。革命同志心如铁，任何困难不变心，不顾一切去牺牲，最后胜利属我们！"

数风流人物，属于胜利的苏区人民。武夷革命同志之所以这般倜傥风流，正是因为经过真金烈火般焠炼！武夷山之所以这么红，正是因为烈火真金铸造出坚不可摧、巍巍仁立的丹山壑崖——武夷红！这种丹山壑崖有着特殊地理特征和与众不同红颜色景观。有人把武夷红比作"红宝石"，也有人把武夷红比作璀璨的星辰，闪耀在历史的天空，闪亮在永恒的岁月之中。

君临武夷，饱览山川秀色的同时，最应一睹武夷红。

史诗无名

——揭秘张山头红军墓群的前世今生

莲　语

　　南方的冬天冷得刺骨，特别是在中央苏区武夷山张山头。但阳光却很好，映得山上的色彩更有层次，红的艳，黄的金，绿的浓。

　　2020 年庚子年最后一个月，张山头迎来了两批创作团队，一批是由福建籍作家和军旅作家组成的"武夷山红色文化采风团"，一批是福建省人民艺术剧院的采风人员。

　　今年 81 岁的村民张牵英老人已记不清这些年有多少人来看她的家和她家后门的山，她只知道，这些人都是为了她家后门满山没有名字、没有墓碑的坟墓来的。老人很淳朴，每次看到有人来张山头都高兴地端出家里零食，一来寂寞的村庄热闹了，二来山上的坟墓终于有了名字，叫"红军墓"，三来听说这些坟墓被国家"保护"起来了。

　　张阿婆口中的"坟墓"，便是 2016 年在武夷山市洋庄乡张山头新发现的 1343 座无名红军墓群，2019 年被国务院授予第八批全国文物保护单位。新华社对墓群的描述是这样的："三块青砖，一个编号，一根红飘带，标记着一座红军墓；没有姓名，没有番号，没有铭文，1343 座先烈遗存，共同站成一座永恒的军阵。"中国作家协会会员张建光评道："张山头，武夷魂！让名的山、利的海荡然无存。"军旅作家罗光辉则喊出："一座墓碑，惊醒了世界。"

　　地处闽赣交界的武夷山市（原崇安县）张山头到底有着怎样的故事？战

争年代的崇安到底经历了怎样的历史变故？为何大山深处的这片庞大墓葬群无碑无名？青山之上、翠竹之下，一座座低矮的坟冢是何时形成的？他们是谁？……让我们一起穿越时空揭开"尘封之痛""武夷之殇"，讲述张山头的前世今生。

前世之幸，被选中的"红色医院"

张山头，是武夷山市老区基点村，坐落在小浆村海拔758米的高山上，离武夷山市区20多公里。村民大多外出打工，只剩下10多位老人坚守贫瘠的家园。没上过学的张阿婆便是10多位坚守老人之一，从六七岁作为童养媳来到张山头，她已在此生活了70多年，2017年村子连接外界的水泥路通前，她下山次数仅有三次。

《武夷山志》记载：张山头，宋代由张氏开邑；清代属西乡杨庄保；民国时称张际乡；新中国成立后，改称张际大队，大队部设在张山头；1976年，大队部从山顶搬到山脚，和附近的12个自然村组建新的行政村——小浆村。20世纪50年代后，张山头张姓仅一户，现主要是杨、曾二姓。

历史上，由于张山头地处高山，交通不便，山上全是密密的阔叶林，林下生长着丰富的中草药。一直以来，这里的村民多以行医看病为生，家家户户都能看个头痛脑热的。在张山头出生今年已经67岁的杨学文记得，五六岁时，村里发生流感、流脑，家家户户就用烧艾草、枫树果、茶叶、大米等来对空气熏的办法驱除病毒，很快就消灭了病毒传染源。附近几个村庄的村民病了，都会到这里找医生去看病。杨学文的爷爷就是一名中草药的乡医。

据武夷山市党史资料记载，1928年9月，第一次上梅暴动后（注：福建省五大农民暴动之一），当地党组织将伤员送到张山头养伤，这个医疗机构，被当地老百姓称作"红色医院"。武夷山市老党史研究员张金锭对当时党组织为何选择张山头分析：一是隐蔽性，二是村民会治病，三是中草药丰富，四是这里的群众基础好，五是战守地势优越，与大安、坑口成三角之势，易守难攻。

随着斗争的深入，闽北红军 55 团成立，闽北苏区建立，武夷山的革命形势日趋火热。伤员越来越多，送到张山头的伤病员也增多，开始多为轻伤员，主要靠中草药疗伤。

1931 年 4 月底，方志敏率领红十军第一次入闽作战，打了 11 场战斗，取得了仗仗皆胜的战绩，但红军伤亡也很大。方志敏将受伤的战士送到张山头红色医院养伤，并亲自到张山头看望慰问伤病员。方志敏夫人缪敏在回忆录中写道："当时我军的红色医院就设在崇安张山头，这是一座高山，周围是密密的树林，只有几十户人家，风景幽美，十分安静，是个疗养的好环境。但当时我们的物资条件很差，生活比较艰苦，伤员没有床，就在地上铺草垫睡。方政委穿着一身灰色军装，腰间挎一支手枪，微笑着走进屋。他看见伤病员一个个苍白脸色，就和蔼地走到他们身边，蹲下来问这问那，还不时地抚摸着他们，安慰他们。"

"……你们好好休养，我们不久一定把你们接回江西去。你们的家属，政府也会照顾，你们在这里不必挂念。也不要害怕，我们现在留一个特务营在这里保护医院。你们安心休养吧！"

而特务营的营长便是具有"黄老虎"之称、后任闽北红军独立团团长的黄立贵。这一次，方志敏除了留下他的特务营，还将所缴获的枪支弹药也全部留给闽北红军。

1931 年秋，中共闽北分区委书记黄道学习中央苏区红军医疗卫生事业经验，着眼于闽北革命战争需求，将张山头"红色医院"改建为"闽北红军中医院"。该医院为团级机构，由一个独立营担任保卫重任。医院内设门诊、内科、外科、住院部、西药部、保卫排等部门。从 1928 年 9 月至 1935 年 1 月 25 日，"红军中医院"存续 8 年，是闽北中央苏区建院时间最早、存续时间最长、建制规格最高的红军医院。

由于医院设在张山头，红军与当地百姓建立起深厚的感情，至今在张山头还流传着《红军洗衣歌》："勇敢的红军们，勇敢的红军们，你是我的哥，我是你的妹，送干菜，送香茶……"

武夷山市文物与文化遗产管理所原所长赵建平，通过对张山头红军墓群和红军中医院考析认为，伤病员来源主要有四类：一是中央红军序列，红七军团、少共国际师；二是闽北苏区所辖序列，红军闽北独立师、中国工农红军55团（57团）与崇安赤警营、崇安赤卫军、民众队；三是入闽作战部队，方志敏赣东北红十军（红十军团）、刘英与粟裕红军挺进师；四是战斗与疾病，张山头和附近发生战斗的红军伤员以及闽北苏区工作人员。

张山头，这个闽北山区普通的高山村落至此被历史"青睐"，光荣变身为苏区时期的重要革命根据地：方志敏亲临医院指导并为安葬在此的红军将士立下"红军墓"碑，黄道为医院命名"闽北红军中医院"，粟裕把在这里养伤的100多名北上抗日先遣队红军战士编入挺进师，奔赴抗日前线。

前世之殇，悲壮的红军"埋骨地"

医院与逝者总是相伴生的。

张山头成为红军医院后，便成了敌人进攻和打击的重点目标，也因此这里成为牺牲红军将士的埋骨地。

据史料记载，在张山头发生过多次大的惨烈战斗，曾经一个月内痛失两任团长。如1931年2月的"沙渠洋战斗"，张建华、孙盛年在《中国工农红军第十军》一书中记录："月初，为了保卫闽北分区党政机关所在地坑口的安全，闽北红军独立团在沙渠洋（张山头附近，原称梭罗洋）与福建省防军钱玉光旅作战，红军损失惨重，独立团团长谢春锬负伤，抬到车盆坑医治三天后死亡，葬于车盆坑。月底，闽北红军独立团再次与国民党部队会战在沙渠洋，新任团长潘骧身负重伤，抢救无效牺牲。"方志敏在回忆文章中曾高度评价潘骧："他训练队伍很好，作战也勇敢。""在攻打土屋时，被乱弹打破了整个嘴巴，抬回来待了3天就牺牲了。"

又如1935年1月的"张山头阻击战"。时任闽北分区政治部主任曾镜冰在《忆闽北的革命斗争》中写道："1935年1月，国民党张銮基45旅分两路向大安逼近，黄立贵、陈一率领红58团在张山头阻击敌人一天，红军牺牲较大，团政委陈一在战斗中牺牲。"

此次战役的惨烈，从闽北革命历史纪念馆馆长罗永胜的介绍也得到印证，他说："1934年10月，中央红军北上开始长征，敌人派10万大军围攻闽北苏区，试图剿灭。1935年1月，黄道书记果断下令转移，闽北分区委撤离大安时，撤离线路就是从大安到陶观厂到东源际到留墩，然后到达张山头。当时，得知消息的敌人疯狂地对张山头'红军中医院'和撤离人员进行围剿。这次战斗十分激烈，牺牲人数不少，医院的建筑物大部分也被敌人烧毁。"

对红军中医院和战争年代的艰苦，当地村民有许多回忆。杨学文记得，"小时候听奶奶说，当年战事最为激烈的时候，送往红军中医院的伤病员最多时近千人。伤员们的衣服上都是血，洗衣时把溪水都染红了，用这溪水灌溉的农田都绝收了。"由于伤病员太多，村民自发组织担架队、洗衣队，衣服、绷带洗不过来，还到周边的村庄动员妇女来帮忙，家家户户都成了住院部。

时任闽北苏区妇女部长的童慧贞在《闽北苏区妇女斗争片段回忆》中记述："四月初六（1931年）红十军接着又打下了崇安赤石。赤石是闽北的一个重镇，物产丰富，商业繁荣，敌人的防守也很严密。这一仗打得十分激烈，消灭了敌人，但我军也有几百个伤员。那时红军医院是在沙采洋（即张山头沙渠洋）和五子屯的高山上，这几百副担架的伤员全都由我们坑口区800多个妇女照顾和护送。她们日夜轮班抬送，两天内就把几百名伤员转送到35至100多里路的红军医院去治疗。"

然而，作为主要靠中草药医治伤员的医院，治愈率可想而知。黄瑛和程添福在《忆闽北红军医院》中写道："由于当时医疗水平和设备差，加上战争时期缺乏药品，伤员的死亡率较高"。

村民杨朝富曾听奶奶说过：开始，牺牲的红军战士还有一副薄板装殓，埋葬到离村庄2里多的黄泥潭仔，按民俗有单冢或几个墓冢连成一片安葬，并砌青砖垒成墓门。后来，战争越来越激烈，形势也越来越残酷，村里的青壮年大部分去参军，只好将牺牲的人抬到后门山成批就近简单安葬，有的有墓门，有的连墓门都没有。在赵建平的考析中：1931年后崇安苏维埃政权相对稳定，墓园是有计划修建的，大多墓葬处于村庄之外。1933年12月开始，苏区环境日趋恶化，伤病员日益增多，墓葬逐渐向村庄一面坡靠近，墓葬走向简易。

87岁的村民黄声和的母亲也在红军洗衣队洗衣服，他父亲则跟随黄立贵在张山头打过仗。他父亲曾告诉他，当时牺牲的战士很多，埋葬的人手不够时，有的一个墓穴会埋好几个。很多伤员早上送来时还活着，到晚上人就没了。

从张山头红军纪念墙所在地地名叫"棺材坪"，即可见张山头曾经的血泪和悲壮。

今生之痛，80载尘封历史

在张山头村通往墓群的石阶古道旁，有一棵数百年历史、状似火炬的古枫树，它曾目睹着一名名牺牲的红军官兵被当地群众安葬在这片大山里，见证着这里的纷飞战火、残酷战斗。每到冬季，"炬枫"一身肃色，片叶不留，安然地融进大山；然而，一到春天，枝头便吐满新芽，绿意盎然，生机勃发。

对1343座无名红军墓来说，80载的尘封历史，宛若"矩枫"经历的寒冬，沉进长长的岁月。

据史料记载，1934年10月，中央红军长征，苏区进入艰苦的三年游击战争时期。闽北作为中央苏区的东大门，为迟滞敌人进攻，掩护中央红军突围，仍然在开展苏维埃政权的各项职能，红军医院也在收治伤病员。直到1935年1月，敌人疯狂地对闽北苏区进行围剿，张山头红军中医院才随党政军机关一道撤离。敌人为防止中医院被红军复用，对医院的建筑物进行了摧毁，并在1935年和1941年两次对张山头进行清村，将张山头村民全部清理下山，住到山下或县城，使张山头成为"无人村"。

在之后的岁月中，特别是三年游击战争中，这个"无人村"仅是群众与红军部队传递信息、食物的"接力处"。也就是村民将写有消息的纸条或米、盐等生活用品放在村里特有的"地道"里，待到天黑或适当时机，就会有人把东西取走。我们在村里采风时看到多个被村民称为"地道"的遗迹，村民们说，"这条地道贯通整个村庄，因村子高差有5层，共有5个出入口，既可以排洪、藏身、转移人，还可以存储食物。"这期间，也有村民试图暗中回村整理被毁房屋，但一旦被发现便被抓入牢房。杨学文爷爷一家人就是在清村时被赶下山的，被迫到县城炸油饼、为人做饭、看病谋生。

"无人村"的历史一直延续到新中国成立，政府鼓励村民回村参加土改。村民才陆陆续续回到张山头，村里又开始有了"烟火味"。

杨学文的奶奶是红军洗衣队的队员，负责给伤员洗衣做饭。从小，他常听奶奶讲红军时期的故事，知道他家曾经是红军住院部，村里每家每户都为红军服务；知道后山埋的是红军，是为我们穷人打天下的红军，对红军墓群总是感到好奇又害怕。大些时候，他到后山农事劳作，不小心会挖到红军遗骸，赶紧就地掩埋，并点上一根蜡烛。

小时的经历在他幼小心灵烙下深深的印记。长大后，他常常问村民，这些红军是谁？为什么没有墓碑？

20世纪70年代，赵建平曾在这里插队当过知青，他就走访过当时抬担架、当护理、做棺材、埋死人、洗衣做饭等的当事人，这里的红军故事也在他的脑海中留下深刻的印象。

……

但为何无名？为何没有文字记载？长期研究武夷山党史的罗永胜和赵建平分析认为：一则战事繁忙，局势严峻，埋葬匆忙；二则牺牲人员来源复杂，番号众多；三则共产党、国民党的部队在此"拉锯战"，担心刻上个人信息受到株连。

无论何种原因，这些无名墓群就这样被渐渐遗忘，淡出人们的记忆。

时光流淌，物是人非，红军墓群开始变成村民们的记忆，就像山上的树木一样，成为山林间固有的元素。每到清明和中元时，村民会自发到进山路口，或点上一支香、或对着墓群遥拜，这一习俗流传至今。村支部书记修利兴说："红军墓群寄托了老区人民对红军、对共产党深厚的感情。"

随着年岁的增长，留在杨学文记忆中有关红军墓的印记却越来越深，探寻的欲望也越来越强。因此，在2010年全国革命遗址普查时，他向党史部门反映张山头有红军中医院和众多红军墓的情况。时任武夷山市党史研究室主任的罗永胜当即带领相关人员，徒步登上张山头进行实地调查，发现医院遗址和众多无名墓冢。罗永胜回来后，在查阅和搜集大量闽北苏区时期的党史资料后，以"张山头红军烈士墓群"与"张山头红军中医院"两个名称，一同向上申报革命遗址。"张山头红军中医院"在2012年被列入全国革命遗址名录，"张山头红军烈士墓群"因为缺乏强有力的证据而未被列入。

应该说，2010年的这次普查，是张山头红军墓群这段被"封印"历史险些被冲破的一次。

张山头红军墓群的尘封历史能够揭开面纱，似乎是一场"接力赛"的结果，此时从杨学文手中接过"接力棒"的是罗永胜，对张山头红军墓群的关注和呼吁，他从未气馁，持续坚持向上反映。

就这样，时间来到2015年，这年是抗日战争胜利70周年。中共福建省委党史研究室要制作红军北上抗日先遣队的路线图，派人到武夷山了解情况。罗永胜将当年张山头红军中医院曾住过红军北上抗日先遣队伤病员、医院后山有红军墓群的情况又一次向上汇报，引起省委党史部门领导的重视。此后，时任省委党史研究室副主任的郑龙多次想上张山头查看，均因天气和道路受阻未成行，直到2016年3月29日才成行。

此行，成为揭开张山头尘封历史的关键所在，使得张山头这片无名红军墓群再次走进人们的视野。

今生重现，合力"正名"慰英烈

2016年，可谓张山头红军墓群"元年"。

对清明前夕郑龙此行的调研，武夷山市委市政府高度重视，当即派挂乡领导、市政协副主席金文莲陪同。当天，省、南平党史部门领导、专家和武夷山市委、党史以及洋庄乡领导、当地村民、武夷学院学生30多人在张山头举行了一场特殊的祭奠仪式。仪式很简单，在两棵竹子间拉一条横幅，上书："缅怀先烈，祭奠英灵；红军英烈，永垂不朽"，第一次向这些几乎被人遗忘、在大山里长眠 80 多年的英烈敬献花篮，默哀致敬。仪式后，全体人员实地考察红军墓群，当看到 100 多个静卧在深山荒草中的无名红军墓冢，大家都被震撼的落泪了，"这些为新中国建立付出生命的革命先烈，至今却连'名分'都没有。"

从此，大家自觉扛起责任，加入为张山头无名红军墓群"正名"的"接力赛"中。之后的一段时间，金文莲四处查阅资料，采访党史专家和当地村民，4 月 13 日，她撰写的《武夷山张山头发现无名红军烈士墓群亟待"正名"》社情民意，在"八闽快讯"上以专报件形式刊出。时任福建省委书记尤权做出批示，随后郑晓松、黄琪玉、熊安东等时任省领导，庄稼汉、张培栋等时任南平市领导分别就张山头红军墓群的核查、保护等工作在专报件上做出批示。时任南平市常委、武夷山市委书记马必钢就如何推动红军墓群工作多次进行具体安排部署。

至此，张山头无名红军墓群的工作进入省、地、市党委政府工作层面，相关领导、部门纷纷过问此事，并派人到武夷山实地察看。

武夷山市委、市政府高度重视，2016 年 4 月成立了"张山头疑似红军烈士墓群核查工作领导小组"，市委正处级干部刘志华任组长，挂乡领导金文莲任副组长。下设材料组、考证组、保障组和申报组，由市委、市政府、市政协、党史、民政、档案、文物、老区、林业、财政、电视台、洋庄等相关部门 30 多人组成，集中时间、人员、精力，从内页、外页双管齐下，对张山头无名红军墓群进行实地考证，寻找和搜集证据史料，全面开展核查工作。

在金文莲的记忆中，当时对领导小组用什么名称也是颇费一番周折，考虑到 2010 年上报全国革命遗址时的情况，在时任省民政厅副厅长饶添发的建议下，在名称中使用了"疑似"两字。直到发现红军墓碑，并被考证确认为红军墓后，才将名称中的"疑似"两字去掉。

材料组组长由罗永胜担任。兵分三路，一路由市档案局组成专班，对中国共产党的历史档案和国民党的相关档案资料进行查找；一路由党史、民政等部门人员组成，从党史、老区史、革命英烈史、卫生史等进行查找；一路由市里的相关部门和乡、村等组成，走访革命后代和"五老"。由于时间紧、任务重、人手不够，致公党武夷山的党员也主动参与到走访中，采访、录音和整理笔记。这期间，材料组共查阅了100多万字的史料、书籍和手稿；查找了6万多卷档案资料，找出有名有姓牺牲在张山头的烈士15人；走访了28位革命五老后代，整理出25份笔录和录音。同时，他们还发函周边县市和江西、浙江等省市的相关党史部门，并到省革命历史纪念馆、档案馆等地查找资料，为这些长眠者求证。

现场考证组按林班图一片山林一片山林地搜寻考证，发现一座疑似墓冢便插上一根竹片，系上一根红飘带，写上一个编号。夏季的张山头高温而湿热，杂草疯长，普查工作难度很大，考证组人员顶着湿热劈柴拔草，每个墓冢逐一做标记和编号，每增加一个数字，都敲击着核查人员的心。就在大家普查得越来越揪心时，"红军墓"碑在东坑头被发现，成为墓群核查工作的重大突破。

据村民吴福华回忆，5月13日，当核查人员核查到东坑头时，在2人多高的杂草丛中，发现了一块风化严重的"大石头"，上面隐隐约约有文字，马上向上汇报。获知此信息的领导小组人员非常兴奋，当即要求文体新局分管文物工作的副局长郑崇金：先行保护好，并立即向省、南平文物部门报告，请求派考古专家到现场考证。省文物局随即委托南平市博物馆派张文崟副研究员前往，经现场实地考证，发现墓碑上有一颗红军时期的"五角星"和"红军墓""三一年立"七个字，并于26日形成初步调查报告，认为：张山头的这些"无名墓"是红军墓群。

至此，被人遗忘80多年的张山头无名墓冢主人的身份得到确认，而且数量众多。

对"红军墓碑"的发现，闽北革命历史纪念馆馆长罗永胜认为，1931年立，刚好与方志敏率领红十军入闽的时间吻合。

经过3个多月的现场详细普查考证，在张山头近千亩山林中已发现1343座无名红军墓冢，主要分布在东坑头643座、墓坪566座、瓦窑134座三个片区；同时还发现2条战壕、3个炮台、2个练兵坪、1条贯通全村有5个出入口的地道。

通过相关资料和实地走访、考证，这些无名墓冢的人员身份主要是：在张山头多次战斗中牺牲的红军官兵和赤卫队员，在不同战场负伤送到张山头医治无效牺牲的人员，部分因肃反扩大化而牺牲的红军官兵、苏区干部和赤卫队员，方志敏率领的红十军两次进军崇安的伤员和北上抗日先遣队送来的伤病员，医治无效的。

申报组则在发现"红军墓碑"和得出考证结论后，第一时间开展资料整理和申报工作。赵建平既是现场考证组的成员，也是申报组的重要成员之一，他多次到张山头查访，和考证组的人员一道寻找物证、人证等，并以"张山头红军墓群"为名，将其申报为武夷山市级文物保护单位。就在这一年底，张山头红军中医院被列入"全国红色旅游经典景区"。

为在实际工作中更高层面推动红军墓群的保护和弘扬，2017 年 4 月 17 日，金文莲撰写的《抢救性勘查保护武夷山张山头红军墓群的进展情况和建议》，在省委宣传部"宣传信息"上以专报件的形式刊登，时任省委常委、宣传部部长高翔当即作出批示，并在不久后亲临武夷山，关心指导张山头的保护、弘扬工作。

2017 年底，时任武夷山市委书记林旭阳就红军墓群的保护，提出申报省级文保单位的要求。省文化厅、文物局、民政厅、党史研究室、革命历史纪念馆等相关单位高度重视红军墓群工作，都专门派人到武夷山实地调研、考察、支持。南平市各相关部门更是直接沉到一线指导，2018 年 9 月"张山头红军墓群"被列入福建省人民政府第九批文物保护单位。紧接着，在武夷山市委、市政府的推动下，当地又紧锣密鼓地向"国保"发起冲刺，省文物局局长傅柒生亲自到武夷山指导申报工作，省革命历史纪念馆馆长杨卫东全力从党史角度寻找论据史料并予以支持。2019 年 1 月武夷山市正式向国家文物局提出申请，当年 10 月"张山头红军墓群"被国务院列入第八批"全国文物保护单位"。

"国保"如此评析：张山头红军墓群墓是单一反映第二次国内革命战争（苏维埃时期）的红军墓葬，是全国最大的唯一集体埋葬红军战士的一次葬遗存，在墓葬时间上具有补充缺环作用。在大量以建筑类遗存为主的革命文物中，张山头墓群以其地下遗存的形式完善了革命历史的史迹结构，集中体现了革命斗争的残酷性与艰巨性。

谈及申报过程的艰辛,已66岁赵建平说:"天天晚上工作到半夜,那不仅是身体上的劳累,更是对心灵的冲击。"每当夜深人静的时候,他坐在电脑前翻看墓群的照片和查找、整理历史资料,常常不自觉的泪流满面。他说:"这些牺牲的战士许多都是不到20岁的年轻人,人生还没开始便长眠在此了,是一代布尔什维克为苏维埃流尽最后一滴血的实景证明。"

从2016年3月至2019年10月,短短的3年多,沉寂80多年的张山头红军墓群在各级领导的关心关注和支持下,在武夷山市委市政府的不懈努力下,终于拨开云雾,重见天日,获得国家认可。

再出发,武夷魂铸中国红

红军墓群,是革命先烈留在武夷大地上一首震惊寰宇的不朽史诗,也是武夷山人心中永远的"牵挂",1343座红俑所凝固成的浩然之气,成为后人不忘初心再出发的精神力量。

一直以来,张山头村民对红军那份情感始终未变,他们在农事活动中不敢破坏墓冢,清明祭扫、中元焚香从未间断。

2017年清明,是发现红军墓群后的第一个清明,武夷山市就组织四套班子领导、相关人员、武警战士、乡村干部等50多人,克服进山无路的状况,在张山头红军墓群前举行祭奠仪式,众人哀恸,金文莲说:"这是一场等待了80多年的官方祭奠。"

从这一年开始,每年清明到张山头祭奠红军先烈成为武夷山市的"铁定活动",参加祭奠的人数逐年递增,到2019年清明,人数已达150多人;人员类型更丰富,四套班子领导、党员干部、革命后代、部队官兵、青少年学生等等。即使在2020年疫情影响下也没有中断,仍组织了由四套班子组成的10多人队伍前往张山头祭奠,并在线上开展"张山头云祭奠"活动,吸引了1.3万名青年干部参加。

普通群众来了。"野狼头"周建福是户外运动者,他常带着户外运动团队到张山头重走红军路，他说："每一次站在这片墓群中向大家介绍张山头的历史，感动的泪水就会止不住地冒出来。"

寻亲的人来了。跨越闽赣已寻找两代人的潘骥后代潘迪渊，在这里找到了爷爷，可当他看到满山的无名红军墓冢不知道哪座是爷爷时，一刹那，春山无语，天地含悲，他哭喊着"你们都是我的爷爷！"并加入为革命后代寻亲的队伍中。

武警部队官兵来了。当地武警官兵自从 2017 年参与到武夷山市清明祭奠活动后，便与张山头结下不解之缘，清明祭扫、开展教育、看望慰问当地百姓、送义诊、办实事……温暖着张山头上的每一位百姓，也触动着每一名官兵。时任武警武夷山大队大队长的陈友云说："2017 年第一次带领 12 名武警战士参加武夷山市的第一次祭奠活动，对我的震撼是巨大的，这是新时代最好的红色教材。"

2018 年清明节前夕，正在武夷山报道"魔鬼周"极限训练的武警福建总队宣传处副处长李涛，从武警大队得知张山头红军墓群的故事后，带着报道组和武警战士一道参加武夷山市干部群众组织的清明祭奠活动，被张山头红军墓群深深震撼，他说："我是流着眼泪拍完的，作为一名军人，我们有义务有责任为先烈们做点事，他们的精神我们必须弘扬。"

新闻媒体来了。2019 年，武夷山张山头红军墓群的故事被列为新华社年度重点报道选题，3 月，武警福建总队联合新华社解放军分社展开全面采访，期间参与采访的记者一次次被震撼，被感动："漫山遍野的军阵就是最有力的回应。"

这年清明，是张山头红军墓群最"高光"时刻，由新华社解放军分社推出的《1343 座无名红军墓，背后的故事令人泪目！》文字、图片、视频、新媒体等新闻，被全国 300 多家媒体刊登转载，点击量达 3 亿人次。与此同时，新华社福建分社、福建日报、福建电视台等媒体记者也纷纷走进张山头，全方位、全媒体宣传报道红军墓群背后的故事，产生轰动。并引起中央领导的关注，对张山头红军墓群的保护、弘扬等工作作出重要批示。

为配合宣传，武夷山市融媒体中心分别于 2016 年和 2019 年，先后拍摄了

《青山埋忠骨，魂归会有时》《英雄不朽，信仰永恒》两部的宣传片，记录下张山头红军墓群发现的过程，述说故事，成为武夷山红色教育的重要课程。

随后，国家、省、市有关部门领导也到张山头实地考察、调研，就如何开展好张山头的保护利用进行指导。

至此，到张山头开展革命教育的人员也越来越多……

张山头的保护弘扬工作也正在有序推进，南平市政协副主席、武夷山市委书记江建华，市长谢启龙均担任红军墓群保护工作领导小组组长，全面推动保护利用工作：武夷山修通了通往张山头的水泥路，建设了纪念墙和悼念小广场，盖起了"红军墓"碑纪念亭，提升和完善了红军中医院基础设施，整修了红军路古道，谋划推动大安到张山头的道路建设，编制了红军墓群保护利用规划和"十四五"规划……

一寸山河一寸血，一抔热土一抔魂。

有人问，张山头是什么？是红军将士用遗骸写就震惊寰宇的革命史诗，是革命先烈用生命和热血凝固在青山上的革命精神，是为中国革命胜利浴血奋战的牺牲精神，是为苏维埃流尽最后一滴血的坚定理想信念精神。我们就是要铭记这段历史，传承好他们的精神，为中华民族伟大复兴而奋斗。

张山头，武夷魂！中国红！

血沃武夷

王晓岳

一

在长征路上复出的毛泽东在二渡赤水再占遵义的途中，写下了他诗词创作中颇为得意的《忆秦娥·娄山关》：

> 西风烈，长空雁叫霜晨月。霜晨月，马蹄声碎，喇叭声咽。雄关漫道真如铁，而今迈步从头越。从头越，苍山如海，残阳如血。

这是毛泽东在沉寂三年重掌兵权后写的第一首词作，看似在描写娄山关战斗战前的凝重和战后的悲壮，实际是写第五次反"围剿"战争中央红军险遭全军覆没的灾难和血的教训。西风烈、霜晨月、马蹄声碎、喇叭声咽都是在回顾殊死搏斗的惨烈。苍山如海，残阳如血，是状写湘江之战的悲惨和震撼。雄关漫道真如铁，而今迈步从头越，是对失去中央根据地之后，一切从零开始的感叹。

1933 年 9 月至 1934 年 10 月间，蒋介石调集 100 万兵力，采用"堡垒主义"新战略，对中央革命根据地的 16 万红军进行大规模"围剿"。这时，毛泽东在党中央失去了发言权，王明的"左倾"军事路线占据了统治地位，用所谓的正规战、阵地战代替毛泽东创造的游击战和运动战，第五次反"围剿"的仗越打越苦。1934 年 4 月，广昌失守，苏区的北大门陡然洞开在了敌人面前，红色政权的命运危在旦夕。

此前，毛泽东曾接连三次向中央献退敌之策，但遭遇的却是嗤之以鼻。当中央电令毛泽东从养病地赶回瑞金时，枪声就在耳边，敌人已经打到了家门口。1934 年 10 月 18 日，中央红军被迫撤离毛泽东亲手创建的红色根据地。被围追堵截的红军在李德的指挥下，硬是往敌人布下的"天罗地网"中钻。1934 年 11 月 27 日至 12 月 1 日，中央红军在湘江上游广西境内的兴安县、全州县、灌阳县，与国民党军苦战五昼夜，最终强渡湘江。湘江一战，中央红军和军委两个纵队由 8.6 万人锐减到 3 万人。漂满了湘江的红军尸体在烈风和霜月中发出了最悲壮的控诉，一江鲜血给幸存者带来空前的打击，面临绝境的中央红军翻开了中国军事史上最为沉重的一页。

为了斩草除根，国民党对井冈山、赣东北和闽北红色根据地继续实施重兵"围剿"。1936 年冬天，陈毅领导的井冈山游击队遭到强敌围困。陈毅受伤又生病，在广东和江西交界的梅岭树丛草莽中隐伏了 20 多天，心想这次大概不能突围了，就写了《梅岭三章》三首绝命诗藏在衣底。第一章的"此去泉台招旧部，旌旗十万斩阎罗"句，第二章的"南国烽烟正十年，此头须向国门悬"句，第三章的"取义成仁今日事，人间遍种自由花"句，都说明了陈毅"为有牺牲多壮志"的革命情操，也映出了白色恐怖下的血雨腥风和革命形势的极端严峻。

1935 年 11 月，红军已经开始长征，南方各根据地理应在原地长期坚持独立斗争。但是，中央军委却下令方志敏亲手创建的红十军团离开赣东北苏区，立即从玉山常山间挺出铁道以北，威胁衢州，创建皖浙边苏区。要求赣东北军区部队到外线打大仗，这显然是驱羊入虎口。当蒋介石获得赣东北一万多红军在皖南汤口镇集结的情报后，立即下令顾祝同率 20 万国民党军进行"围剿"。红十军团在怀玉山陷入重围，经过七天七夜的激战，弹尽粮绝，主要领导人方志敏、刘畴西被俘。方志敏拒不接受蒋介石的亲自劝降，在南昌英勇就义。坚强的赣东北红色根据就这样被祸害了。

本文的主旨是写武夷山三年游击战争，为何首先写第五次反"围剿"的失败，写井冈山和赣东北红色根据地的陷落呢？因为不写这些，就难以说明"左倾"军事路线仍是闽北根据地最大的危险；不写这些，就无法看清闽北根据地与井冈山、赣东北根据地的唇齿关系，唇亡齿寒。不写这些，就讲不清楚这些外部环境带来的生存危机，就无法看清闽北根据地危如累卵的大势，就无法看清坚持武夷山三年游击战争的重要意义。

二

闽北根据地是国民党军第五次"围剿"的一个重点区域。1933 年 10 月 21 日，国民党 10 万大军向闽北苏区党政机关所在地崇安县（今武夷山市）发起围攻。此时，闽北军分区仍然受制于王明的"左倾"军事路线，采用红色堡垒对白色堡垒的策略，红军伤亡惨重。崇安失守后，闽北苏区与中央军委的联络中断，但仍然遵照与敌针锋相对的方针进行反"围剿"作战。四渡桥炮台是闽北苏区首府的门户，闽北军分区领导命令红军死守四渡桥。

1934 年 12 月，敌东路军 56 师攻占上梅；敌西路军 21 师占领邵武；敌南路军 45 旅已逼近崇安四渡桥炮台；敌北路军 21 师占领紫溪镇后，疯狂向离大安仅十几华里的黄连坑推进。闽北苏区首府大安陷于敌军四面合围之中。

在此紧要关头，闽北军分区委于 1935 年初，在大安召开了具有历史意义的重要会议，议题是讨论御敌方针。负责军事指挥的闽北军分区司令员李德胜主张重新组织力量，以红色堡垒对白色堡垒，死守大安。闽北分区委书记黄道是方志敏的亲密战友。方志敏任闽赣省委书记时，派黄道前往崇安领导闽北根据地工作。黄道指出，闽北苏区能在前四次反"围剿"战争中发展壮大，主要取决于中央苏区反"围剿"斗争的胜利和方志敏同志游击战和运动战战术思想的指导。中央红军主力长征后，井冈山和赣东北根据地已经落入敌手，闽北红军已经失去了固守苏区的条件，唯有撤出大安，依托武夷山区，坚持游击战争才是正确之路。会议虽然分歧严重，但多数意见同意了黄道提出的战略决策。

大安村闽北红色首府

　　大安会议之后，军分区教导队一中队奉命接替四渡桥炮台的防务，先后歼敌 2000 余人，为掩护闽北分区党政机关及直属队的撤离争取了时间。1935 年 1 月 11 日，一中队完成了四渡桥阻击任务后主动撤离，在距大安 7 华里的路口村，遇上了回防大安的红 20 师师长黄立贵。此时，他们获悉敌独立 45 旅进攻大安的一个团孤军冒进，正朝路口村奔袭。黄立贵果断布下埋伏，当敌军进入埋伏圈后，红军居高临下，猛打猛冲，将敌军拦腰斩断。敌军被打得晕头转向，四处逃窜。此战歼敌 300 多人，缴获大批轻重武器，为闽北分区委党政机关及直属部队撤出大安杀出了一条血路。崇安县党政机关随闽北分区委机关退至武夷山坑口地区隐蔽休整。

　　毛泽东在总结中国革命成功的根本原因时指出，路线正确与否是决定一切的。黄道的正确路线拯救了"一脚已经踏入鬼门关的闽北根据地"，揭开了武夷山游击战争的序幕。

三

　　大安突围之后，国民党集中第 76 师、12 师、21 师、56 师、新编 11 师、独立第 4 旅、"剿匪军"第二纵队和闽赣两省的保安团等 10 余万人封锁了崇安为中心的武夷山区。与此同时，对武夷山根据地的红色基点村实行惨无人道的"三光"（杀光、抢光、烧光）政策。据统计，仅崇安一县就有 549 个村庄被烧毁，4600 多户被杀绝，34000 多村民被杀害。国民党还采取了移民并村政策，强化保甲制度，实行"一户通匪，十户连坐"的"连环切结"法，并把百姓所有的粮食、食盐收缴上去，严格登记，限时配发，妄图切断红军与群众的联系，把红军困死饿死。这给刚刚脱离根据地的红军造成了极大的困难。

1935 年 2 月中旬，黄道终于收到了党中央的电报，告知遵义会议已经清算了王明、博古、李德等人的"左"倾军事路线，要求闽北分区委改变组织方式和斗争方式，以武夷山为依托开展游击战争。根据党中央的指示，闽北分区委决定，在组织上实行党政军三位一体制，黄道任最高领导，把党领导的群众斗争、秘密斗争和武装斗争紧密结合起来。同时，在崇安县坑口区长涧源村重建闽北红军独立师，下辖 4 个团，采用游击战的方式打击敌人。刚成立的红军独立师第四团，在崇安游击队的配合下，在崇安县北路的黄村歼敌 45 旅一个连。接着，红军独立师在师长黄立贵的率领下在磨石坑袭击敌人，歼敌 500 余人，展现了游击战的威力。

1935 年 2 月下旬，蓄谋叛变的军分区司令员李德胜借口牵制敌人，将分散游击的红军独立师 4 个团全部拉到敌人重兵驻守的江西沿山西篁村附近的东坑集结。而后，在分区委党政机关向江西沿山转移途中，李德胜谎称侦察敌情，只身逃往篁村投敌。并立即带领数万敌军"围剿"红军独立师。红军独立师和闽北分区委遭受重创。李德胜还带领敌军包围了红军医院，将红军伤病员悉数烧死。他还带领敌人破坏了红军的兵工厂和银行。期间，红军失去了唯一的一部电台，再次与党中央失去了联络。

风云突变，武夷山的武装斗争再度面临绝境。

四

黑夜漫漫，生存之光在哪里？怎样才能带领红军残部从失败走向胜利呢？黄道认为，闽北的党组织和红军必须过三关。

第一关就是方针政策关。1935 年 8 月，黄道在中国工农红军 50 团的诞生地——崇安县岚谷乡黄龙岩村主持召开了闽北分区委扩大会议，会议对坚持武夷山游击战争做出了战略性的转变：军事战略上以武夷山为依托开展内线防御与外线作战相结合的游击战，积极向敌后挺进，开辟游击新区；政治策略上实行"白皮红心"政策，与同情革命的保甲长、大刀会建立统一战线，集中力量打击少数顽固敌对分子；在政治方针上变打土豪为向土豪筹款，改分田地为减租减息，教育和发动人民群众参与和支持武夷山游击战争。这次战略性的转变既是对国民党"围剿"苏区的反击，又是对"左"倾军事路线的清算。

第二关就是军事斗争关。到 1935 年底，武夷山红军游击队已经学会了在各种恶劣条件下开展山地游击战的战略战术，在武夷山以东的浦城、松溪、政和，以南的建阳、建欧、顺昌，以西的光泽、邵武，以北的江西沿山、资溪、贵溪方圆数百公里地域开辟了游击区，搞得当地反动的地方武装不得安宁。敌人不得不把主力部队调往上述 10 多个县城增援。国民党军一旦分散于众多山区作战，便失去了主动权，被游击队牵着鼻子在深山峡谷中转悠，东扑一阵，西扑一阵，如老虎吃天，疲于奔命。敌人在武夷山区设立的 50 道防线不攻自破，这给武夷山中心区域的游击战创造了条件。崇安中心县委成立了游击司令部，在敌人封锁线上、据点周围、碉堡脚下，剪电线、埋地雷、摸哨兵、打伏击，使得敌人夜里龟缩在碉堡和据点之内不敢出来，封锁线成了摆设。此时，"白皮红心"政策发挥了很大的效应，潜伏在白区的党员利用合法身份策动大刀会以及"白皮红心"的保甲长们为红军和游击队筹集到数百担粮食和大量食盐、药品。我敌工人员张彩姬还成功策反了敌 45 旅一个手枪班，携带武器加入游击队。

第三关是动员群众关。在开展武夷山游击战争的第一年，仅武夷山区就发展党员 30 多人，新建了十几个党支部和一个地下交通站，宣传和组织群众工作深入人心，贫苦农民自觉投入游击战争，涌现出许多感人的故事。

北乡岚谷区染溪村黄有明三兄弟因为红军游击队送粮送盐，被民团在锅中投毒害死，但染溪村的群众仍冒着生命危险支援游击队。地源区妇女干部连凤玉，一家三位亲人数十次为红军送粮送盐，惨遭敌人杀害。连凤玉说，只要还有一口气，我还要到敌占区买盐买粮买药，送给红军。岚谷区江阵村接头户王瑞娇，长年为红军送情报送粮食。1936 年 4 月，由于本村地主告密，被敌人抓去严刑逼供，用尽酷刑也撬不开王瑞娇的嘴。敌人就把她的丈夫和儿子抓去相威逼，直到丈夫和儿子在她面前被杀害，她也不肯低头就范。后来，敌人以为王瑞娇断气了，就把她扔在山崖下。王瑞娇被群众救了，伤愈之后，仍然坚持为红军游击队送情报送粮食。

在白色恐怖的高压下，人民群众无畏无惧，一心向着共产党，这使闽北红军在武夷山区牢牢地扎下了根基，并经受住了游击战头一年最为严峻的考验。1935 年冬，闽北红军独立营再次扩编为独立师，成为武夷山三年游击战争的主力部队。

五

1936 年，武夷山游击战争进入第二年。这年 1 月 14 日，国民党行政院任命张发奎为闽浙赣边区"剿共"总指挥。张发奎改变以往全面出击战略，派出"剿总"一半兵力（两个纵队十万人）对武夷山游击区进行重点"清剿"。

这时的张发奎又聋又瞎，直至当年 5 月还没找到闽北红军主力。其实，红军主力早已在武夷山外围活动。1936 年春，闽北红军独立师师长黄立贵率部直插闽东北，在宁德牙竹坑与叶飞领导的闽东红军游击队会师，打通了闽北与闽东两块根据地的联系。是年 4 月，黄道、黄立贵、叶飞等在政和与周宁交界的洞宫山举行会议，成立了中共闽赣省委，黄道任省委书记，叶飞代表省委领导闽东游击战争。此举，形成了对闽北和闽东的统一领导，加强了革命武装的战斗力。

1936 年 5 月，黄立贵率领的红军独立师兵分四路，在运动中击溃了唐景天率领的敌 45 师。是年 7 月，红军独立师和崇安游击队展开了对敌"围剿"部队的全面反攻，捷报频传，红军队伍迅速扩大。8 月，闽赣省委决定，将原闽北特委划分为四个分区委，闽北红军独立师改为纵队编制。1936 年冬，以崇安为中心的武夷山游击区得到巩固和发展，形成了以崇安坑口、大安、岚谷等八区为中心的广大游击区域。1936 年是武夷山三年游击战争中最为辉煌的一年。

六

1937 年，武夷山游击战进入第三年。

1936 年 12 月 12 日，张学良、杨虎城发动了震惊中外的"西安事变"。1936 年 12 月 25 日，在中共中央和周恩来等人的努力下，蒋介石接受"停止内战，联共抗日"等六项主张。蒋介石阳奉阴违，一面同共产党进行和平谈判，一面调派重兵，对南方八省各游击区进行大规模"清剿"。其中，武夷山根据地成为这次"清剿"的重中之重。

为彻底斩断红军与群众的联系，国民党实行了最惨无人道的移民并村政策，崇安县超过一半人口（八万余人）被赶出自己居住的村庄，并采取"一家通匪，十家杀光"的野蛮政策，大批群众被杀害，大量村庄被烧毁，尸首遍野，血流成河，崇安崇山峻岭之处均成为无人区。与此同时，国民党军在民团的带领下日夜不停地搜山，将红军住的竹寮、草棚、山洞悉数烧毁，把红军压缩在几处原始森林之中，然后进行烧山。1937 年 3 月，闽北独立纵队政委吴先喜在光泽战斗中英勇牺牲。同年 7 月，纵队司令黄立贵在邵武为掩护部队突围流尽了最后一滴血。红军主力突围后仅剩 400 余人。闽赣省委随红军余部转移至光泽与建阳交界处的猪母岗。这里是远离村庄和交通线的大山深处，除派人到敌占区寻粮之外，只能天当被，地作床，草根野菜当干粮。无油无盐的野菜吃得人面黄肌瘦，四肢无力。有一天，黄道带头盛了一碗苦涩的野菜大口大口地吞咽，他笑着问大家："什么时候最快活？"有的说："打了胜仗最快活。"有的说："跑累了，睡一觉最快活。"黄道用筷子敲了敲碗边说："肚子饿极了，吃下这碗野菜最快活。"黄道以坚定的革命信念顽强的斗志和革命乐观主义精神感染和激励着红军官兵，使他们坚信，黑暗即将过去，曙光就在前头。

1937 年 8 月，黄道从国民党的报纸上得知国共谈判的消息，随后叶飞从闽东转来"党中央关于和国民党谈判，停止内战，合作抗日的指示"。1937 年 9 月，黄道收到国民党江西省光泽县县长高楚衡的一封信，信中表示，他受国民党江西省主席熊式辉的委托，要求与闽北红军领导人谈判。随信还寄来朱德、彭德怀就任八路军正副司令员的《通电》以及范长江写的《西行纪事》通讯。

1937 年 9 月，谈判达成协议：双方停止军事行动，国民党部队撤出崇安驻地，以保障闽北红军和游击队下山接受改编的安全。

1937 年 11 月中旬，中共中央南方分局领导项英、陈毅委派顾玉良、孙克骥来到崇安游击区，向闽赣省委传达党中央关于闽北红军、游击队整编为新四军第五团的指示。整编地点原定在崇安县的大安。由于崇安至分水关一线的国民党驻军迟迟不肯撤出，整编地点后改为江西铅山县石塘镇。消息传来，隐蔽于各处养伤养病的红军官兵纷纷归队，几天内到达石塘的红军人数已达 800 多人。在石塘整编期间，闽赣省委开展了大规模扩军，不到一个月，新编的抗日义勇军已扩充到 1300 多人。1938 年 2 月 9 日，抗日义勇军改编为国民革命军新编第四军第三支队第五团。饶守坤为团长，曾昭铭为政委。2 月 25 日，新四军第五团奔赴皖南抗日前线。

1939 年 1 月至 12 月，日军连续五次进攻繁昌。繁昌是皖南的门户，是重要的战略要地。新五团顽强阻击，打退了日军的五次进攻，创造了繁昌保卫战的辉煌胜利。

在"皖南事变"中，新五团担任保卫新四军军部的光荣任务，顽强血战数日，绝大多数官兵为国捐躯。叶挺军长赞誉新五团不愧是武夷山人民的优秀儿女，不愧为新四军的楷模。

1939 年 5 月，调任中央东南分局委员兼任宣传部部长、统战部部长和新四军南昌办事处主任的黄道被敌人设计杀害。陈毅在《悼念黄道同志》一文中说："1935 年春，方志敏同志殉难后，东南半壁的领导责任完全落在黄道同志一个人身上。在三年游击战争中，黄道同志尽了他毕生的绝大努力，也发挥了无比的革命天才。浙东南、赣东北、闽北三大地区的党务、军事、政治、民运诸工作，都是在闽赣省委领导下进行的，黄道同志恰恰是省委的领导重心。在与党中央隔绝的情况下，在进攻者长年包剿下，黄道同志独立支撑、顽强坚持，终于完成了保卫革命阵地，保持革命组织的光荣任务，所以能够以一支强有力的部队编入新四军来适应抗日战争之爆发，这是黄道同志对革命，对民族的绝大贡献。"

陈毅对黄道客观公正的评价，也是对武夷山三年游击战争的科学总结。说"闽北游击区，是南方八省一块重要的战略支点"，恰如其分。她像一棵参天大树，撑起中国南方游击区的一片蓝天。她之所以不惧风刀霜剑、凄苦酷寒，是因为无数红军烈士和革命群众的鲜血滋养着武夷山这块土地。

红旗不倒，血沃武夷。

那一抹抹武夷红

罗光辉

那一抹抹武夷红，惊艳了岁月，染红了时光，照亮了未来。

——题记

风展红旗如画

"今日向何方，直指武夷山下。山下山下，风展红旗如画。"

可以肯定，毛泽东当前挥毫写就的那一抹红把我引进了岚谷。

这是一抹什么样的红呢？我说不清楚。

说不清楚她的籍贯和前世，也说不清楚她出生时的模样和环境。

6句33个字，沸腾多少热血男儿，激活多少深情目光。

这是一抹喷薄而出、冉冉升起的红。

我在一些诗人的诗句里读过，好像也在哪位画家的笔墨里欣赏过。我能说清楚的，是她的激情和能量。坚定的革命信念，超然的博大胸怀，压倒一切的气势，纵横天下的豪情，从灵魂里涌出。博大、崇高，让人敬畏，让人骨散。

但有一些人，识不得这种红。一见这种红，就害怕，就软塌塌如一团稀泥。

再次相遇这抹红，站在烟火味极浓的崇阳溪畔，我思绪翩然如飞……

红军墓

张山头，位于福建、江西两省交界，一座血与火浸染的小山村。

小山村里，20 世纪 30 年代就设有门诊、内科、外科、住院部、西药房、中草药房、保卫部等功能较齐全的红军中医院。

2016 年在村庄的后山上发现一块"红军墓"石碑，1931 年立。

三块青砖，一段竹片，一条红飘带，就是一处红军墓群。共有 1343 座。

红丝飘动，山河无言。

一条山路，通向红军墓。

刚到张山头，村里的老奶奶给我们递出了瓜子、果子，还有红薯干。我看到了血浓于水的鱼水深情。

"勇敢的红军们，你是我的哥，我是你的妹……"门诊部隔壁的屋里有歌声，老乡告诉我，这是《红军洗衣歌》，这首歌当年红军洗衣队爱唱，当年她们边给红军洗衣服边唱，边唱边哭，鲜血染红了河水，队员们哭干了泪水。

我进屋，看见一位精神矍铄的老奶奶，她把一盘"乡愁美味"端到我面前。她说她一个人住这儿，她说她舍不得脚下这块守护了几十年的红土地，她说她要永远永远地和红军做伴。面对老奶奶，我深深地鞠了一躬。

顺着山路，继续往前走。

一棵耸入云天的树，注视着我。

威风、威严，挑着述说的迫切；大气、大度，期待聆听的专注。

注视中，她不语，我不言。

当我向山顶走的时候，却又分明听到她在身边呢喃：你从哪里来？要到哪里去？

青山茫茫，征途漫漫。

下得山头，回头一望，张山头的那棵柿子树，果实累累，映红了张山头，很美！我想起了《英雄战歌》："为什么战旗美如画，英雄的鲜血染红了它，为什么大地春常在，英雄的生命开鲜花……"

乌山古寺

一抹红，在乌山古寺闪耀。

古寺，建于唐朝。这里，是红军游击队屯兵、练兵的隐蔽之处，又是红十军和红军挺进师从崇安坑口到浦城的必经之地。

这里，飘扬着苏维埃政府的旗帜，对外贸易熙熙攘攘。

方志敏、粟裕两位无产阶级革命家在此洒下了光辉足迹，岚谷区苏维埃主席刘振明留下了许许多多的故事，闽北游击纵队司令员王文波留下了传奇。

那天，王文波在乌山古寺召集会议，敌人得知消息，包围了古寺，村民急中生智，给他穿上佛袍，戴上佛帽，装扮成扣冰辟支古佛，抬着出庙巡游，游出了敌人的包围圈。

我隔着岁月和时空，用自己的身体和脚步，细细触摸和丈量那段深情而又很有意思的故事。

一段段传世功德，一缕缕历史烽烟，沉淀，再沉淀。沉淀后变成了活泼的方块汉字，一代代传颂，一代代铭记。

一谷一粒，一衣一靴，浸透了多少智慧和仁爱？多少忠诚与信念？菩提树下，我心怀敬仰，寻觅和探求古寺的思想脉络，还有信仰和生活相融合的天人合一。

我的脚步是轻盈的，目光没有蒙尘。

在古朴敞亮的庭院里，一抬头，望见一群鸟儿在天空飞翔。莫非鸟儿也被这里的闪闪红星所吸引，也被这儿的传奇故事所感动。

我一遍遍问鸟儿，也问自己。

古寺里的闪闪红星，鞭打着人间的丑陋和罪恶，照耀着民族复兴的未来和美好，引领着前行的目标与方向，这是肯定的！

周边翠绿的青山，旁边清澈的小溪，棒衣浣洗的村妇，多美的画面！

我和海峡之声广播电台记者景艳情不自禁地在菩提树下相互拍照，我们想留下一点什么，留下什么呢?

赤石暴动烈士陵园

武夷山赤石渡口的公路边，有一座烈士陵园。

多层的石阶像一座观礼台，放眼望去，渡口的风景尽收眼底。

陵园正面刻写着"赤石暴动烈士陵园"，顶端立有一座石屏风，石屏风背面有一些文字和数字。

我从小就对数字不感兴趣，不管啥数字，人家跟我说好几遍我也记不住。然而，石屏风上的这一串数字却深深地铭刻在我心中。时间——1942 年 6 月 15 日至 23 日；地点——赤石渡口公路旁；烈士人数 73 位，平均年龄不到 25 岁，最大 40 岁，最小 19 岁；共产党员 56 位，女性 8 位，其中姐弟一双、夫妻一对。

这串数字，如一团团火苗，跳跃成生命的燃烧！

这串数字，在风中摇曳着，最终在一滴泪里，完成了涅槃。

坑口红军街

走进坑口，眼帘里到处高扬着舒展生命的红。

村部门口立着一块岩石，上刻"解放大军入闽第一村"，石板铺就的街道两旁，灯柱上悬挂着"中国红军万岁"和"中国工农红军第十军"的旗帜。沿街前行，岂止是脚步，心，也是滚烫滚烫的。

一座座军民鱼水情的铜像在大地与天空间释放出一种能量。方志敏关于信仰的名言在阳光的映照下光芒四射："敌人只能砍下我们的头颅，绝不能动摇我们的信仰！因为我们信仰的主义，乃是宇宙的真理。"旁边的墙上是方志敏的手迹：中国红军万岁！

望着这 6 个熠熠生辉的大字，当年激战的场面一遍又一遍地在我脑海里闪现。

秋风中，我听见了号角，看到了战士们在冲锋。红军街的那抹红，无论从哪个角度去丈量，它都是看不够的风景。

坑口村

闽北革命烈士纪念碑

我迈着一种敬仰的步伐向着纪念碑走去，越来越近了。

复式楼柱状的碑身直指苍穹，我仿佛听到了上梅农民武装暴动那响彻云天的第一声枪响，随即而起的枪炮声、呐喊声、厮杀声，汹涌澎湃。

步伐沉重，我踏上了石阶，注目着黑色大理石的文字，阅读着闽北人民在中国共产党领导下，坚持"红旗不倒"的辉煌历史，领悟着碑座围屏上的陈毅、邓子恢、张鼎丞、叶飞等老一辈无产阶级革命家的题词，仰望着朱德题的"革命烈士永垂不朽"。

置身纪念碑前，可以感受那份肃穆和安宁，碑上的红五星在青翠欲滴的林木中显得格外醒目和光明。"闽北革命烈士纪念碑" 9 个大字浓缩了几十年的奋斗岁月，浓缩着中华民族的苦难和辉煌！

我用手触摸着那血与火写就的碑文，浑身发热。

无数英雄魂，漫漫征程路，用信念、用忠诚、用生命写下的那抹红，如今成了屹立世界的红！

一位老奶奶牵着一位"红领巾"，缓缓地迈上了纪念碑的台阶……

峥嵘岁月

——纪念崇安苏区建立 90 周年

彭泽

崇安苏区是中国共产党早期建立的革命根据地，天时地利，在党的领导下，这块红土地发展为以崇安为核心的闽北苏区，继而隶属于赣东北、闽浙赣和中央苏区。

在党的"八七"会议精神指导下，1928 年 9 月和 1929 年 1 月爆发了两次以上梅为核心的崇浦农民暴动。农民起义的成功创建了闽北首支新型的人民军队——中国工农红军 55 团，催生了闽北首个县级苏维埃红色政权——崇安县苏维埃政府，成就了崇安苏区。

枪炮声中诞生

1930 年 5 月 1 日是个值得崇安人民纪念的日子。在中共福建省委发起的"红五月工作"的高潮中，在中共崇安县的有力领导下，在各区、乡（村）苏紧锣密鼓的接踵成立中，崇安县第一次工农兵代表大会在上梅召开，到会代表 500 余众。代表着 20 多万人民利益的闽北第一个县级红色政权——崇安县苏维埃政府在土地革命战争的枪炮声中隆重诞生。大会通过民主选举，选出崇安县苏维埃政府执行委员 27 人，左美华当选为县苏维埃政府主席，张银英等 7

人当选为副主席。与此同时，大会还制定和颁布了土地法和其他法令。

崇安县苏维埃政府下辖 7 个委员会，即人民、土地、军事、裁判、经济、财政、文化委员会和秘书处。人民委员会行使县苏维埃政府主要权力。6 月，岚谷、星村、大安、坑口、大浑、岭根等 6 个区苏维埃政府也相继成立，全县洋溢着开创红色苏维埃运动高潮中。

崇安县苏维埃政府下辖上梅、下梅、白水、黄土、大南、坑口、廊前、大洋、大安、阳角、黄墩、程墩、岚谷、浆溪、上铅、广浦、建浦、崇浦等 18 个区苏、234 个乡（村）苏，苏区人口达 20 多万之众。

崇安县苏维埃政府成立后，先后在全县农村开展轰轰烈烈的土地革命运动，有计划、有步骤地进行经济、政治、军事、组织及根据地建设，成为"方志敏式"的革命根据地。崇安苏区以自己的表率行动，影响着整个闽北，成为与中央苏区遥相呼应，与赣东北苏区互为犄角之势的闽北革命根据的中心，苏维埃运动的红旗高高地飘扬在武夷山上空。革命形势即如毛泽东《如梦令·元旦》："今日向何方？直至武夷山下。山下、山下，风展红旗如画。"

分田分地真忙

崇安苏维埃政府成立后，崇安人民在中共崇安县委、县苏维埃政府的领导下，以摧枯拉朽之势，向封建社会剥削制度展开猛烈的进攻。其中，最具深远影响的是土地改革运动。它是一场最为激烈、最具深刻的摧毁封建土地所有制的群众运动，也是巩固和发展红色根据地建设的革命运动。

1930 年 3 月，崇安县委在上梅、白水两区搞土改试点。方法分三步：第一步是以乡为单位，召开群众大会，宣传党的土改政策，强迫地主豪绅交出所有田契、债单。经群众审查无误后，再由乡苏交区苏，经区苏维埃政府验证后集中焚毁；第二步按户登记人口，划分阶级成分，张榜公布；第三步将地主多余土地平均分给贫雇农，取消所有苛捐杂税。

崇安县苏维埃政府还颁布当地土地法，提出"彻底没收地主土地归苏维埃，分配给地少或地弱的农民耕种"的土地政纲：强调在土地改革中，要依靠贫雇农，团结中农，限制富农，消灭地主阶级，保护中小工商业者，同时执行给地主以生活出路，给农民以经济上出路的方针政策。

崇安苏维埃政府开展的土地改革运动分五步进行：一是各区、乡苏维埃成立土地委员会，负责审查、监督各地分田工作，受理群众意见；二是以乡为单位，召开群众大会，宣传党的土地改革政策，强制要求地主交出所有田契和债契，经群众确认收全后，由乡苏维埃政府移交区苏维埃政府验收后集中焚毁；三是按户登记人口，根据经济状况划分阶级成分，"光收租，不劳动"者为地主，"山多田少，放高利贷，自己参加劳动"者为富农，"不进不出"者为中农，"虽有少量土地，但主要靠租田种"者为贫农，"长年帮地主做长工"者为雇农，"做纸、理发、裁缝"者为工人；四是由各乡苏维埃政府土地委员会主持，将上梅暴动前所有土地（包括庙产、祭产等）即应分土地的总数，分为上、中、下三等，按人口平均分配。公用的田又称"公田""红军田"，村上参加红军的家里就可分到一份红军田，小地主富农也可以分得一份土地；五是分田后，按户造册登记，由乡苏维埃政府发给土地证。

1930年5月至7月，崇安县苏维埃政府开展的土地改革在崇安大部、浦城西部、建阳北部以及上饶、铅山、广丰南部所辖的18个区、273个乡（村）普遍铺开，被分配的土地达40万亩，近15万人口分到了土地。

崇安县苏维埃政府开展的土地革命是一场翻天覆地的伟大变革，苏区广大工农大众积极拥护。分到土地的人们，生产积极性空前高涨，积极参加扩红，支持革命战争，踊跃参军参战。土地改革影响波及全闽北乃至闽浙赣苏区，对推进崇安根据地建设起着十分重要的作用。

苏维埃在黄墩

　　在国民党反动派发动对中央苏区的第三次"围剿"期间，崇安县委、崇安县苏维埃政府机关从县城撤迁至黄墩村驻扎。第一次是 1931 年 7 月至 1932 年 8 月。县委、县苏在黄墩村领导崇安苏区军民反击国民党军的"围剿"并取得了阶段性的胜利。这一时期，崇安广大苏区失而复得，区、乡苏政权得到恢复，县委、县苏机关健全，各项工作制度逐步完善。当时，县委机关有宣传部、组织部、团县委。群团机构有农会、工会、共青团、妇女解放委员会、儿童团、互济会、反帝大同盟、贫农团等。县苏设有内务、土地、军事、财政、教育、文化、国民经济、裁判、工农检察等 9 个部门，还有政治保卫局。

　　1933 年 12 月，国民党军向崇安苏区发动了第五次反革命"围剿"，崇安县委、县苏再次从县城撤至黄墩，驻扎时间为 1933 年 12 月至 1935 年 1 月。这时期，崇安县委、县苏在黄墩领导崇安苏区军民奋力抗击国民党第五次反革命

"围剿"，策应闽北红军保卫闽北苏区的安全，参加四渡桥阻击战，发展、巩固苏区经济等工作。此时崇安的地方武装是崇安独立营。1931年1月，中共崇安县第一次代表大会在黄墩村召开。大会就加强党的建设、增强党的团结、肃清李立三"左"倾路线错误等重大问题做出决议，并发表了《中国共产党崇安县第一次党员代表大会告全体同志书》。

崇安苏维埃政权的后期，1934年8月，崇安县苏维埃政府在黄墩村县苏维埃政府驻地召开崇安县最后一次（第九次）工农兵代表大会。中共闽北分区委特派军分区政治部副主任王助出席大会并讲话。

中央主力红军长征后，国民党反动派调集10万重兵，从四面八方围攻闽北革命根据地。1935年1月25日随着闽北党政军机关撤出苏区首府崇安大安街，闽北苏区相继被敌军占领。崇安县苏维埃政府停止了活动，崇安苏区军民在党的领导下投入了艰苦卓绝的三年游击战争，为"保持革命阵地、保持革命武装、保持革命组织"做出新的、伟大的贡献。

撑起南方一片天

——黄道对闽赣边游击区形成与发展的三大贡献

罗永胜

正当抗日战争进入相持阶段的时候，倒行逆施的国民党顽固派悍然于1941年1月发动了震惊世界的"皖南事变"，企图一举消灭我坚决抗日的新四军，他们怕新四军突围到武夷山区，以国民党福建省第三行政专署（建阳）专员陈世鸿为总指挥，率领3个团的兵力进攻闽北。3月的一天，敌人来到崇安坑口的长涧源，他们得知黄道同志的墓葬时，竟然丧心病狂地将埋葬了2年的黄道墓掘开，将黄道同志进行鞭尸割首，百般凌辱。老根据地人民满怀悲愤之情，冒着生命危险把黄道同志的尸体又重新秘密收埋。黄道是何许人？敌人为何对他如此痛恨？

黄道，江西省横峰县人。在火红的土地革命战争时期，他与方志敏、邵式平被誉为"赣东北三杰"。

1931年7月，时任赣东北苏维埃主席团委员兼秘书长、特区委组织部部长的黄道，受方志敏委派出任中共闽北分区委书记，主政闽北革命根据地党政军全面工作，创建闽北革命根据地，包括福建的崇安、浦城、建阳、邵武、光泽、建瓯、松溪、政和，江西的铅山、上饶、广丰、紫溪、贵溪、金溪，还有浙江的江山、庆元、龙泉边缘地带，纵横300余里，人口五六十万的广大地区。期间，黄道于1934年1月当选为中华苏维埃共和国临时中央政府执行委员。

1934年10月，中央主力红军长征后，福建和江西国民党的10万重兵围攻闽北革命根据地，闽北形势日趋紧张，红色区域日渐缩小。在黄道为书记的中共闽北分区委正确领导下，"在与我党中央三年隔绝的情形下，在进攻者长年的包剿下"，"独立支撑，顽强坚持，终于完成保持革命阵地、保持革命武装、保持革命组织的光荣任务"，赢得了三年游击战争的胜利，成为南方三年游击战争中建立的 15 块游击根据地之一。

本文主要从黄道根据游击战争形势和特点，创造性地采取以闽赣边区为依托，挺进敌后，开辟新区，内线和外线结合，开展游击战争的总方针，在与中央失去联系，独立坚持，打造震撼闽赣边区的重要事件和重大战例的 3 个闪光点，概述黄道对闽赣边游击区形成与发展的卓越贡献。

闪光点一是坚定实行战略转移，打破敌人对闽赣边红军游击队的数年"围剿"，适时开展游击战。

1933 年 9 月，蒋介石调集百万兵力向中央苏区发起第五次"围剿"。闽北苏区与全国重点苏区一样，也是国民党军进攻的重点目标。1934 年 10 月，国民党军重点部署在闽北苏区中心区域崇安的周围。年底，闽北苏区大片土地失守，与中央苏区的联系被切断。国民党 10 万兵力北从铅山、上饶，南从建阳，东从广丰、浦城，西由光泽、邵武，采取碉堡式推进、步步为营，不断收拢包围圈，形成对闽北苏区首府大安发起总攻的态势，大安陷入敌人重重包围之中。就在此刻，闽北分区党内出现个别军事领导人，提出以红色堡垒对白色堡垒，死守大安的主张。

面对敌人的重兵合围和决定闽北苏区命运的紧急关头，黄道同志统揽全局，全面把握这种地区性战机，于 1935 年 1 月初在大安召开的具有历史意义的分区委会议上，客观分析了当时的敌我态势，认为 10 万敌军压境，敌我力量对比悬殊；中央主力红军已经长征，闽北苏区孤居一隅，势力孤单；闽北红军长时间的正面抵抗，战斗力已经大大削弱。根据中央关于"闽北红军在原地坚持游击战争，等待（或争取）主力红军总反攻的胜利"的电报指示精神，会议以多数意见，否定了军分区司令李德胜为代表的错误主张，做出了黄道关于实行战略转移的 5 个决策性的决定：一是闽北党政军领导机关随主力红军撤出大安；二是依靠武夷山为中心闽赣边开展游击战争；三是撤退已公开身份的干部，建立秘密的党和交通联系网，继续领导群众斗争；四是阻击国民党军，以保证领导机关安全撤退；五是通知各主力部队集中待命。

闽北革命历史纪念馆

就在闽北分区委会议期间，国民党军第 12 师和独立第 45 旅已从铅山和崇安南北两个方向逼近。南线，敌 45 旅向崇安以北的四渡桥猛扑；北线，敌 12 师占领铅山以南的紫溪后，继续向车盘、分水关进犯，步步逼近。大安陷于敌包围之中。

1 月 25 日，南面之敌已到小浆，与大安只隔一个山头。当晚，同志们集合在大安对面的河滩上，黄道以一个军事家的风度，发出洪亮而庄严的命令："同志们，今天我们就要撤出大安了。"一句话，打破了沉闷的空气，吸引住大家的注意力。接着，他又风趣地说："现在，我们一切都准备好了，地雷、换丝炮都装满了，敌人占领大安，除了迎接他们的地雷、换丝炮之外，什么也得不到。从今天起，我们要转入艰苦的游击战争，在闽赣边区的崇山峻岭中和敌人周旋。我相信，我们将会胜利地回到大安，我们一定会回来的！"

在黄道关于实行战略转移正确方针指引下，闽北分区党政军领导机关顺利转移到武夷山西北部闽赣边温林关下的坑口一线，开展游击战争。就在这时，闽北分区委接到中央电报，主要内容是：老苏区面临的任务是坚持游击战争，要实现由正规战到游击战的转变。要组织小分队，有计划地分散活动，环境有利则集合歼敌，不利又分散下去；要紧密联系群众，在群众中站稳脚跟；要占领山地，灵活机动伏击袭击，出奇制胜；要精简领导机关，派得力干部到地方去加强领导。它证实了两点：一是中央指示完全符合闽赣边的情况；二是黄道关于以崇安为中心的闽赣边苏区实行战略转移，开展游击战争的军事思想和战略决策完全正确。

接到中央指示后，黄道同志结合闽赣边斗争实际又适时做出3点新部署：一是决定在根据地中心区域的崇安，成立中共崇安中心县委，领导大安以东的崇安老区，大安以北上饶、广丰、铅山老苏区的斗争，并将大安西南的崇安、建阳老苏区划出，成立中共西南战区委员会，领导这一带的斗争。同时，闽北分区领导机关抽调3位有斗争经验的同志到邵武、广（丰）浦（城）、建阳加强领导；二是决定完善党政军一体化的领导体制，领导机关进一步精简，压缩非战斗人员，充实战斗部队，各县党政领导机关也坚决进行精简，彻底执行轻装，以利于随县独立营行动，更加机动灵活，对付敌人的"清剿"，打击敌人，保护群众利益；三是决定以分为主，能分能合，分散时能在闽赣边区范围穿插自如，必要时又能集中歼敌。就闽北红军独立师下辖的4个团，1、3团到江西铅山地区，2团留在崇安、广（丰）浦（城）地区，4团在建阳、邵武、光泽地区，配合各地党组织和游击队，开展游击战争。

以闽北为中心的闽赣边游击区，能在敌人重兵包围下很快转入游击战，顺利实现苏区到游击区的转变，这是黄道同志坚决、灵活执行中央指示，坚定实行战略转移决策的结果。

闪光点二是主持召开黄龙岩扩大会议，为在闽赣边坚持开展游击战奠定基础。

1935年8月间，闽北分区机关和红军，经黄道周密的部署，已从崇安西北部坑口，有组织地转移到北部岚谷的黄龙岩山区隐蔽活动。

这时，国民党军对闽赣边红军"清剿"又一次升级，把闽赣浙皖四省边区"清剿"总指挥部从南平迁到靠近崇安中心区的浦城，采取政治、军事、经济三管齐下，全面封锁。军事上，以6个师（旅）的兵力，分成"清剿""驻剿"两部，把重点放在闽北分区领导机关和红军的主要活动区域崇安、铅山、浦城地区，并以崇（安）建（阳）浦（城）公路为封锁区域。政治上和经济上，采取移民并村，强化保甲制度，实行"十户连坐"的法西斯"连环切结"法。对粮食和盐等物资严格封锁，以切断红军同群众的联系，断绝物资接济，企图把红军游击队困死饿死。

面对新困境，黄道同志连续几夜没有合眼，时而找黄立贵、曾镜冰等商讨，时而独自思索。他思考最深的是生存和发展两大问题：一是生存问题。闽赣边红军游击队自从转入游击战以来，既要同疾病和饥饿作斗争，又要防止国民党军的袭击，早晚易地而处，行止动荡无常，生笋止饥，野菜充肠，生活之艰苦，远远超出常人难以忍受的程度。据统计，这一期间因饥饿疾病和战斗减员的人数不下1000人，其中县团级干部20多人。二是发展问题。闽赣边红军游击队从袭击上饶甘溪获胜得到一个启迪，敌人也有薄弱环节，即集中在苏区"清剿"，后方必然空虚，像甘溪这样一个大镇的白区，敌方只有六七十人的民团，没有正规部队驻守。

经过深谋远虑，一个"以苏区为依托，挺进敌后，开辟新区，内线和外线相结合，开展游击战争"的设想，在黄道脑子里形成。1935年8月，由黄道亲自主持，在崇安岚谷的黄龙岩召开了一次具有重要历史意义的闽北分区委扩大会，简称"黄龙岩会议"。出席的有黄道、黄立贵、吴先喜、曾镜冰、曾昭铭、卢文卿以及饶守坤、王助等党政军领导。会议肯定了分区委领导闽赣边红军游击队胜利实现由苏区斗争方式到游击区斗争方式的转变，高度评价大安会议、长涧源整编、三港整编等重要决定和措施，总结红军游击队在极其艰难条件下，积极开展游击战争，不断打击国民党军，极力保护群众利益的经验。在认清形势、总结经验、统一思想的基础上，通过了由黄道制定的"以革命老区为依托，保存有生力量，积极向外发展，开辟游击新区"的总方针。会上，黄道形象地解释这一方针说："敌人不让我们安安稳稳地待着，好！我们已跟敌人换换防,你搞到我的家,我也搞到你家里去!"会议最后形成三方面决议:一是在军事战略战术上,采取防御和进攻相结合,内线作战和外线作战相结合的方针,向敌后挺进,开辟游击新区,强调保存有生力量,尽量避免打硬仗,打消耗战,学会在分散的条件下,抓住有利战机,打击国民党军和地方反动势力;二是在政治上,实行"白皮红心"的两面政策,争取和多数保甲长、大刀会建立统一战线,集中力量打击少数顽固的敌对分子;三是在经济政策下,变打土豪为向土豪筹款,改分田地为减租减息。会议还做出联合闽东红军、共同对付国民党的决策。黄龙岩会议,是闽赣边党史上一次极重要的会议,是闽赣边游击战争的一个重要转折点,也是黄道同志卓越军事才能又一次生动体现,它为闽赣边游击战争掀开了新的一页。

会后,黄道同志亲自部署了三路打出外线、开辟新区具有全局性的军事行动:第一路为饶守坤、王助率领第1、3纵队进军闽东北,开辟了福建的建瓯、松溪、政和、周宁、寿宁、古田、屏南、南平以及浦城千仙岗以南,浙东的龙泉、庆元以西的广大游击区,打开了闽北与闽东红军联系的通道。闽北这两个纵队的人数,也由原来的600多人发展到1000多人。第二路为黄立贵师长亲自率领第2纵队,积极向邵(武)顺(昌)建(阳)地区挺进,开辟了将(乐)建(宁)泰(宁)游击区,建立了邵将泰和建泰县委,邵顺建县委相继建立了饶坝、贵溪、东游、华家山区委,使将建泰游击区连成一片,基本闽中游击区。第三路为吴先喜率领第4纵队挺进资(溪)光(泽)贵(溪)地区,迅速扩大到金溪、贵溪、光泽、资溪等县,共产党员发展到200多人,增设了4个区委15个党支部,成立资光贵中心县委,并将游击区扩大到抚东地区。由于分三路开辟新区的军事行动取得重大胜利,到1936年上半年,闽北根据地扩大到以崇安为中心,东至松溪、政和,西至金溪、资溪,南接将乐、泰宁,北达广丰、浦城,包括龙泉等26个县的广大地区,新局面已经打开。

在这大好时刻,黄道把握良机,于1936年4月率领黄立贵、吴先喜、曾镜冰等政和县洞宫山的仰头村与坚持在闽东斗争的叶飞同志举行具有重要意义的联席会议,双方在介绍情况、交换意见后,就成立闽赣省委取得一致意见。同年6月,闽北去的同志回到崇安岚谷后,黄道在黄龙岩主持召开闽北党政军领导干部会议，宣布成立中共闽赣省委，黄道任省委书记。会议决定将闽北根据地划分为闽北、闽东、抚东、闽中4个分区。这个时期是闽赣边三年游击战争的最好时期，根据地发展到26个县，纵横600余里，红军发展到6个纵队，达3000多人。

闪光点三是审时度势，促进区域抗日统一战线的形成。

在闽赣边游击战争后期，黄道密切注视时局的变化。当收到吴华友寄回的中共中央1935年发表的《为抗日救国告全体同胞书上》和1936年做出的《中共中央关于抗日救亡运动的新形势与民主共和国的决议》等文件，并从一张包盐的废报纸上看到"西安事变"和平解决的消息后，黄道便敏锐地意识到国内外形势正在发生急剧的变化，即和省委其他领导成员研究分析了国内政治形势。1937年2月7日，在黄道主持下，闽赣省委做出了《关于开展抗日反帝斗争的决议》，号召"一切不愿做亡国奴的中国人，不论职业、团体、宗教信仰、政治派别，一致联合起来，共同进行抗日的民族革命战争"。3月7日，成立了以黄道为主席，曾镜冰、曾昭铭为副主席的闽赣省抗日军政委员会。

1937年8月13日，日本侵略者大举进攻上海，蒋介石迫于形势，将"围剿"闽赣边老苏区的军队撤出，闽赣国共武装对峙的形势渐趋缓和。黄道洞察形势，适时以闽赣省军政委员会的名义致函国民党地方当局，提出建立南方抗日民主统一战线的建议。不久，又通过光泽县县长高楚衡致函国民党江西省政府主席熊式辉，明确表示"我们向以抗日救国自任，对救亡图存工作决不后人"。提出合作抗日的三点主张：一、同意将抗日红军改为抗日义勇军，并在划定的区域内实行抗日言论、集会、结社自由；二、要求允许和朱德、彭德怀通信，以求得中共中央的指示与领导；三、在谈判未确定之前，首先停止军事行动，停止打土豪。并希望熊式辉派代表前来谈判。在黄道不断努力下，1937年10月底，国民党江西省当局派江西第7保安副司令周中诚、高楚衡为代表，与闽赣省军政委员会代表黄知真、邱子在光泽县霞洋乡的大洲村举行谈判，达成了合作抗日的协定。

1938年2月，闽赣边红军游击队在江西铅山县石塘镇集结整训，改编为新四军第3支队第5团，下辖3个营9个连和1个机炮连，1500人。是时，黄道同志送别 5 团指战员上前线，与曾镜冰等亲密战友话别后，前往南昌任中共新四军分会委员兼新四军驻赣办事处主任。不久，黄道担任中共中央东南分局委员、宣传部部长、统战部部长等要职。

这支由闽赣边红军游击队改编的新四军第 3 支队 5 团，在抗战史上谱写的"五次繁昌保卫战"和"皖南事变"中"血战东流山"誓死保卫军部的两个精彩亮点，从政治与军事意义上，生动体现了闽赣边红军游击队改编的新四军 5 团，不愧是一支忠于新四军和叶挺军长的英雄团队。

1938 年 2 月，中共中央东南分局决定撤销中共闽赣省委，成立中共闽浙赣特委。同年 6 月，根据东南分局指示，原属闽北管辖的江西省部分县党划归江西省委。闽浙赣特委（即闽北）和闽东特委合并成立中共福建省委。

至此，江西省的上饶、广丰、铅山、金溪、紫溪、贵溪县的党组织和红军游击队，从 1930 年土地革命战争初期到三年游击战争时期，再到抗战初期的 1938 年 6 月，由黄道等培育和建立的闽赣边区党组织和红军游击队的隶属关系才中止联系。闽赣边区党组织和红军游击队长期并肩战斗的光荣传统，将载入南方三年游击战争和新四军的史册。陈毅同志在《纪念黄道》一文中，高度评价了黄道在三年游击战争中的历史贡献："1935 年春，方志敏同志殉难之后，一面是赣东北根据地转为游击区，一面是抗日先遣队转为游击部队，东南半壁的领导责任完全落在黄道同志一个人身上。在三年游击战争环境中，黄道同志尽了他毕生的绝大努力，也发挥了他无比的革命的天才，浙东南、赣东北、闽北三大地区的党务、军事、政治、民运诸工作都在中共闽赣省委领导之下进行的，黄道同志恰是省委领导重心，在与我党中央三年隔绝的情形下，在进攻者长年的包剿下，黄道同志能独立支撑，顽强坚持，终于完成了保持革命阵地保持革命武装保持革命组织的光荣任务，所以尔后以一支强有力的部队编入新四军来适应抗战之爆发，这是黄道同志对革命对民族的决定贡献。"

隐蔽在大山深处的省委党校

——武夷干校的故事

詹相文

    彻夜风撼竹，开门雪满山。在 20 世纪 30 年代末那个风雨如磐、民族危难的时刻，闽北武夷山深山密林的冰天雪地里，一群衣衫褴褛的战士和略显斯文的知识分子正在上课，他们时而齐声朗读，时而激烈讨论，时而进行军事训练，时而高歌一曲。这就是 1939 年秋至 1943 年春，中共福建省委在当时的崇安县（现武夷山市）坑口村绿村洋和建阳书坊太阳山先后举办的马克思主义读书班，从第 3 期起称为"福建省委武夷干校"（福建省委党校的前身），前后培训了 300 多名干部。武夷干校的创办和整风整训，福建省党组织有效地清除了党内存在的党性不纯现象，广大党员特别是党的领导干部思想水平、理论水平有较大的提高；为争取抗日反顽斗争的最后胜利提供了思想上、组织上、干部上的准备；为如何进行党的建设，保持党的先进性与战斗性，做出了有益探索。

坑口村

生活在竹器时代

大雪压翠竹，翠竹暂且伏；细看竹林下，雨后春笋出！

1938 年 6 月，根据中共中央长江局东南分局的指示，闽浙赣特委与闽东特委合并，成立福建省委，省委机关设在武夷山坑口村。1939 年 7 月，在村头村绿村洋山上举行福建省第一次党员代表大会。1940 年 11 月，在绿村洋山举行省委扩大会议，选举产生福建省出席党的七大代表，这里成了福建省革命实践和抗日反顽斗争的指挥中心。

武夷干校就是伴随着福建省委的诞生而产生的，省委在绿村洋山上，武夷干校紧邻省委机关也在绿村洋山上。这里位于闽浙赣三省交界的武夷山地区，山高林深，茂林修竹。坑口村地处武夷山市洋庄乡北部，坐落在闽赣两省的寮竹关、温岭关下，距市区 32 公里，辖区面积 89.67 平方公里，林地 9.6 万亩，毛竹面积 6 万多亩，森林覆盖率 95%。坑口村头村绿村洋，海拔 1170 多米，相对高度 660 多米，周围是一片密林竹海，没有公路相通，十多里山路全是上坡，而且十分陡峭难行，至今攀登到顶仍需费一番周折，没有向导带路很难找到。沿途有省委警卫排驻地、战壕、红军井、省委机关旧址、武夷干校旧址等。

在赖老的回忆录中"省委机关在绿村洋山时曾办了武夷干校……我们警卫员不仅要负责接送、保卫来自全省各地的学员，还要分别为男女学员搭茅棚、竹棚"（《百炼成钢——记抗战老同志赖求兴》，作者彭泽、罗永胜，见 2005 年第 15 期《武夷山资讯》），在《太阳山，一座历史丰碑》一文中，赖老回忆道："这里遍地是毛竹山，仿照省委在武夷山绿村洋驻地建房的做法，将毛竹劈作两半当瓦，劈成片当围墙，老毛竹当柱，顺着隐蔽的地形地貌，搭盖了二三十座大小面积的营房，就连睡的床、用的桌椅也一律是毛竹制作，好似绿色的阵地。"（见彭泽等主编的《武夷山革命根据地》，中央文献出版社 2008 年 1 月第 1 版）

当年省委机关、武夷干校以毛竹为主料，搭建两排整齐的二三十个竹棚和一个大的"列宁室"，他们住的是竹楼，睡的是竹床，坐的是竹凳、竹椅子，用的是竹筒、竹碗、竹筷，吃的是竹笋、笋干，照明的是竹片、竹火把等，校领导笑着说：我们生活在竹器时代！干校师生们没有宽敞的教室，没有丰盛的美食，但心中始终充满着革命乐观主义，他们把锅巴当作饼干，把米汤当作牛奶，在日复一日的学习中，积蓄力量；他们在深山里洗衣做饭，在青山绿水间留下欢声笑语！

省委书记上党课

有着"红旗不倒"美誉的坑口村，在硝烟弥漫的战争岁月里，严肃紧张而又生动活泼的干校生活，在崇山峻岭间拉开了序幕。

1939 年 9 月，福建省委在绿村洋山上创办武夷干校，省委书记曾镜冰任校长，省委宣传部部长王助任副校长。曾镜冰、王助亲自讲课，同时聘请顾惠生（顾风）、卢懋居讲授马克思主义哲学和社会发展史，着重进行党的基本理论和党的政策教育，提高党员干部执行中央方针政策的自觉性，推动党员干部党性锻炼。第一期读书班于 1939 年秋冬之交开办，地点在崇安县坑口村绿村洋。参加学习的主要是机关干部和各地撤退到机关的知识分子。主要学习党的基本理论和政策，同时也学习马克思主义哲学和社会发展史。因缺乏学习材料，读书班组织学员轮流阅读《联共（布）党史》，学习"统一战线与阶级斗争""三民主义和共产主义"等基本理论。曾镜冰亲自上党课，作当前抗战形势和党的方针、政策的报告，在《统一战线与阶级斗争》的报告中，指出"统一战线是阶级斗争的特殊形式""统一战线是互相让步的，可又是互相斗争的"，纠正了那种在统一战线内只讲团结不讲斗争的错误观点。同时，针对工农干部对知识分子存在隔阂和排斥等不正确思想，他反复强调党的知识分子政策，并通过学习中的互帮互助，增强了党的团结。根据中共中央关于大量吸收知识分子的指示，在训练班上，曾镜冰反复强调知识分子的作用，明确提出了工农干部知识化，知识分子工农化的要求，并将具备入党条件的一部分知识分子及时吸收入党。

尽管每天的学习任务都很紧张，但学员们如饥似渴地汲取革命的养分。在当时，干校缺乏学习材料和纸笔，学员们便轮番传阅、摘抄同一本《联共（布）党史》，在学习中所用的土纸也是写完正面写反面，写了铅笔再写毛笔或钢笔。每当夜幕降临，学员们便围坐在灯火旁，热烈讨论到深夜。

在那战火纷飞的岁月，武夷干校就像黑暗里的灯塔，让学员们系统地学习了马列主义理论、中国共产党史、社会发展史、抗日民族统一战线与党的知识分子政策等党的基本理论，后来还增加了政治理论、形势教育和整风文件，给学员们指明了前进的方向，纠正了那种在统一战线内只讲团结不讲斗争的错误观点，让学员们的党性得到了锻炼。

第四期武夷干校举办于 1940 年秋冬之交，地点在岭头山（今坑口与廊前村之间），参加学习的主要是到省委机关汇报工作的干部和机关工作人员。由于形势紧张，省委武夷干校才开办个头，就在迁移备战中提前结束。

多彩的校园生活

"东方曙，林鸟叫。大地苏醒了，梆子声声催人去做工。热烈讨论，热烈操练，多紧张！突击学习，突击生产，莫放松！武夷干校，歌声嘹亮，晚会有唱有笑真快乐。"（《生活在武夷》）

曾镜冰校长和学员们还创作了《武夷颂》《共产青年歌》等多首革命歌曲，在紧张地学习与操练之余，学员们高唱革命歌曲，抒发心中澎湃激情。尤其是《武夷颂》，激动人心。同志们把它当作"校歌"，每天清早，武夷山上，歌声如潮，鼓舞大家同仇敌忾的决心，争取革命胜利：

武夷山上，十年抗争，灿烂辉煌，

武夷山上，生长着一群抗日健儿，

他们驰骋在扬子江畔。

武夷山上，今天是青年学习的场合，

明天是他们作战的战场。

听啊！歌声嘹亮，

看啊！血花飞溅，

伟大武夷山，万古流芳！

为了帮助学员学习，省委还创办了《锻炼》和《学习》两本政治理论刊物，曾镜冰亲自为《锻炼》一刊撰写题为《论组织观念》的创刊词，指出加强党性锻炼的中心是加强组织观念。因此，加强党性锻炼的第一项任务是锻炼全体同志健全组织观念，从政治上、理论上、思想上保证党的组织统一与行动统一。两本刊物除了刊登辅导学习的理论文章和个人学习心得以外，还时常选登一些个人诗词、歌曲、漫画等，内容丰富多彩，对学习起了很大的促进作用。

武夷干校的学习严肃紧张，但文娱生活则轻松活跃，经常开文娱晚会，既有歌咏、舞蹈等一般文艺节目，又有根据时事形势与学习内容编排的活报剧，如"瞎子摸象""码头工人"等，既调剂和丰富了学员的精神生活，又进行了生动的形象化的形势教育。如扮演四个工人抬一根大杉木，步履蹒跚，嘿呀嘿呀的，同志们都轰动了，这四个家伙怎么抬得起这么大的木头！原来那只是杉树皮，中间是空的，教育学员内容与形式应相适应，不要只注重形式。又比如，一头"大象"，几个"瞎子"摸来摸去，有的将鼻子当大腿，有的把大腿当树，结果都不对，教育学员要全面看问题。这些教学方式因陋就简，灵活多样，形象生动，深入浅出，达到了很好的教学效果，至今仍有借鉴意义。

特殊的蒙面上课

1943年2月，福建省委在建阳太阳山举办武夷干校第五期训练班。参加人员主要是省委机关和部队的同志，各地区的领导骨干及城市坚持秘密工作的知识分子干部，约一百人。除将各地区来省委参加第一阶段整风运动的干部留下参加或领导干校的学习外，还抽调了基本地区的数十名工农干部和 20 多名在城市坚持秘密工作的知识分子干部参加整风学习。

第五期武夷干校仍然由曾镜冰亲自担任校长，教育长为王一平，并成立临时党支部，学员组成两个队，基本地区来的干部一个队，城市来的知识分子干部一个队，根据地下斗争的需要，城市来的同志一律隐其真名，编号代名，并戴上蓝布制作的面罩，互不打听，以利于保密。在太阳山参加武夷干校训练班学习有编号和戴面罩的学员共 24 名，其中 14、17 号名字阙如成谜，比较出名的有 1 号庄征（时任中共建松政特委委员兼组织部部长）、5 号李铁（时任闽中特委书记）、6 号张翼（省委城市交通联络员）、9 号粘文华（时任中共闽江特别委员会委员）、10 号黄宸禹（时任闽中特委青年部长兼南平中心县委书记）等。

武夷干校第五期训练班主要学习党的理论与政策以及整风文件，强调加强党性锻炼，保证党的组织统一与行动统一；加强调查研究，克服主观主义。武夷干校贯彻延安整风精神，一方面认真学习文件，提高思想理论水平，增强党性锻炼；另一方面开展批评与自我批评，对照工作实际，检查个人存在的问题。

惨痛的历史教训

第二期读书班于 1940 年初开办，地点在崇安县坑口乡长涧源村。省委调集了闽中地区的领导和干部参加学习。这一期读书班除学习理论政策外，还根据中共中央和东南局的历次审干指示精神，在省委机关和读书班中开展了审干工作。由于发动了所谓"肃清托派"的斗争，审干工作发生了偏差。读书班把省委候补委员、福清中心县委书记陈金来、泉州中心县委书记邓贡直和原隐蔽在南平警察局进行秘密活动的黄尔义等人，错误地打成"托派集团"，把他们武断地定为被国民党利用来进行破坏的内奸，并轻率地将人处死，造成无可挽回的损失。这是抗日战争时期省委在审干肃反工作中的一次严重错误，教训是

极其深刻的。(见《武夷干校的创办及其历史地位》,作者温雪勇,《福建党史月刊》2005 年 7 期)

为了做好整风整训运动,省委在 1942 年 7 月就发出《关于加强党性的决定》,提出政治上反对机会主义,思想上反对小资产阶级意识,组织上反对命令主义、自由主义。《决定》要求揭发一切违反党性的现象,加强党性锻炼;强调党的统一性、集中性,尊重上级,尊重中央,尊重党纪,尊重团结;认真实行调查研究,注重环境的变化,及时变更自己的活动方式,正确执行党的政策;克服小资产阶级的思想意识,开展自我批评,严格执行党的一切决定,更好地统一党的意志和巩固党的团结,使党在困难中走向胜利。省委太阳山整风运动在当年 10 月正式开始,省委认为"福建党违反党性的主要表现是右倾动摇及土匪意识,故根据这两个东西,进行了两个月的党性锻炼",分为两个阶段进行。

第一阶段在省委机关开展,各地调上山的干部也同时参加,时间一个月。这一阶段主要解决思想认识问题,引导大家对照中央关于党性锻炼的决定,摆表现,找危害,挖根源,增强组织观念和党的团结,提高执行党中央关于抗日统一战线的自觉性。联系实际,批判了李铁在国共合作问题上的右倾错误。1942 年李铁在草拟一份决定中,错误地引用了王明提出的"以拥护蒋委员长为最终目标"的口号,该决定经省委领导指出后没有下达。整风中,省委以李铁曾提出过这一错误口号,联系他在主持闽中特委工作时执行消极的单纯的隐蔽政策,批判他犯"投降主义路线"的错误,做出撤销其闽中特委书记职务的决定,调离闽中。

太阳山的整风整训运动和第五期武夷干校的开办,是福建党组织的一次普遍的马克思主义教育运动,通过整风整训,增强了广大党员党性观念,进一步提高了福建各级党组织的战斗力,为战胜国民党顽固派发动的第三次军事围攻、争取抗日反顽斗争的最后胜利,奠定了牢固的思想基础。虽然在当时的具体环境中,整风整训也发生了一些缺点错误,如对李铁错误的论定不够实事求是,产生了一些消极影响。(以上见中共南平地委党史研究室《闽北革命史》,人民出版社,1992 年 10 月第 1 版)

血浓于水见真情

"江山就是人民，人民就是江山"。在抗日反顽、敌强我弱的特殊时期，福建省党组织落实中央"独立自主靠山扎"的精神，既依靠崇山峻岭的大山，也依靠人民群众这座稳固的"靠山"，得到了老区群众的大力支持。

在那段艰苦日子里，武夷山坑口村的百姓不顾生命危险，冒着"连坐"的迫害，建立了联络点和交通站，秘密护送学员，出色地完成接送任务。他们不畏敌人的封锁，始终不屈不挠地斗争，拿出家中的口粮，以给山上造纸厂送物资或上山劳动为借口，冲破层层阻碍，为干校送粮食、盐巴、衣物以及情报。坑口群众用血浓于水的深情，支援和保护学员们，让他们在危机四伏的境况中安心学习，为省委培养一批批抗日骨干做出了重大贡献。在武夷山革命《大事记》中记载：1939 年 9 月，坑口村头村一带的接头户，接受省委书记曾镜冰下达的任务，通过崇安洋庄一带的党组织，秘密为武夷干校购买了 3000 斤黄豆，有力地支援了武夷干校办好食堂。

参加武夷干校的部分武夷山籍历史人物有汪林兴、徐莲娇、赖求兴等。在《坑口中共福建省委旧址纪念亭史迹寻踪》一文中，赖老讲述道："中共福建省委机关长驻坑口，坑口老根据地群众为福建的革命斗争付出了巨大代价……福建省委机关虽然南迁了，敌人仍不放过坑口的群众，从 1941 年 1 月至 1944 年 1 月，国民党顽军在闽北发动的三次军事围攻中，坑口仍是每次围攻的重点地方。据不完全统计，坑口原有 3900 多人，被杀死饿死 2900 余人；原有 66 个自然村，被烧毁 57 个；原有 4345 栋房屋，被烧毁 3655 栋，仅车盆坑先后被烧 8 次。坑口的党组织和人民群众，为福建省委在此领导全省抗日反顽斗争做出的巨大牺牲，是对福建革命斗争的重大贡献。"（见彭泽等主编的《武夷山革命根据地》，中央文献出版社，2008 年 1 月第 1 版）书写了"江山就是人民，人民就是江山"的血色篇章。

"不忘初心、牢记使命"，我们讲述和传承武夷干校历史故事，从武夷干校，到如今市委党校干部培训班和"武夷干部读书班"，就是为了进一步弘扬武夷干校理论联系实际的学风、严肃认真的党性锻炼和昂扬向上的革命精神，提升党性修养，在今天全党开展中共党史学习教育中，用党的奋斗历程和伟大成就鼓舞斗志、明确方向，用党的光荣传统和优良作风坚定信念、凝聚力量，用党的实践创造和历史经验启迪智慧、砥砺品格！

先烈回眸应笑慰

林 彬

人这一生，总有一方热土，让你魂牵梦萦，总有一种相遇，让你期待已久。

2020 年 11 月 3 日，当我作为红色文化采风团成员，从北京来到福建武夷山参加"今日向何方，直指武夷山下"红色文化实践活动时，内心充盈的，便是一种重返故乡、再踏热土的感受。

1970 年，年仅 14 岁的我参军来到福建，一待 20 年，足迹可以说踏遍八闽大地山山水水，福建成为我地地道道的第二故乡。我的爱人同样 1970 年参军来到福建，他大学毕业后先后担任福州军区前线报社记者和解放军报社驻福建记者，也多次采访过包括武夷山在内的闽北闽西革命老区。那时候的武夷山叫"崇安"，山高林密、地处偏远，还没有被世界教科文组织列为文化和自然双遗产，但其革命老区的名声已经享誉中华。这里，是福建革命的策源地之一，是闽北红军的诞生地，是闽北苏区首府所在地，是闽北游击战争的主阵地，还是新四军的来源地之一，也是被人民解放军二野十五军解放的福建第一县。这些红色历史、红色标识，让我对这片新民主主义革命时期被毁灭了 549 个村庄 84372 间民房、被杀害了 34697 名志士百姓、被绝户了 11820 户人家的热土，始终怀有一种深深的敬仰。

20 世纪 90 年代初，我随爱人调往北京，转业在国家市场监督管理总局商标局工作。为了审查原产地地理标志商标，我又一次次地来到福建。因审查茶叶地理标志商标，先后到了大红袍的原产地武夷山和铁观音的原产地安溪。正是在审查大红袍原产地地理标志商标的过程中，我对武夷山的红色资源有了新的发现、新的认知。

那时候，武夷山的旅游品牌已经被一步步地发掘推广，开始吸引大量中外游客。在"三三秀水清如玉"的武夷山九曲溪，一座座奇峰，一面面岩壁，尽管镌刻了众多风华绝代的诗句，但有一行标语格外引起了游客的关注。标语 8 个大字——"打倒日寇，保我中华"，作者是台湾义勇队少年团，刻在方正如屏的苍屏峰崖壁上，灰底红字，熠熠生辉，成为武夷山一处新的红色胜景。

我父亲和我爱人的父亲都是 1940 年分别参加八路军、新四军的抗日老兵，作为后代，有着天生的抗战情怀。我们俩又同处台海一线，同与福建结缘为第二故乡，与一水之隔的台湾同胞，有着血浓于水的民族认知。从此，顺着这一线索，我更多地关注起台湾同胞的抗日壮举。武夷山作为台湾义勇队和少年团诞生地与出发地的红色历史，以及义勇队创建者李友邦这一抗日志士的坎坷命运，越来越多、越来越清晰地呈现在眼前，让我既感慨，亦唏嘘，又欣慰。

1938 年六七月，福建省国民党当局强行将分散居住在福州、晋江的台胞 430 多人，集中遣送到崇安，在县城成立台民垦殖所，附设台童教养所。当年 11 月，台湾李友邦携张一之从浙江金华来崇安，组建台湾义勇队北上抗日。此举受到住崇安台胞的热烈欢迎，纷纷报名参加义勇队。次年 2 月，首批 40 多名台胞组成抗日义勇队，6 名孩子组成抗日少年团，由李友邦任义勇队队长兼少年团团长，张一之任少年团指导员，开赴金华抗日前线。3 月，第二批同样由台胞组成的 100 余名义勇队队员，也开拔金华。此后，留在崇安的台胞又陆续不断地前往金华和皖南，投身抗日救国。台湾义勇队人员最多时近 400 人，分 3 个区队 9 个分队。他们或进行小规模的军事袭扰，配合军队抗御日寇；或发挥医务专业特长，为抗日官兵和民众治伤治病；或发挥能听会读可讲日语的优势，做对敌政治攻心工作；或做抗日救国宣传，唤起民众；或做抗日统一战线工作。他们还积极发起台湾复省运动，参与筹备收复台湾工作。当时，新四军里，就有台湾义勇队送去的医疗器械、药品和台胞医生。

1942 年金华沦陷后，义勇队对日斗争重心由浙江沿海转向福建，以闽南为基地组训台胞武装抗日。仅 6 月到 7 月，义勇队便三次武装袭击厦门，炸油库，捣会场，毙日军，贴传单，沉重打击了侵略者的气焰。少年团的孩子们则深入敌后，广泛收集情报提供给抗日部队。

台湾义勇队和少年团，就这样成为一支坚强的抗日队伍，受到各界的广泛好评。台湾义勇队也扩编为义勇总队，下设4个支队，李友邦还被国民政府军事委员会授予少将军衔。

当然，在大陆抗日战场共抵外御的台胞，不仅仅是台湾义勇队和少年团。据不完全统计，约有20万在大陆的台湾同胞直接参加了抗日斗争，仅抗日战争爆发初期，就有5万台胞内渡大陆，或直接奔赴一线参加杀敌，或投奔共产党领导的抗日根据地。当时，仅活跃在大陆的抗日团体就有台湾民族革命总同盟、台湾革命党、台湾青年革命党、台湾同胞抗日复土总同盟等，创办的抗日报刊则有台湾义勇队的《台湾先锋》《台湾青年》、闽台协会的《台湾日报》、台湾革命团体联合会的《新港》等。

甚至在侵华日军中，台胞也以不同方式开展了卓有成效的反战斗争：在厦门，有反战分子与敌军"火拼"，并焚烧仓库、洋行；在广州，有大批台籍士兵"携械起义"；在海南岛，有不下500人前线倒戈。

这些，都是何等的可歌可泣啊！可以说，以李友邦和台湾义勇队为代表的台湾同胞在全面抗战中的一系列壮举，是两岸中国人共同的历史记忆、共同的精神财富。

让我唏嘘的是，高举"复疆"大旗抗击日寇的台湾义勇队创建人李友邦命运多舛，几起几落，在迎来台湾光复后却惨死在蒋介石的屠刀下。

在游人如织的厦门市南普陀风景区，有一块岩石上刻着两个大字：复疆。这掷地有声的两个字，便是李友邦刻下的。据他的儿子李力群介绍，"复"，指的是复兴中华文化；"疆"，指的是收复疆土、祖国统一。李友邦创立台胞在大陆的第一支抗日武装，其宗旨就是要保卫祖国、收复台湾。抗战胜利后，李友邦派义勇队先遣队回到台湾，维护社会秩序，保护百姓财产，为国民党顺利接收政权发挥了积极作用。1945年9月4日，象征台湾光复的第一面"中华民国"国旗，在台北徐徐升起迎风飘扬，而这面旗帜，便是李友邦派专人送回台湾的。当年12月，李友邦率台湾义勇队并以三民主义青年团特区负责人的身份，回到阔别多年的故土。

没想到，刚返回故土的他，厄运便开始频频降临。

1947 年，台湾爆发"二二八运动"，已官至中将的李友邦，因拒绝台湾当局要求他去电台广播讲话以平息所谓"动乱"遭逮捕，被押解至南京监狱。后经其夫人严秀峰当面向蒋经国澄清真相，被刑拘三个月后，核查为"罪名实属诬陷"才出狱。

1950 年 2 月 18 日，国民党国防部保密局的官员又突然闯进李友邦家，以"交友不慎"的名义，将他夫人严秀峰带走。这一别，两位在抗日战争中结缘并相濡以沫的夫妻，再也没有见上一面。原来，1950 年随着台湾白色恐怖达到高峰，中共驻台湾地区工作委员会委员兼武装部长张志忠和妻子被捕，严秀峰因与其妻有过来往被牵连了。尽管经过审讯，根本无法坐实严秀峰"参与叛乱组织"的罪名，国民党当局仍以"知匪不报，通匪资匪"之罪，判处严秀峰 10 年徒刑。没想到，蒋介石在审查案件时仍嫌判得轻，又提笔写上"高官之妻，加重 5 年"，刑期由 10 年加为 15 年。这就使得李友邦与妻子，一别即成永别。

劫难至此并没有停步：1951 年 11 月 18 日，李友邦突然被穿着便衣的人员从家中带走，不到半年后的 1952 年 4 月 22 日凌晨，便在台北新店郊外被枪杀，罪名是"匪谍叛乱罪"。其定罪逻辑更是荒唐。据李友邦的儿子李力群述说，父亲被捕后见到了蒋介石，蒋介石给他定罪的"蒋氏定律"为："丈夫是奸匪的，太太不一定是奸匪；但是，反过来，太太是奸匪的，丈夫就一定是奸匪。"真是欲加其罪，何患无辞！这种荒谬的定罪逻辑和恶行，和南宋大奸臣秦桧以"莫须有"定罪并杀害岳飞，如出一辙。据李力群介绍，1952 年 4 月 18 日，蒋介石本已接到监狱关于饱受病痛与牢狱折磨的李友邦"其生命于三日内难支"的病危报告，却依旧匆匆批复执行枪决，这也暴露出蒋介石和国民党反动当局的毫无人性。一代抗日志士，最后躺在担架上被抬到刑场，惨遭杀害，并且身中三枪。这能不让有良知的人唏嘘不已吗？！

同样让亲者痛仇者快的是，赫赫有名的抗日义勇队也惨遭诬陷抹黑。李友邦惨遭杀害后，在相当长的一段时间里，台湾当局不愿意提台湾义勇队，将其设为禁区讳莫如深。然而，两岸中国人对李友邦和台湾义勇队的认知从来没有改变，缅怀从来没有停止。在李友邦和台湾义勇队战斗过的福建崇安和浙江金华，一直以这些抗日志士为荣。

随着两岸同胞交流的坚冰被打破，李友邦和台湾义勇队及少年团的名字，更是不断地见诸大陆各类媒体报道，被越来越多的人所认识、所敬仰、所缅怀。一些有关部门还多次邀请李友邦的遗孀严秀峰和子女来大陆，重返战斗过的地方，讲述当年的抗日故事，参加有关的纪念活动。每到一地，他们都受到热情的欢迎和接待。

2006 年 10 月 20 日，李友邦将军 100 周年诞辰纪念大会暨台湾义勇队纪念馆落成典礼在浙江金华隆重举行。这一纪念馆被列入首批国家级抗战遗址。

2013 年 12 月，占地 3000 平方米的无名英雄纪念广场，在北京西山森林公园落成。广场专门为 20 世纪 50 年代为国家统一人民解放事业而牺牲的英雄而建，李友邦的名字赫然在列。

2015 年 8 月 27 日，抗日志士李友邦事迹图片展在厦门举办，展出各类图片 200 多张，分 6 个部分隆重介绍了李友邦从台湾入黄埔，后组织抗日义勇队在闽浙沙场抗日杀敌的故事，全国台联会副会长杨毅周出席图片展并致辞。"在台湾被侵占的苦难岁月里，无数台湾同胞用鲜血和生命来证明自己是中国人，而李友邦将军就是其中的杰出代表，彰显了台湾同胞光荣的爱国主义精神。"

进入 21 世纪，国民党对李友邦和台湾义勇队的评价，也逐渐回归历史本来面目，直至正式平反。

在台北，建成了芦洲李友邦将军纪念馆。李友邦和台湾义勇队的事迹，被编入了台湾地区中学历史教科书。2005 年 9 月 9 日，国民党举办了台湾先贤李友邦百年回顾暨学术研讨会。当年 12 月 25 日，国民党隆重纪念抗战胜利和台湾光复 60 周年，多位抗日先贤的巨幅照片悬挂在国民党中央党部外墙上，其中就有李友邦，标题为"台湾人需做复台最勇敢的战士"。至此，这位惨死于白色恐怖的抗日志士，彻底恢复了英名。

2006 年 3 月 12 日，时任国民党主席的马英九亲笔为台湾义勇队题词，收藏于浙江金华台湾义勇队纪念馆。国民党荣誉主席连战也为该馆题词："同源同祖同文，连山连水连心。"

据李友邦的儿子李力群介绍，那些年，新春小年夜马英九都会登门看望慰问李友邦的遗孀严秀群。

2013年，新北市政府为表达对李友邦和严秀峰的追思，以"烽火伉俪"为主题，为夫妇俩修建了浮雕铜像，铜像基座上也用红色篆刻了"复疆"两个大字。

富有意味的是，金华台湾义勇队纪念馆落成时，蒋介石的孙子蒋孝勇夫人蒋方智怡也送来题词："同怀中国心，共抒民族情。"

李力群在李友邦抗日事迹图片展上讲过这么一段话，父亲的理念，"一是光复台湾，必须先保卫祖国；二是国共合作，放在今天就是两岸一家亲"。是的，今天我们对李友邦等抗日志士的宣传与缅怀，绝不仅仅是历史层面的正本清源与文化传承，更是两岸同胞民族情感的沟通和共同价值的重建。唯有把"两岸一家亲"的口号叫响，把血浓于水的理念深植于包括台湾同胞在内所有中国人的内心，海峡两岸的中国人才能像当年全面抗战一样命运与共、责任同担，福荫两岸同胞的中华民族伟大复兴中国梦，也就一定会早日圆梦。

先烈回眸应笑慰，擎旗自有后来人。安息吧，红土地上奋斗与献身的英烈。安息吧，抗日志士李友邦将军。

二、武夷情怀

读《如梦令·元旦》

张建光

20世纪20年代末的冬天，东南中国阴雨连绵。中国革命正行进在山复林深的闽赣古道上。已是农历正月初一了，却没有任何喜庆的气氛，只有南国独特的湿冷，一路泥泞。深深密林中的山间小径，蜿蜒如蛇，若隐若现。枯枝落叶下的青苔最为耀眼，一地斑斓。一个山径转弯处，一块突出巉岩向悬崖伸去，此刻岩石上立着一位魁梧的男子汉。那匹白马坐骑静静立在身后。他的眼光越过千层山峦，他的手一只叉在挺拔的腰杆上，一只挥着那身后长长队伍头

大安中央苏区纪念园

顶上都有的缀着五角星的八角帽，像要挥去长途跋涉的闷热，又像即兴的打节拍。随后山林间响起他那苍凉的带有湖湘口音的虎啸龙吟："宁化、清流、归化，路隘林深苔滑……"

西越武夷山，红四军第二纵队行进的方向，应该是清流到归化，也就是今日的明溪，再到宁化。词中按照"如梦令"词牌格律要求，变成了"宁化、清流、归化"。他眼中的古径、茂林和青苔，是人化了的自然。20 世纪 20 年代的中国革命，真可谓"路隘林深苔滑"。轰轰烈烈的大革命形势因"四一二"蒋介石的枪声急转而下，他曾"心情苍凉，一时不知如何是好"。伫立黄鹤楼上，春色明媚的荆湖形胜，在他的眼中"茫茫、沉沉、苍苍"，心潮随着滚滚长江逐浪而高。他和他的被称为领袖集团的同志们毕竟不是凡人，很快就镇静自若理清思绪。"夏季，八月七号，党的紧急会议，决定武装反击，从此找到了出路"。要用武装的革命对付武装的反革命，"枪杆子里面出政权"。他拿笔的手开始掂掂枪的分量。"秋收时节暮云愁，霹雳一声暴动"。中国革命要走农村包围城市的道路，而不像苏联那样先打进克里姆林宫，他谢绝瞿秋白同志的提议，不到上海党中央工作，"我不愿去住高楼大厦，我要上山结交绿林朋友，开展农村革命斗争""要能全部抓着农民，必须没收地主的土地交给农民"，他所到之处"收拾金瓯一片，分田分地真忙"。何处作为中国革命的根据地和大本营呢？"各部分比较起来，以宁冈为中心的罗霄山脉的中段，最利于我们的军事割据"。他把红旗打上了井冈，成立了中国共产党堂堂正正的军队——中国工农革命军第四军。他在探索，他在实践，用他自己的话来说就是："马列主义是规定了世界革命的基本原则，但中国革命的具体做法要我们在实际中创造。"如何创造一个红色的党、军队和政权？如何在战略上最终夺取胜利，具体打好每一次战斗？从中国革命的前途命运到革命纪律增加了两条"洗澡避女人"和"大便找厕所"……他的眉头紧锁又松开，他手下的笔时而急促，时而舒缓。上井冈后，他从理论和实践上，几年时间里为中国革命的大政方略画出了框架，有的还十分具体和精致。如果说党的七大是他的整个思想体系产生的标志，那么闽赣数年则是大道初创。他在后来撰写的《中国革命战争的战略问题》回忆道，红军战略战术在 1928 年 5 月开始产生，等到第三次反"围剿"

就形成了，"后来的东西只是它的发展罢了"。他的每一个智慧火花，每一个不眠之夜，都为中国革命的宝库增添了无价财富，他的每一个石破天惊观点，他的每一个耳目一新结论，都凝聚着一位真正革命者无穷的政治勇气和洞察古今中外的如炬目光。那场永新到宁冈关于中国革命的谈心，影响陈毅同志之大可谓刻骨铭心，以至 40 年后，在陈毅受到他的误解时，仍然深情地回忆道："这是第一次听到这样的观点，是从没有任何一个其他领导人这样讲述过，仿佛就在昨天说的一样。"

山路越来越险峻，天空中渐渐飘起南国的雪花，雾渐渐上来了，几步之外看不见树影人形，闽赣多有的松柏似乎也失去了青翠。他的心情是凝重的，不完全在于军情紧迫。井冈山根据地建而复失，闽、粤、赣三省敌人向闽西发动下一轮"会剿"，红四军为了保卫闽西而离开闽西。此行兵分两路，转战赣南能否顺利会师，目前尚不可知。也不在于思念亲人的儿女之情。1927 年 8 月 13 日那个夜晚对爱妻幼子，"挥手自兹去"后，音讯两茫茫，现在，他也许忘了半个月前自己的生日。远在家乡的爱妻格外挂念他，暗中买了点菜，晚上又下了几碗面，铺纸挥笔："念我远行人，复及数良朋。心怀长郁郁，何日复重逢。"更不在乎他的并不硬朗的身子遭受疾病困扰，他确实上井冈后病了几场。1924 年的秋天，他患上了当时很难治愈的疟疾，加上脚病、便秘，在上杭永定过起隐居般的田园生活。外界没有了他的消息，国民党造谣他被"击毙"山中。共产国际也从莫斯科发出讣告，称他"因长期患肺结核在福建前线逝世"。民国元老诗坛领袖柳亚子闻讯为之悼念："神烈峰头墓草青，湖南赤帜正纵横。人间毁誉原休问，并世支那两列宁。"事实上他最为揪心痛苦的是，他引以为志同道合的同志们之间认识分歧。毋庸讳言，中国革命总伴随着内部争论，有时还是激烈的斗争中走过来的。起初人们把上井冈的所作所为归纳为"梁山泊英雄侠义的行为"。连鲁迅先生读了他的《西江月·井冈山》后也说："颇有山大王的气概。"他一笑置之，心安理得地接受了这一称呼。但对红四军中存在的单纯军事观点、极端民主化、流寇思想等各种非无产阶级思想，对中央派来的代表的不正确主张，他是不能容忍的。他的目标远大，境界高远，因此要求严格，批评毫不留情，常让同志下不了台。红四军第七次代表会上，争论公开化。他认为会议决议未能从政治上指出正确路线，又不愿意也不会在原则问题上调和折中，做"八面美人"。经过前委同意，他离开了红四军领导位置，中国革命就像脚下的山路又走到了一个转弯处，今日向何方？

历史总能在绝处逢生。犹如行军途中所见姹紫嫣红无限风光，往往都在悬崖峭壁的地方。他离不开中国革命，中国革命同样也离不开他。好在中国共产党人心襟坦荡，追求真理，服从真理，革命的前途命运绝对摆在个人荣辱之上，党的利益高于天。1929 年 7 月下旬，陈毅假道香港赴上海党中央如实汇报红四军的情况，中央政治局成立一个三人委员会专门解决红四军问题。经过一个月的研究和讨论，陈毅起草了著名的《九月来信》，充分肯定他的路线正确，要求他仍回前委工作。争论有了结论，团结空前加强，他又回到了掌舵人的位置。到了年底古田会议召开了。会议解决了在半殖民地半封建社会里，以农民和其他小资产阶级为主要成分的军队，如何建设成为无产阶级领导的新型人民军队的重大问题，从而使红军建立在马克思主义的基础上成为真正的人民军队。它的光芒同样辉耀了党的建设。一路行来，他的心情亢奋超过了凝思。再没有比自己正确的主张被同志们接受更为欣慰的了。他的乐观还建立在对革命形势的科学预测上，就在上路的前两天，他给当时的爱将纵队司令员林彪写了封回信。他想借此回答那些对时局和革命前途缺乏信心人的疑问，用委婉的形式进行回击。这封信收入著作时是以著名的《星星之火，可以燎原》为标题的。信的最后，他以大气磅礴的气概、史诗般的语言预见中国革命高潮的到来。"它是站在地平线上遥望海中已经看到桅杆尖头的一只航船，它是立于高山之巅远看东方光芒四射喷薄欲出的一轮红日，它是躁动于母腹中的快要成熟了的一个婴儿"。而这些生动的描写在武山下的崇安县已成为现实。他一定看到了武夷山下工农武装割据的局面。1929 年 10 月，中共崇安县委将活跃在武夷山内外的 16 支民众队伍陆续整编为各队红军，并编为"中国工农红军第五十五团"，拥有战斗系列 500 余人，成为闽北第一支在党的领导下建立起来的工农红军队伍。而在红四军转战赣南的同时，崇安县委以连为单位，攻城略地，全面出击，解放了崇安的大部分乡村，控制了建阳、浦城、江西的铅山、上饶等地大片乡镇，闽北苏维埃政权即将应运而生。武夷山的革命形势验证了他的理论和预言。他站在山顶上看去，虽然积雪已经压弯了竹木枝杈，行进中红军战士衣衫褴褛，但那队伍中的面面红旗却在寒风中猎猎作响，带来无限生机和活力，构成一幅壮美的雪地行军画面，昭示着中国革命锦绣前程。不绝的诗意又涌上他的心头："今日向何方，直指武夷山下。山下山下，风展红旗如画。"

山是人类的出发点和归宿。山是中国革命的摇篮，在她的怀抱里，中国革命从幼小到成熟。山是革命者的母亲，如希腊神话中给安泰无比威力的大地，革命者一到山中就获得无穷的力量。他对山有一种特殊的偏好，一生 67 首诗词作品中有 30 多首以山为题和写山的。他的代表作都与山有关，山也是他灵感的源泉。他的诗词不是源自艺术殿堂，而是来自马背上诵吟，高山上放歌。枪林弹雨为他的诗文押韵，革命风雷为他豪情注释。他从韶山冲里走出来，实际上他一辈子都没有走出大山。他与大山的情感剪不断理还乱。他幼时曾因母亲要求，拜韶山滴水洞附近的一块人形巨石为干娘，新中国成立后回家乡，宴请乡亲们时还风趣地说要等干娘来入席。这位大山忠实的儿子，这位扎根大山的革命者，没有选择北方巍峨的高山峻岭开始革命进程，而是从南国丘陵山岭出发开创中国革命大道的。就在 1929 年的 3 月，他在讨论行动计划的前委扩大会议上提出，"以赣南、闽西 20 余县为范围，用游击战术从发动群众以至于公开苏维埃割据，由此割据区域，与湘赣边界之割据区域相连接"。红四军可以四处游击，但闽赣南根据地无论如何不能放弃，因为这是前进的基础。稍懂武夷山党史的同志都知道，武夷山第一个党组织——中共崇安特别支部，隶属党中央，1930 年崇安革命根据地划入赣东北，而后又同中央革命根据地连成一片，了解上述原因，就不难理解武夷山与中国革命的紧密联系。中国万水千山，他一生千山万水。仅仅长征途中，他就翻越过 20 余座大山，不过能进入他的胸中笔底的并不多。从这点上说，武夷山是有幸的。个中原因应归结为历史着意安排，还是他与武夷山的缘分情愫使然？思考中，蓦然想到了他的名字，循着散文家卞毓方先生的思路，我似乎找到了答案：泽东，泽东，泽被华夏，日出东方。

毛泽东与武夷山

李安东

6 月初的一天，朋友听说我要出差，发微信问："今日向何方？"我即回复："直指武夷山下。"

两人不经意的问答，竟引用了毛泽东的两句诗。

这是我第三次去武夷山。第一次是拍摄大型文献纪录片《毛泽东》，我带摄制组从井冈山东进，经于都、瑞金、连城，往上杭，再向北，过武夷山去上饶等地。路上，大家不止一次地背诵毛泽东的这首《如梦令·元旦》："宁化、清流、归化，路隘林深苔滑，今日向何方，直指武夷山下。山下、山下，风展红旗如画。"武夷山市当时叫"崇安县"。

当年，毛泽东在闽西开辟革命根据地，"收拾金瓯一片，分田分地真忙"，没有到过崇安，但这首诗却藏着他与武夷山在思想、军事和文化上关联的密码。

这次应邀来武夷山采风，几天里，我们寻访了上梅、大安、坑口、赤石等分布在武夷山的众多革命斗争遗址。我边看边想，这些已经久远的故事，还能激起年轻人的兴趣，达到革命传统教育之目的吗？各个红色景点的事迹，更像是历史长河中的一朵朵浪花。而只有当人们看到由无数浪花集成的，曾在中国大地奔腾呼啸，从而改变了世界的滚滚历史潮流，才可能知道今日中国从哪里来，还将到哪里去。不谋全局者，不足谋一域。武夷山的红色旅游还有文章可做。

我忽然有了一个想法，为何不从毛泽东这首诗去解读武夷山红色历史呢？

我认为，诗中所指的武夷山必不是现今被我们称为"小武夷"的城镇和旅游景区，它所指是一个横跨福建江西两省四个市县的整个武夷山脉，我把它叫作"大武夷"。而"山下、山下"，应是泛指闽赣两省交界的广大农村地区。

这首词的关键句是"风展红旗如画"。这里的"红旗"指什么？我曾看过一本诠释毛泽东诗词的书，作者是这样解读的："红军在群山之中行军，红旗在群山之间迎风招展。青山红旗，相映相衬，俨然一幅天然壮美图画。"我不敢苟同。诗人毛泽东乃胸怀天下的革命家，他心目中的"红旗"绝非只是一个具象的场景。

我认为"红旗"指的是当时轰轰烈烈的农民运动和风起云涌的武装斗争。在参观上梅暴动遗址时，一张农民协会带领群众斗争地主的图片，让我想到了毛泽东于1927年3月在武昌农民运动讲习所完成的《湖南农民运动考察报告》。现在已经很少有人知道，毛泽东的这部著作曾经怎样影响和推动当年的农民运动。时年34岁的毛泽东断言："很短的时间内，将有几万万农民从中国中部、南部和北部各省起来，其势如暴风骤雨，迅猛异常，无论什么大的力量都将压抑不住。他们将冲决一切束缚他们的罗网，朝着解放的路上迅跑。一切帝国主义、军阀、贪官污吏、土豪劣绅，都将被他们葬入坟墓。"

针对有人指责农民暴动是过激行为，毛泽东写下了他最为著名的论断："革命不是请客吃饭，不是做文章，不是绘画绣花，不能那样雅致，那样从容不迫，文质彬彬，那样温良恭俭让。革命是暴动，是一个阶级推翻一个阶级的暴烈的行动。"

走进上梅暴动的展览室，看到当年农民使用的早已锈迹斑斑的大刀梭镖和土枪土炮，我脑海里蹦出的就是这段话，它至今读来依然让人血脉偾张。当年，全国农民运动的骨干都是来自农民运动讲习所的学员，毛泽东是农讲所的负责人和老师。毫无疑问，毛泽东的革命思想指导和推动了武夷山地区的农民运动。

1927年大革命失败以后，国民革命暂时进入低潮，党的工作重点由城市转向农村，毛泽东领导建立了第一个农村革命根据地——井冈山根据地。但以林彪为代表的有悲观思想的"右"倾机会主义者，在强敌进攻面前，怀疑革命根据地发展的前途，提出了"红旗到底能打多久"的疑问，他们不相信革命高潮很快就要到来。

1930 年新年来临之际，刚刚开完古田会议的毛泽东创作了《如梦令·元旦》。随后，他率领红四军总前委和红二纵队越过武夷山往赣南与朱德会师。1月 5 日，毛泽东给林彪写了一封信。他借用"星星之火，可以燎原"的古语，指出革命的高潮一定会到来。他激情澎湃地写道："但我所说的中国革命高潮快要到来，绝不是如有些人所谓'有到来之可能'那样完全没有行动意义的、可望而不可即的一种空的东西。它是站在海岸遥望海中已经看得见桅杆尖头了的一只航船，它是立于高山之巅远看东方已见光芒四射喷薄欲出的一轮朝日，它是躁动于母腹中的快要成熟了的一个婴儿。"

上梅暴动陈列馆

多么奇妙的比喻，何等浪漫的情怀。这是在"敌军围困万千重"的境况下写的诗一般的宣言书。可见毛泽东有着怎样博大的胸襟和坚定的信仰。悲观者眼里的"黑云压城城欲摧"，在一代伟人看来，却是"风展红旗如画"。

　　红旗在武夷山下招展。1928 年 9 月，上梅村打响了闽北暴动第一枪。后因遭敌重兵包围，暴动总指挥徐履峻英勇牺牲，暴动失败。但是，1929 年 1 月，中共崇安县委组织了第二次上梅暴动，终于取得了胜利。

　　1930 年 5 月，崇安县委在上梅建立了闽北第一个苏维埃政权。下辖 18 个区苏维埃政府、234 个乡村苏维埃政权，横跨福建、江西两省 6 县，苏区人口达到 20 万人。到了 1931 年 1 月和 7 月，中共闽北分区委和闽北分区苏维埃政府先后在崇安坑口成立，后迁至大安，成为闽北苏区首府。鼎盛时期的闽北苏区纵横 300 余里，人口五六十万，横跨闽赣浙 3 省 17 个县，星星之火已成燎原之势，堪称中央苏区的一颗明珠。

　　武夷山留存的众多土地革命斗争遗址，为后人展现了当年"风展红旗如画"的壮丽图景。由此，我有了个设想，以"大武夷"的概念，用毛泽东的诗词引领，将整个武夷山区独立分散的革命斗争遗址贯穿起来，与"绿色武夷"相呼应，打造一个与"红色井冈山"相媲美的"红色武夷山"，兴许可以做一篇大文章。

　　武夷山有着丰厚的历史文化，虽然，古往今来有很多赞美它的诗文，但对于普通游客来说，真不如一句"今日向何方，直指武夷山下"说得直接、叫得响亮。毛泽东革命思想对武夷山地区农民运动的影响，和他亲率红军转战武夷山，以及为武夷山写下的千古名句，让一代伟人与武夷山有了多重意义上的关联，将成为这座名山一面风展万世的红旗。

　　我好想看到，在高山之巅矗立着身穿红军服的毛泽东雕像和一座刻着他手迹的诗碑。

　　如今，和平盛世的武夷山红旗飘扬美如画。但这美丽的画卷却得来不易。我看到一份文献资料，在苏区各个时期，崇安县先后有 1.2 万多名青壮年参加红军游击队，有名有姓被定为革命烈士的就有 4000 多名。那时，全县人口 14.4 万人，到新中国成立前夕仅剩下 6.9 万人，锐减 7.5 万人，其中半数为国民党杀害……

　　武夷山市仍然保留了红军时期的列宁公园。走进这里，我想起列宁的那句名言：忘记过去，就意味着背叛。在武夷山，我看到了许多烈士墓和镌刻着一排排英烈姓名的纪念碑，心灵受到极大震撼。去年，在洋庄乡张山头一片竹林里，老乡发现了一处神秘的墓葬群，后经考证有不少是红军墓，数量之多令人动容，引起了市、省乃至国家有关部门的高度重视。他们是谁？为什么会葬在这里？也许永远是个谜。

如果这些英灵有知，我想问，你们看到今日武夷山下迎风招展的红旗了吗？我还想问，假如生命可以重来，你们还会为革命的理想赴汤蹈火吗？

我为红色题材电视片写了一首歌《你是风》，好想唱给静卧于武夷山这片红土地上的先烈们——

你走进我的梦里，
醒来却不见你的脸庞。
你站在我的眼前，
却总想不起你的模样。
你穿越楚汉古寨千年城墙，
你掠过长缨烈火万里波浪。
你是风，
望不见你的身影，
却听见你深情的歌唱。
你是风，
想看清你的面容，
唯有一池揉碎的月光。

你的声音就在耳边，
回望却不知你在何方。
你和我一路同行，
却无法挽住你的臂膀。
你温暖袅袅炊烟桂花飘香，
你染尽层层山峦杜鹃怒放。

你是风，
握不住你的双手，
怎能向你倾诉衷肠？
你是风，
拉不紧你的衣袖，
思念是那山高水长。

你在何方？
你去何方？
可与我梦里同乡？

朱德：武夷山真是个好地方

赤　男

"今日向何方？直指武夷山下！"

重温毛泽东 90 年前写下的《如梦令》，参加武夷山红色文化采风，在活动结束的时候，同行的林彬大姐帮助我从杜坝的一棵树下，找到一棵色绿叶宽的武夷山兰花。为了将她带回北京，鲁南、张政委和罗主任又给我收集了一袋当地的土，一种赤红色的土。如今，这株兰花摆在"朱粉"面前，也把我的思绪带向旷远……

战争年代就关注闽北

是谁说写一位元帅要从元帅战马走过的地方写起？苏联斯大林元帅从来没有到过易北河，他却征服了欧洲强敌，并指挥雄兵占领了柏林！

在战争年代，朱德元帅虽然没有到过闽北，但在他运筹帷幄的"中军帐"里，早就把闽北纳入了红色根据地的一部分，纳入了红军游击战的战场建设，纳入了武装割据的统筹领域……

庚子初冬的季节，地处闽北的武夷山市带着南方神秘的诱惑，吸引着军旅文史作家采风组乘着高速的列车一路向南，在一个叫作"南平"的地方下车，便见到满目青色、溪河纵横的武夷山地区。

这里的群山叠嶂，呈现淡、灰、青的 3 个色度，如同一幅水墨画。时而几片红叶点缀其中，让人马上想起当年根据地的红旗。

具有典型南方人特质的武夷山市政协副主席金文莲女士，是红色文化的忠实信徒，她带领我们出席了在岚谷乡举行的红色文化活动开幕式，大伙便咏诵着毛主席在古田会议结束之后，挥毫写下的《如梦令》诗句，开始踏访我们各自感兴趣的专题。

我是为了元帅而来，为了寻找共和国排名第一位元帅的思想和足迹而来！

根据《首任总司令朱德》记载，"朱毛红军"进入井冈山之后，就曾经高度关注过闽西闽北这一块土地。具体地说，当"朱毛红军"在罗霄山山脉发展红军、开展游击战争期间，就曾经有意打通武夷山山脉的根据地，让红军有广阔的回旋余地。

那是"朱毛红军"第一次远征到瑞金，特务营抓到一名姓段的"奸细"。后来才弄清楚，他是闽西党组织派来的联络员。朱德把大家召集到一起，认真听取了闽西党组织段书记汇报，详细了解了敌情、地形和党组织发动暴动之后的情况，并专门对武夷山腹地的人口、经济状况和党组织活动等，进行了反复追问。可见元帅当时早已关注闽北。

到了 1929 年 5 月份，当闽西地区党组织领导人邓子恢派人送信，书面报告闽西情况，盼望红军重返闽西的时候，朱德马上与毛泽东商量，做出调动部队攻打龙岩，在闽扩大武装割据的决定。

几乎同时，元帅也要求闽北暴动的力量加强根据地建设，建议闽浙赣党组织派出得力人员指导闽北工作，并在武夷山腹地建立强大的红军后方。

20 世纪 30 年代前后，湘赣闽革命根据地的建设如火如荼。闽北作为红色苏维埃的一部分，也是风云突起，万山红旗，遍地英雄。

中国共产党的政治家、军事家、杰出农民运动领袖方志敏，带领红十军打通了闽浙赣边界，来到了这一块具有深厚群众基础的土地，在这里建立了"方志敏式"的根据地，使之成为与"朱毛根据地"并驾齐名的红色苏区。

如今，我们踏着坑口、张山头、乌山寺和洋庄，以及上梅下梅等一系列红色土地。这里同南方许多地方盛行建庙设寺的情况完全不一样，几乎到处都有革命历史纪念馆。

在工作人员如数家珍的讲述中，客人仿佛还能看到山上旌旗在望，山下鼓角相闻，听到人民群众送夫支前、送郎当兵，以及军民鱼水深情的欢歌笑语。

特别是在坑口了解到这里 900 多户人家，被敌人灭门 670 多户，以及在张山头原红军中医院附近，还有 1343 座无名红军烈士墓群的时候，心中久久难以平静……

坑口村

朱德曾经十分重视闽北党组织和军队建设，也十分尊重闽北党的领导。

1933 年 2 月 5 日，他和从中央到苏区的周恩来，专门发电报给邵式平等闽赣领导同志："中央决定在福建建黎泰邵（西南部）光西南金资贵（南部）抚为闽赣边省，成立省委，要邵式平同志即去中央局讨论工作，唯邵武东北仍应归闽北管南丰通广昌大道仍归广昌管。依此闽赣边省须准备成立军区及革委会，你们对设省委有何意见请告中央局。"

当时的闽赣省闽西党组织同建立赣闽根据地方一样，坚决服从中央的安排，把整个武夷山地区建设成为中央、中央红军信赖的武装割据稳固基地！

闽北是中国革命的战略基地，虽然苏维埃政府没有在这里建都设府，但革命的高潮同样在这里如火如荼，苏维埃的基层组织几乎遍地。

在土地革命时期，它是红色的苏区、割据的堡垒；到了抗战时期，它又是北上的出发地，抗敌的游击区；在解放战争中，它更是破障的通道、进军的线路。我解放军秦基伟部就是通过闽北洋庄进入福建，合围陷敌于汪洋。

今天，武夷山作为福建的门户、闽江的源头，也是绿色的屏障、红色的故乡。这里的山水很绿，这里的泥土更红。

为了今天的绿，英雄的血早已融入了这一片土地！

要好好保护武夷山资源

1961 年，元帅终于来到武夷山。

历史这样记录朱德此行的目的：第一是来看看战备工作，第二是来看看闽北革命老区的建设，第三是来看看武夷山的风光。

是啊，结束了戎马生涯的元帅，真想回到这里看一看。这里不仅是对台斗争的前线，也有勤劳勇敢的老区人民，特别是还有山水甲天下的武夷山，以及"程朱理学"的集大成者朱熹，曾经在这里度过了 50 年。

元帅与先哲"500 年前是一家"，他们在追求天人合一、悲天悯人、酷爱真理，以及忧国忧民方面一脉相承，应来看一看。

实际上，朱德元帅在新中国成立之后多次过问了闽北革命老区的情况。根据元帅的警卫人员的回忆，朱德总司令无论是在战争年代的卫队，还是在新中国成立之后的中央警卫团都保留的一些老区的子弟兵，他经常从这些朴实的干部和战士中，了解闽北革命老区的建设情况，并时常给予指示。

1958 年，他在接见福州军区部分高级领导干部时，也提到加强武夷山地区的建设，并较早就提出要把战场建设同改善人民生活结合起来。在这之后，他到福建视察工作，也反复强调在加强战备工作的同时，要不忘福建人民，务力建设社会主义新福建，把老区人民的生活改善好。

总司令谆谆教导，传达到老区人民中，人们也盼望他回到当年的苏区歇歇脚。

1962年的阳春三月，朱德来到了福建，他受到了福州军区韩先楚司令员等人的热情接待，听取了战备工作汇报。当听说战时指挥部和部队进驻武夷山，疏散地方分布在老虎洞、桃源洞、水帘洞和白云洞的时候，他又不顾高龄深入一线检查战场建设工程，接见部队官兵。

在美丽的武夷山，部队和地方领导同志向他转达了老区人民的问候，当希望他在这里多停留一段时，他欣然同意。但当请他去住国民党当年为蒋介石修的别墅时，他摆了摆手不同意，只留下福州军区后勤部干部疗养院政委刘瑞堂作陪，然后住进了普通的部队疗养院。

在武夷山视察的日子里，朱德多次找当地干部谈话，召开座谈会，以及考察和观光。元帅始终关心老区人民的生活，他对来看望的地方领导说："武夷山种茶叶很有前途，山上的空地很多，资源很丰富，要开发利用，大力发展茶叶生产。要动员农民上山种茶，发展手工业生产，增加农民收入，还可以赚取外汇。武夷山水仙产量很高，要大力推广种植啊！"

除了牵挂老区建设，元帅放心不下的就是当年武夷山的革命烈士和家属。

革命烈士熊明福是福建省崇安县洋庄乡坑口人，1929年9月参加上梅暴动，1937年任中共坑口区委书记、1943年任中共崇安县委书记，为保卫和巩固以崇安为中心的闽北游击区做了很大的贡献。后来因为被叛徒出卖，被国民党反动派施于酷刑并杀害。

朱德听说熊明福的情况，想起当年那么多牺牲的烈士，的确食不甘味，他决定同当年的"五老"见见面。

在当地安排的见面会上，他见到了熊明福的爱人丁金妹。这位烈士的遗孀，曾经在熊明福牺牲之后，也被国民党以"共产婆"罪名抓去坐牢。丁金妹被国民党反动派用重刑逼迫她交代红军游击队的秘密，但她始终"不回答"，后来因为坑口村群中多次联名担保才保住性命。

与朱德见面，丁金妹早已泣不成声。朱德安慰她，夸奖熊明福是好同志，也称她是一个好同志。并询问她后来的情况，当听说她在后来继承革命烈士的遗志，带领本村妇女开展土地革命、反霸斗争和农业合作化等运动，因工作突出还被推选为坑口村的妇女主任，便欣慰地同陪同他与"五老"见面的夫人康克清说："这也是你们妇联的巾帼英雄啊！"

朱德在接见丁金妹之后，同老党员、老接头户和老同志等"五老"代表一一握手，一起合影留念。这张照片现在挂在坑口历史陈列馆，照片上因为人多有些模糊，但时常引来参观者的驻足，已成为党和国家领导人给予老区人民政治关怀和精神抚慰见证。

几天后，朱德不顾76岁的高龄，漫步登上了"将军楼"的最高处。他手上杵着一根拐杖，就是老区人民从"一线天"采来的罗汉竹，元帅非常喜欢，后来还捎回了几根送给战友。

此时，他把玩着手中的拐杖，俯视"五曲"全景，更加深有感触地说："武夷山真是个好地方！真漂亮、真美丽啊，这里最适合广大群众游玩观赏，最适宜广大干部专家疗养，你们要好好保护好武夷山资源，千万不能破坏！"

朱德在武夷山的日子，当地政府领导向他报告正在修建烈士纪念碑，希望他能够留下墨宝时，他欣然命笔，端端正正地写下了"闽北革命烈士纪念碑"。

据福建省委宣传部一位领导告知，这幅手迹一直珍藏在当地的档案馆，直到许多年之后才由朱敏取回北京。但这几个大字早已经雕刻在列宁公园的烈士纪念塔上……

朱德在武夷山市停留的时间并不长，但老区人民非常感谢和怀念他。曾经在有的网站，还记录着武夷山九龙窠大红袍母树旁，3个镶嵌在悬崖上的大字"大红袍"就是元帅题刻。

后来据了解，这字早在宋朝就已经留下了印记，人们"张冠李戴"，实际上是对元帅关怀具有挥之不去的怀念……

让兰花进入寻常百姓家

武夷山的兰花，是我国珍稀的品种。

那的确是一种很美的花，她比一般鲜花都显得高贵而庄重，宽叶、修长、墨绿，能开出各式各样的小花，花香淡雅，回味迷人。如果是要稍加摆弄，还会手留余香。

我们到过武夷山的一些家庭的院落，也经常可以看到她。可能是因为朱德养殖武夷山建兰的缘故，在这里就被人称为"朱德兰"。

本人在任职朱德生平与思想研究会期间，从许多会议场合，包括一些著作和论文中，常看到类似的记载。另外，在我国的纪念邮票上，也有朱德元帅题诗的兰花。

历史如是，朱德种兰养兰并不是孤芳自赏，他常常趁视察疗养之际，携带各种名兰送给各园林部门，供他们繁殖、推广和展览，满足人民群众精神文化生活需要。

据我所知，元帅曾经把"井冈山兰"送给了上海龙华花圃，把"武夷山兰"送给了上海龙华花圃和武汉东湖花圃，他还把自己种的名兰"绿云点珠""玉枕大贡"和"银边大贡"赠送给成都草堂兰圃、广州兰圃、杭州花圃和拙政园花圃等。

在"文化大革命"期间，朱德遭受迫害，他一生收集的千盆兰花也被当作资本主义的"毒草"。为了保护好这些名贵的兰花，他把这些"朱德兰"都送给了北京中山公园……

这一次红色采风，让我进一步知道了元帅的确喜欢这一种高品质的花卉。

"朱德在武夷山一些景点参观，对武夷山上的兰花是流连忘返。"

曾在武夷山一直陪伴元帅的刘瑞堂政委回忆："委员长曾说，武夷山流香涧的兰花闻名中外。我在北京家里种了许多兰花，应属于福建的最佳，而武夷山流香涧产的建兰更好，建兰的品种很多，如'风兰'就更是珍品。"

元帅还专门给他讲了一件事：

"1961 年 2 月来福州时，我专门参观过福州西湖公园的兰花圃，看过武夷山产的建兰，我向省里要求广为采集留香涧的兰花，大量培植，可以出口参加国际交流。"

当朱德讲完这些情况之后，陪伴他一同来到武夷山的夫人康克清接着说："老头子最喜欢兰花，希望能到流香涧采集一些建兰，充实我们家的兰花圃，还可以送给一些中央的领导同志啊。"

刘政委为了首长的安全，没有安排首长去采集，而是让战士们按照元帅所说的地方，去采集了一些花种。

据随行的记者刘云刚后来回忆："朱德临走前，我们共采集了上百株兰花，几乎包含建兰的所有品种，有开白花的、紫花的、黄花的，我们用稻草把这些兰花包好，便于保护携带。他看了这么多兰花，高兴地连声说太好了、太好了！"

看来，朱德品兰、识兰、懂兰、爱兰、咏兰是无疑的，他的《咏兰》"幽兰吐秀乔木下，仍自盘根众草傍，纵使无人见欣赏，依然得地自含芳"，读来的确让人回味万千。

对朱德爱兰，坊间曾经有这样一种说法，那是因为元帅怀念在战争中去世的夫人伍若兰。因为伍若兰刚好又在湘赣闽边界的寻乌圳村牺牲，我在武夷山的时候，也有朋友认为朱德元帅特别喜欢武夷山的兰花，并认为这里的兰花最珍贵，是他怀念当年的革命伴侣和战友的缘故。

为了此事，我在多年前曾经询问过伍若兰女士的侄子吴绍祖将军，似乎从他那里也没得到肯定的答复，加上元帅生前也没有这样的说法，此事也没有明确的历史记载，在此不敢妄估。

但元帅为什么喜欢武夷山兰花，还是可以跟他谈论中找到一些痕迹的："兰花不是一般的花，而是我国古老的文化之一。应当保存下来，为美化环境，出口创汇，支援社会主义建设服务。"

"一个国家的文明不文明，要从各方面来看，物质生活丰富了，还要丰富的文化生活。好的摆设，也是文明的一个方面，如果兰花进入寻常百姓家，这时的文明就更加可观了！"

　　朱德的上述思想，最后在他组织召开的武夷山老区工作座谈会的讲话中揭开一部分谜底，也让我知道，元帅爱兰，一方面是追求兰花的高贵品质，一方面还有更深刻的诗化隐喻。

　　他讲述了从南昌起义到井冈山的斗争，从井冈山到闽西赣南建立革命根据地的历史，又讲了红军在武夷山脉和闽北地区进行革命斗争的光荣传统，最后讲到经济问题时指出："武夷山是个好地方，有山有水有地，气候也好。自然条件也丰富，有木材、有竹子、有茶叶。要注意发展竹木茶多种经营，发展手工业生产，组织销售和收购。要允许种菜地和开小片荒山，使农民能够安居乐业。要实行等价交换，不要侵占农民利益，增加老区人民收入，满足他们生活需要，总之要让农民富起来。"

　　朱德的这一番话现在存放在历史的档案里，而在坑口革命历史博物馆的外墙上刻着习近平总书记发自肺腑的讲话："共和国是红色的，不能淡化这个颜色。无数的先烈鲜血染红了我们的旗帜，我们不建设好他们所盼望向往、为之奋斗和为之牺牲的共和国，是绝对不行的！"

　　历史的时空穿越，我仿佛从"让兰花进入寻常百姓家""增加老区人民的收入""不建设好他们所盼望向往、为之奋斗、为之牺牲的共和国，是绝对不行的"等字里行间，找到了兰花的关联和本质含义……

　　一束来自武夷山的兰花，现在就摆在我的案头上，我觉得她香气比任何鲜花味道都浓郁，更是沁人心脾！

纵横驰骋闽山赣水间

——彭德怀在武夷山脉的战斗历程

黄兴国

"谁敢横刀立马？唯我彭大将军！"这是毛泽东写给彭德怀诗中的两句。毛泽东麾下战将如云，能亲笔写诗褒扬，可见彭德怀在他心中的分量。

彭德怀为人刚正不阿、光明磊落，他身经百战，以敢拼、敢打著称，不论是在土地革命时期，还是在抗日战争、解放战争中都中立下了赫赫战功，尤其是在抗美援朝，面对武装到牙齿、具有核威慑的美军，毅然挂帅出征，打得不可一世的美军不得不低下高傲的头颅，坐到谈判桌上签署停战协议。打出了军威，打出了国威。

宝剑锋从磨砺出，谁都不是天生就会打仗，彭德怀也不例外。他出生于湖南省湘潭县一个贫苦农民家庭，之所以能够从一个放牛娃、挖煤工成长为我军将帅排序中仅次于朱德总司令的军事家、开国元帅，一是源自他能够紧跟统帅，深刻领会军事思想和战略意图；二是不断的战争历练，在战争中总结和提高军事指挥艺术。

彭德怀作为猛将在红军中崭露头角是他在土地革命战争时期，作为红三军团、红军东方军总指挥，为保卫新生的苏维埃红色政权，转战赣南、闽西、闽北，在武夷山脉中纵横驰骋，与国民党军做殊死博弈。

1929年初，为应对国民党军对井冈山的"会剿"，开创新的根据地，毛泽东、朱德、陈毅率领红四军离开井冈山，进击赣南。经过一场场艰苦的恶战，最终在赣南站稳脚跟，开辟了赣南、闽西革命根据地，建立了以瑞金为中心的中央苏区。

红四军主力下山后，彭德怀承担了保卫井冈山的艰巨任务。1930年2月24日，由于彭德怀轻信了某些别有用心的人一面之词，错杀了袁文才、王佐两位农民军领袖，导致守卫井冈山的武装力量分崩离析，井冈山根据地失守。退守井冈山的彭德怀只好率军赴赣南与毛泽东、朱德会合。

1930年8月，毛泽东、朱德率领新组建的红一军团与彭德怀率领的红三军团在浏阳永和会师，组成中国工农红军第一方面军，朱德任总司令，毛泽东任总政治委员。1931年11月，中华苏维埃共和国临时中央政府成立，毛泽东当选为主席，朱德当选为中华苏维埃共和国中央革命军事委员会主席，王稼祥、彭德怀任副主席。中华苏维埃共和国临时中央政府设在瑞金。至此，中央苏区正式形成。

赣水苍茫闽山碧，武夷山脉是闽赣两省的界山，在东坡福建一侧，有光泽、浦城、崇安、邵武、泰宁、建宁、宁化、清流、归化、长汀等十来个县。在西坡江西一侧，还有铅山、资溪、黎川、广昌、瑞金、石城、会昌等县市。绵延500多公里的武夷山脉山高林密、关雄峡险，是古代中原地区进入福建的必经要道，自古就是兵家必争之地。千百年来，莽莽丛林中不知有多少英雄豪杰在这里厮杀搏斗，建功立业。毛泽东、朱德和他的战友们把新生的苏维埃政权选在了位于武夷山脉两侧的赣南和闽西、闽北，让这块青山绿水成为中共建政的预演之地，自然也就成为中共早期将帅成长的练兵场。可以说，彭德怀作为杰出的军事家，起步之地就是武夷山脉这块充满传奇的土地。

卧榻之旁岂容他人安睡，一向跋扈自大的蒋介石绝不容许在他统治的地盘上有一个"国中之国"，势必想方设法灭之而后快，这就注定中华苏维埃共和国从它诞生的时候起，就要随时面对腥风血雨。从1930年8月，彭德怀率军进入赣南革命根据地，再次与毛泽东、朱德会师。到1934年10月，中央党政军领导机关和红军主力被迫撤离中央苏区，实行战略转移的4年里，蒋介石先后对中央苏区进行了5次"围剿"。

保卫中央苏区的红一方面军主力部队，主要是由彭德怀率领的红三军团与林彪率领的红一军团，以及董振堂率领的由宁都起义部队改编的红五军团。彭德怀、黄公略、林彪等这些中央红军的主要将领运用毛泽东倡导的游击战术，采取诱敌深入、先打弱敌、在运动中集中优势兵力，予以各个击破的战法，先后取得了一二三次反"围剿"的伟大胜利。

第一次反"围剿"胜利结束后，毛泽东写下了《渔家傲·反第一次大"围剿"》："万木霜天红烂漫，天兵怒气冲霄汉。雾满龙冈千嶂暗，齐声唤，前头捉了张辉瓒。"第二次反"围剿"胜利后，他又写下了《渔家傲·反第二次大"围剿"》："白云山头云欲立，白云山下呼声急，枯木朽株齐努力。枪林逼，飞将军自重霄入。七百里驱十五日，赣水苍茫闽山碧，横扫千军如卷席。"毛泽东以他革命浪漫主义诗人的情怀，热情讴歌红军的胜利，赞颂红军英勇无畏的精神。这几次反"围剿"的胜利，是我军运用毛主席军事思想，实现以少胜多、以弱胜强的经典战例。彭德怀等诸多红军高级将领经过这些经典战例的锻炼，得以迅速成长，为今后驾驭更大规模的战争奠定了基础。

由于顾顺章和向忠发的被捕叛变，导致中央机关在上海无法立足。1931年12月，周恩来率先秘密撤到瑞金。周恩来按照共产国际和临时中央王明"左倾"教条主义者的指示，不顾毛泽东等人的反对，决定攻打赣州。1932年1月上旬，周恩来主持召开苏区中央局会议，讨论攻打赣州。会上，毛泽东再次力陈不能攻打赣州的理由，认为实在要打也只能是围城打援，以消灭敌人有生力量为主要目的。会上，迫于临时中央的压力，多数同志表态主张攻打赣州，由于前几次反"围剿"的胜利，彭德怀也滋长轻敌的思想，拍着胸脯向中央保证拿下赣州。1932年1月10日，中革军委发布了《关于攻取赣州的军事训令》。

赣州是赣南政治、经济、文化、交通的中心，城墙高厚坚实，地势十分险要，素有"铁赣州"之称。负责守卫赣州城的是国民党军第3军12师34旅，以及各类地主民团武装和警察部队共有兵力一万余人，具有相当的守备力量。赣城危急时，还可得到南面国民党粤军、北面国民党中央军的增援。

正如毛泽东所料，赣州城不仅久攻不下，而且彭德怀的红三军团还陷入了蒋介石派来驰援的第 11 师、14 师两个师和两个独立旅 3 万余人组成"援赣剿赤进击军"包围，有被吃掉的危险。危急时刻，周恩来指派项英连夜赶往瑞金城外东华山，请正在这里养病的毛泽东出山救急，才使攻城的红三军团以及朱德率领的前去增援的部队得以撤回。历时 33 天的攻赣战役，以失败告终，红三军团伤亡 3000 多人。战后，彭德怀检讨说自己牛皮吹大了，羞愧不已。是役，也让他意识到还是毛泽东高明。

继周恩来之后，博古、张闻天、陈云等中央其他领导人也相继由上海撤到瑞金。博古是王明指定的中共临时中央政治局负总责，随着他进入苏区，临时中央也就迁入瑞金。随后，共产国际派来的军事顾问李德也到瑞金。博古、周恩来、李德组成三人团。这些啃过洋面包，完全听命于共产国际、自认为是真正的"布尔什维克"的所谓"留苏派"，瞧不起毛泽东的农村包围城市的游击战法，他们热衷的是攻打中心城市。毛泽东被剥夺了军权，边缘化。

1932 年 12 月，国民党调集 40 万兵力，对中央苏区发动第四次"围剿"。虽然此时毛泽东已经被剥夺了兵权，但朱德、周恩来继续沿用毛泽东诱敌深入打伏击的战法，彭德怀、滕代远、林彪等红一方面军将领坚决抵制"左倾"错误，他们运用主动退却、伏击战、声东击西等战术，打得国民党军队闻风丧胆，取得黄陂、草台冈大捷，歼敌近 3 个师，俘敌 1 万余人，缴枪万余支，打破了敌人的第四次"围剿"。

1933 年 5 月，蒋介石坐镇南昌，亲自组织和指挥对中央苏区更大规模的第五次"围剿"。面对国民党大兵压境，以博古为首的中共临时中央，不仅没有积极组织苏区军民进行反"围剿"准备，还变本加厉地推行"左倾"军事冒险主义，推出了"大踏步地打出去"的进攻战略，提出"筹款百万，赤化千里""把红旗插到福建去""创造百万铁的红军"等口号。他们拒绝和排斥红军历次反"围剿"的正确战略方针和作战原则，决定将红一方面军主力进行分离作战，其中以林彪的红一军团为基干组成中央军，在抚河、赣江之间作战；以彭德怀的红三军团为基干组成东方军，入闽作战。企图在两个战略方向上同时取胜，实现革命在江西和邻近省区的首先胜利。

大安村闽北红色首府

红军东方军由彭德怀任总指挥,滕代远任政委,邓萍任参谋长。虽然对博古等临时中央领导的决策有异议,但中央已经形成决议,彭德怀只能无条件执行。7月1日,彭德怀率领东方军主力由广昌地区出发,于5日达福建宁化以西地区,开始了入闽作战。当时国民党驻福建部队主要是第19路军指挥的第49师、第56师和新编第2师第4旅。7月上旬,东方军首战围攻泉上,9日袭占归化;10日,在延洋歼灭增援泉上之敌5个连,在马屋附近击溃敌1个团;14日,占领清流城;19日,攻克泉上,歼敌1个团;7月底,攻占朋口,歼守敌1个团的大部和援敌1个团;8月2日,东方军进占连城。第一阶段就取得了收复被敌人占领的清流、归化、连城等县城,将闽西根据地连成了一片。8月下旬,彭德怀以一部兵力围攻将乐和顺昌,主力围攻延平,开始第二阶段的作战。计划调动闽敌,歼援敌于运动中。敌第19路军应延平守军请求,由总指挥蔡廷锴率部增援。蔡廷锴深知彭德怀善于打援,行动谨慎,增援迟缓,东方军除在青州和龙溪口歼其1个团外,未能扩大战果。

　　东方军入闽作战的区域主要是在武夷山脉福建一侧，闽西、闽北的地方党组织和红军部队遵照中央的指示，对东方军在后勤保障和兵员补充上都予以了大力的支持。据曾经给彭德怀做过警卫员的崇安（今武夷山市）大安村的老红军暨财生回忆，中共闽北分区委从闽北红军中选拔了 25 个年富力强、熟悉地形的红军战士加入东方军。在闽西、闽北苏区地方党政军民的配合下，彭德怀指挥东方军在武夷山脉中纵横驰骋了 3 个多月，一路摧枯拉朽、攻城略地，俘敌 3000 余人，恢复和扩展了闽西、闽北的大片苏区，有力地打击了国民党反动派的嚣张气焰，极大地鼓舞了闽西、闽北人民的革命斗志。但由于冒着酷暑远征，补给不足，自身也受到严重削弱，丧失了反"围剿"准备的宝贵时间，给第五次反"围剿"造成了很大困难。

　　每当谈到当年给彭总做警卫和挑担的这段经历，暨财生都激动不已。当年他 16 岁，是家中的独子，不在选派之列，是他本人积极主动请战，领导才批准的。25 个人从崇安大安出发，绕道邵武、泰宁，编入东方军。首长见暨财生年纪虽小，但个头高力气大，人又机灵，就选他给彭德怀当警卫员，除保卫彭总的安全，还负责挑担，担子一头是文件箱，一头是彭总的被子。彭总走到哪里，他就跟到哪里。暨财生说彭总表面看去粗犷严肃，其实他心细如发，对身边的人很关心。在建宁，暨财生偶遇被派去中央苏区的表哥暨有林，表哥告诉他，说他母亲病危，希望能见他一面。暨财生心念母亲，又不敢说，彭总发现他心事重重、闷闷不乐，询问他出了什么事？他才把母亲病危的事告诉彭总，彭总很同情，说打仗要紧，孝道也要，特批他一个月假，回去见母亲。一个月后，当他辗转再回到建宁时，彭德怀已经率领部队转战到其他地方，不知去向，他只好原路返回，后来参加了黄立贵的闽北独立师，继续革命。没能一直跟着彭总战斗，暨财生遗憾了一辈子。但他也感念彭总，和他一起编入东方军的 25 个崇安籍红军战士，只有他一个人活着，是彭总特批的假，才让他能活着迎来了解放。

　　9 月下旬，国民党军加紧对中央苏区第五次"围剿"，中央苏区北大门黎川失守。黎川失守，红都震惊。博古、李德等人惊慌失措，严令彭德怀火速率部回师，攻打硝石之敌，收复黎川。此时东方军正在离黎川县城 100 多公里外的福建将乐、顺昌县，包围闽系军阀刘和鼎的敌 56 师。彭德怀接到命令，只好放弃即将取得的胜利，挥师北移，率部赶往硝石。

已攻占黎川县城的国民党中央军陈诚部第 8 纵队司令周浑元，得知洵口地区有红军千余人，决定乘胜进剿，命令他的第 6 师第 18 旅旅长葛钟山，率领 3 个团的兵力开赴洵口。

正向硝石急行军的东方军张锡龙、彭雪枫部，在经过飞鸢时，正好与敌第 34 团遭遇。红军战士立即抢占高地，向敌人侧翼运动，几十挺机关枪对准敌人猛烈扫射，手榴弹暴雨般向敌人投去。战斗到黄昏，敌军丢下几百具尸体，仓皇溃退到洵口，与敌第 27 团会合，就地组织防御，企图固守待援。

洵口位于黎川县城东北 20 公里，是闽赣两省交通要道之一。彭德怀、滕代远根据敌情变化，判清敌兵态势，当机立断，决定停止向硝石进发，集中优势兵力，先消灭洵口敌人，当晚即向各部下达作战命令。

10 月 6 日夜，东方军各部急行军，按命令全部到达战斗指定位置。10 月 7 日晨，中央纵队向洵口敌人发起总攻，红军指战员冒着枪林弹雨，浴血奋战，激战到上午 10 时，完全占领了洵口，除当场击毙的外，大部分敌军被红军俘虏。葛钟山统率的 3 个团，除第 30 团一个营据守山岭土寨、负隅顽抗外，其余全部被歼，旅长葛钟山被活捉。

11 月 11 日，苏维埃中央政府机关报《红色中华》第二版用了三分之一的篇幅，报道了洵口大捷。洵口大捷虽然取得了歼灭国民党军近 3 个团的战绩，却无法扭转中央苏区被围的困局，还给博古、李德等人打了一针兴奋剂，坚定了他们"御敌于国门之外"打堡垒战的决心。

蒋介石的 50 万兵力，采取"步步为营、稳扎稳打"的堡垒政策，虽有彭德怀等广大红军官兵的浴血奋战，但未能根本扭转战局，红军苦战一年，未能打破敌人的"围剿"。1934 年 10 月 10 日，中央党政军机关和红一方面军主力部队被迫撤出中央苏区，开始长征。王明等人的错误领导最终断送了中央苏区，彭德怀曾经指着李德鼻子怒骂"崽卖爷田心不疼"，对李德的瞎指挥表示极大的愤慨。

中央苏区的丢失、湘江一役的惨败，李德、博古等这些死搬教条、不顾中国实际国情的"留苏派"用自己的错误和失败来印证了毛泽东的正确，让毛泽东有如凤凰涅槃般地浴火重生，重新掌舵中国革命这艘航船，朝着正确的方向迎风破浪，胜利前进。

武将能打，还得有英明统帅运筹帷幄。彭德怀等一大批具有共产主义信仰的各路英雄豪杰从此汇聚在毛泽东的旗帜下，共同造就出一支与历史上的任何朝代、任何国家都不一样的人民军队，建立起一个人民当家做主的新中国。

2004 年 5 月 1 日，暨财生家来了一位远道来的贵客——彭德怀的孙女彭韩英。暨财生做梦都没有想到，从他参加东方军，跟着彭德怀的 71 年后，还能见着彭总的后人。彭韩英说他爷爷有个习惯，凡是他身边工作过的工作人员，叫什么名字，家乡住址在哪里，他都记在笔记本上，暨财生就是彭总笔记本上记载的其中之一。她说爷爷生前交代过子孙们，将来有机会一定要代表他去那些曾经为他服务过的工作人员家中走访，以示慰问感谢。临别时，彭韩英送给暨财生一千元慰问金和一件呢子大衣。作为指挥千军万马的开国元帅，在彭总身边工作过的人不知道有多少，一个跟着他才两个多月的普通警卫员他都记在本子上，彭德怀元帅的重情重意，不仅让暨财生家人感激不已，视为暨家的荣耀，也在武夷山市留下了一段彭德怀元帅情系老区人民的佳话。

碧水有缘，青山有幸。武夷山脉的青山碧水有幸留下了开国元帅彭德怀的足迹，闽北、闽西莽莽大山里至今流传着许多彭总让人世代称颂的战斗传奇。闽北人民永远怀念他，彭德怀元帅为共和国立下的功勋，是一座不朽的丰碑，永远矗立在武夷山脉的青山绿水间，永远铭刻在闽北、闽西人民的心中。

叶挺的武夷情怀

张金锭

2020 年 5 月，是崇安苏区成立 90 周年。福建武夷山市（原崇安县）是中央苏区核心区之一。"今日向何方？直指武夷山下。山下、山下，风展红旗如画。"在漫长的革命岁月，许许多多的革命家、军事家，与武夷山结下不解的情缘。而叶挺将军指挥的新四军中，就有一大批英勇善战的武夷健儿。

大安村闽北红色首府陈列馆

武夷铸就铁军魂

第三支队五团是新四军下辖 4 个支队、9 个团和 1 个手枪团之一，属新四军主力团队，全团 1600 多指战员，都来自武夷山市（原崇安县）两次上梅暴动产生的民众队，经过七次演变部队番号而来。这七次部队番号演绎，又称"七步曲"。

第一步曲，从崇安民众队到闽北工农红军。1928 年 10 月和 1929 年 1 月，根据党的"八七"会议精神，中共崇安县委先后发动的两次上梅武装暴动，建立了 16 支民众队。为了加强部队建设，崇安县委于 1929 年 9 月将各路民众队整编为各队红军。10 月，崇安县委在岚谷乡的黄龙岩村召开各队红军负责人会议，正式成立中国工农红军第 55 团，崇安县委书记陈耿兼任团长，全团辖 3 个营、9 个连和 1 个特务连共 500 多人，百余支快枪。次年 7 月，星村苏区在扩大红军热潮中，有船工和纸工 400 余人志愿参加红军，崇安县军事委员会将他们组成闽北红军教导团，由县委书记、55 团团长陈耿兼任教导团团长。

第二步曲，从崇安工农红军到赣东北红 10 军。1930 年 7 月，中共福建省委特派员邱泮林到达崇安，他在中共崇安县委召开扩大会上，传达党中央关于将闽北、赣江北两块革命根据地合并，调闽北红军到赣东北组编红 10 军的决定。同年 10 月 5 日，闽北红军 55 团和教导团 1500 多人开赴赣东北，参加中国工农红军第 10 军的组编，成为由方志敏创建的红 10 军的重要组成部分。

第三步曲与第四步曲。第三步曲是 1930 年 11 月，从赣东北红 10 军到闽北红军独立团；第四步曲是 1932 年 11 月，从闽北红军独立团到闽北红军独立师。

第五步曲，从闽北红军独立师到红 7 军团 21 师 58 团。1933 年 4 月，中央人民委员会第四十次常委会决定成立闽赣省，将闽北苏区划归以江西瑞金为中心的中央苏区闽赣省领导。7 月，闽北红军独立师奉命调闽赣省整编为红 7 军团 21 师 58 团，直属中革军委指挥。至此，闽北红军独立师升格为中央苏区红军，进入中央红军序列。

第六步曲，从红 7 军团 21 师 58 团到重建闽北红军独立师。1933 年 9 月，闽赣省苏维埃政府所在地黎川失守，红 7 军团 21 师 58 团返回闽北苏区。期间，黄立贵率领 58 团在光泽迎接并护送以黄道为首的闽赣省工作团到达闽北苏区首府崇安县的大安村，黄立贵和 58 团也留在闽北苏区。1935 年 2 月，中共闽北分区委在崇安县洋庄乡坑口的长涧源村，重建闽北红军独立师，师长黄立贵，下辖 4 个团、1 个纵队。

第七步曲，从闽北红军独立师到新四军第 3 支队第 5 团。1937 年 10 月，中国共产党与国民党谈判达成协议，将南方 8 省 15 个游击区的红军游击队改编为国民革命军新编第四军（简称"新四军"）。中共闽赣省委根据党中央的指示，将闽北游击区的红军游击队，分批到达崇安县洋庄乡坑口的长涧源村集中。1937 年 11 月，闽北红军游击队从崇安县长涧源村出发，开赴江西铅山县石塘镇参加整编。

1938 年 2 月 9 日，新四军军部宣布命令：闽北红军游击队改编为国民革命军新编第四军第 3 支队第 5 团，又称"闽北新四军 5 团"。新四军 5 团的建立，正标志着叶挺军长与武夷山结下永不可解的革命情缘。全团下辖 3 个营、9 个连和 1 个机炮连，饶守坤为团队长，曾昭铭为副团队长（政委）。2 月 25 日，新四军 5 团离开闽北游击区北上抗日。

至此，闽北工农红军完成了从崇安民众队到闽北新四军 5 团 7 次番号的演变，实现了具有跨省性、多样性、纪念性的重大历史转折，并载入闽北、闽赣省中央苏区和新四军红色基因传承史的精彩历史史册。

这"七步曲"，既从实践上验证了叶挺军长统领下第 3 支队 5 团的红色基因来源于武夷山，又从理论上回答了武夷山是铸就铁军军魂的发源地、集中地和出发地，还从血浓于水的源头说明新四军 5 团从武夷山走来，武夷山与新四军 5 团同根同源同魂。

繁昌之战敌丧胆

1938 年 2 月 25 日，新四军 5 团从江西铅山县石塘镇出发，到达安徽岩寺新四军军部驻地，接受军部领导检阅时，叶挺军长亲自参加。他赞扬说："5 团基本都是闽赣边过来的老红军战士，是很强的骨干力量，要好好学习锻炼，今后发展起来都是我军的优秀干部。"

叶挺军长在 5 团官兵队列前激动说的 "47" 个字的热情赞语，体现了叶挺军长对 5 团的高度评价，5 团指战员深受教育和鼓舞，成为 5 团在皖南抗击日军、保卫国土的最强劲动力。

5 团在皖南抗战前线，全体指战员牢记党的领导，不忘抗战初心，坚守铁军信仰，发扬不怕苦不怕死的精神，与日本侵略军顽强作战，取得了许多名扬大江南北的辉煌战绩，其中 5 次保卫繁昌对日作战时间最长、影响最大、战斗最惨烈、名气最闪光，是新四军在抗战史上最辉煌战果之一。

繁昌在芜湖西南，是南京进入皖南必经之城，历来就是兵家必争之地，战略地位十分重要。日寇占领南京后，企图进入皖南，于是派了重兵进犯繁昌，妄图打通通道。那是 1939 年 1 年间，叶挺军长亲自指令，第三支队谭震林副司令员直接指挥，5 团在繁昌先后展开了 5 次体现铁军军魂的保卫战。这 5 次战役，新四军战史上均有记载。

第一次保卫繁昌对日作战于 1939 年 1 月 10 日开战。这天，日军十五师团五十二高品联队，共计步、骑、炮兵五六百人，分峨桥、三山、横山三路进攻繁昌城。5 团 2 营、3 营出战迎敌，日军退至马家坝。11 日，日军继续向繁昌进攻，并占领了繁昌城。13 日，5 团展开全面反攻，日军向峨桥、横山撤退。

第二次保卫繁昌对日作战于同年 2 月 10 日开战。5 团在孙村马家坝、三山、横山、白马山、三梁山、梅山等地日军，阻击敌人，峨桥日军步骑炮兵 400 余人，分别在以上各个防线进攻繁昌城。5 团集结全团主力反攻，敌我双方展开激烈的阵地争夺战斗。15 日，日军不支撤退。

第三次保卫繁昌对日作战于同年 5 月 20 日开战。这天，获港、铁矿山石谷联军，会同驻三山附近川岛警备队，集中步、骑、炮兵约 2000 余人，采取步步为营分兵两路，一路攻乌金岭、马厂一线，另一路直奔孙村。五团全团出击，6 团 3 营配合激战 3 天，在 3 个方向阻击日军的进攻，日军伤亡 300 多人。5 月 23 日，日军败退撤回获港、三山、横山等据点。

第四次保卫繁昌对日作战于同年 11 月 8 日开战至 23 日。人们称之为"血战繁昌"。8 日上午，日军在炮火掩护下突入繁昌城内，双方激战到 11 时，5 团将日军紧紧包围在城内，下午 3 时发起总攻，1 营从城北，2 营从城西相继杀进城区，3 营一部分从峨桥山头直扑城内，双方展开了肉搏，杀伤日军 100 多人。战至下午 5 时，天上飘下蒙蒙细雨，五团官兵越战越勇，日军向北门溃退。

日军正面攻击繁昌城吃了败仗，又抽调南京、芜湖、大通、三门的敌人集中于获港，有步兵、炮兵、骑兵、空军、水警等，总兵力在 2000 多人。日军此举，意在孤立繁昌，直逼云岭，策应青阳方向的进攻，威胁安徽后方，继之打通浙赣线。

面对这一新的敌情，5 团 3 营迅速进到孙村附近，以钳制敌人；1 营负责向三山、横山方向侦察警戒；3 支队警卫排占领三梁山西侧棱线，向梅冲、孙村方向警戒；2 营和 3 营面向孙村，待机出击。

13 日凌晨 2 时，日军石谷联队和西川大队五六百人，在梅冲与 5 团 3 营接触。5 团司令部命令 2 营迅速出发，占领乌龟山高地，堵住敌人。14 日上午 8 时，日军发起进攻，2 营居高临下，以猛烈的火力扫射敌人，日军趴在地里一动不能动。日军一次次集团式冲锋，都被英雄的 5 团 2 营打下去。

第四次保卫繁昌对日作战，日军前后投入 2000 多人，死伤 400 多人，川岛中佐指挥官被 5 团击毙。新四军《抗战报》为此发表了题为《保卫繁昌屏障皖南的伟大胜利》的社论，并通报表彰了第 3 支队 5 团。国民党第三战区也通令嘉奖 5 团，国民党繁昌县县长代表县政府献旗，上书"保障繁阳" 4 个大字。

第五次保卫繁昌对日作战于同年 12 月 21 日开战。日军在三山、横山桥等集结约 300 余人，附炮 4 门，卷土重来，贸然作第五次侵犯。5 团一部在积岩、大行冲等处给敌人沉重打击，战至下午 3 时，5 团将来犯之日军击退至大小行冲、松林口一带。次日晨，日军再度向繁昌进攻，同时，铁矿山之敌增援 500 余人，占领红花山后，以一部进犯白马山，至山腰时遭 5 团各部猛烈截击，敌不支从原路溃退。接着，峨桥、三山之敌 400 余人附重炮 10 余门来援，中午 12 时，繁昌曾一度为敌军所占。22 日，5 团首长下令发起总攻击，5 团官兵奋勇冲杀两昼一夜，将进犯之敌全部击溃，完全收复繁昌城。

新四军 5 团 5 次保卫繁昌对日作战的重大胜利，是叶挺军长英明决策，谭震林司令员果断指挥，5 团官兵英勇善战取得的战果，打得日军丢魂丧胆。打出了国威，打出了新四军军威。日军派遣军总司令哀鸣道："国民党乃是手下败将，唯共产党乃是皇军之大敌。看来要在共产党手中夺取繁昌是不可能的。"繁昌之战，在抗日战争史写下了辉煌的一页。

英雄血溅东流山

新四军 5 团在皖南前线，取得"繁昌之战敌丧胆"的第二年，皖南进入了黑云翻滚的岁月，国民党于 1941 年 1 月制造了"皖南事变"，国民党顽固派以 7 个师 8 万余兵力，采用布袋阵势，在皖南茂林地区，对奉命北移的新四军，实行突然的包围袭击。

在新四军处境万分危急的关键时刻，叶挺军长将北移的新四军编成 3 个行军纵队，5 团所在的第 3 支队和军部特务团合编成第三纵队。在北移途中，5 团部队作为军部的后卫，归军部直接指挥，任务是保卫军部。

新四军在北移途中遭到国民党军的前追后堵。1 月 7 日，叶挺军长到了 5 团，向 5 团下达命令：5 团由原路返回，走星潭抢占高岭，遇到敌人就地坚决消灭。无论如何在高岭坚持 3 天，坚决阻住由太平方向来的敌人，以掩护军部经高岭出太平，往泾县方向突围。完成任务后，你们可以分散突围，北移或留皖南打游击，而后伺机过江。

5 团遵照叶挺军长命令当夜行动。这天深夜，天漆黑，雨不停，5 团部队冒雨在崎岖山路奋力前进，快到高岭时国民党 79 师一个营赶来与 5 团抢占制高点。5 团部队以最快的速度，把赶来的国民党军消灭并占领了高岭，又凭险拒敌，连续 5 次打退敌人的反扑，终于巩固了阵地，保证了军部当夜返回星潭宿营的任务。

根据情报：国民党三战区上官云相已发出总攻命令，集 7 个师于茂林周围，狂叫"1 月 9 日中午全歼新四军"。叶挺军长将第三纵队及军直机关人员集中做简短动员，他说："我们新四军是革命的军队，是有革命传统的。为了抗日，为了民族生存，赴汤蹈火，在所不辞！""国民党不打鬼子，反而阻止我们北渡长江，现在是我们每个人献身的时候！让我们为革命，为无产阶级流尽最后一滴血！"最后，叶挺军长激动地说："如果我叶挺临阵脱逃，你们可随时把我枪毙！"

叶挺军长慷慨激昂的讲话，激励着五团全体指战员，尤其是他最后那句话，成了 5 团干部战士对党对人民的誓言。大家抱定决心，不管国民党军如何狠毒，如何疯狂，就是剩下一人一枪一弹，也要为新四军抗日杀出一条血路。

动员之后，5 团所在的第三纵队在高坦阵地，打退了国民党军 144 师的轮番进攻。但转移途中，不断遭到国民党军袭击，一夜只走了 20 里。突围计划一变再变，1 月 9 日黄昏走进了石井坑。

石井坑是个方圆只有五六里，住着十来户人家的小山村，坐落在东流山北侧的山沟里，四周是连绵起伏的山峰。东流山是石井坑的屏障，战略地位重要。

叶挺军长到了石井坑，发现失散人员很多，由于两天两夜的苦战，部队没吃没喝已极度疲劳。他见此情景毅然大声喊道："马夫，把我的马杀了慰劳同志们！"马夫哭着说："这万万使不得啊，军长你不能没有它！"叶挺军长举起手枪，"啪啪"两声，那战马轰然倒地。在叶挺军长带动下，军部各位首长的战马也送到后勤部门宰杀，这一举动，体现了叶挺军长和各位首长的爱兵精神。

叶挺军长决心坚守石井坑与国民党军血战到底。他一面命令 5 团占领石井坑的东流山阵地，一面对 5 团指战员说："你们 5 团是从武夷山走出来的一支老红军部队，在场的许多同志屡建战功，今天军部把坚守东流山的任务交给你们，东流山不能丢！"说着，叶挺军长指了指山凹的指挥所说："我叶挺就在那里，跟你们同生死共存亡！"

5团是叶挺军长高度信赖的部队，听了叶挺军长最后表态讲话，全团官兵齐声高呼："坚决听从军长的指挥！""誓死保卫军部！"5团部队进入石井坑的东流山阵地抢修工事。11日，阵地上有几次小战斗，5团赢得了一天的准备时间。

12日上午，国民党军第40师成营成团发动进攻，都没有成功。下午发起总攻，国民党军的大炮狂轰，炸得东流山烟尘漫天，土石横飞，山头成了一片火海。国民党军几次攻了上来，都被5团反击下去。

13日下午5时，东流山阵地上的战士处在生死存亡的决战时刻，5团全体指战员牢记叶挺军长"宁愿站着死，不能跪着生"的钢铁誓言。子弹打光了，就和敌人拼刺刀；刺刀戳弯了，就用牙齿咬，场面之壮烈，惊天地，泣鬼神。1月13日傍晚，坚守东流山阵地的5团部队寡不敌众，弹尽粮绝，前沿阵地上四处响起"为了抗日，为了保卫叶挺军长，冲啊"的喊杀声。这支由崇安红军55团红色基因组建的新四军第3支队5团1600多人，除少部分人从鲜血淋漓的尸体中爬出外，全团大部分官兵阵亡在东流山阵地。

英雄5团血溅东流山最紧张时刻，叶挺军长与武夷籍警卫员刘海元，曾有一段生死深情的传奇故事。那是皖南事变战事紧急关头，叶挺军长身边急需增配一位贴身警卫员。刘海元是一位身强力壮、机警灵活、军事素质好的老兵，被挑选到军部担任叶挺军长的贴身警卫员，配备两支短枪，负责军长的安全。

刘海元，福建崇安县（今武夷山市）岚谷乡岭阳村人，在5团2营1排3班当班长，5团5次繁昌对日作战后，加入中国共产党。5团走进东流山阵地，有一天，叶挺军长整天忙于指挥作战，一点东西也没吃。晚上，后勤人员送来一个米饭袋，里面装有不到两碗米饭。叶挺接过饭袋，只吃了两口就停下了，并把饭袋交给他身边的刘海元，要刘海元把米饭吃掉。军长的关怀，令刘海元万分感动。但刘海元哪里舍得吃，又送到叶挺军长身边，请求军长把饭吃了。但军长坚持不肯吃，最后每人分吃了几口，才把这袋饭吃了。在如此困难危急的时刻，叶挺军长依然如此关怀身边的战士，体现了新四军铁的军魂。

一块银圆军长情。在东流山生死存亡时刻，叶挺不顾个人安危，带领几个精明的参谋人员下山与国民党高官谈判，他临行前还想到身边的警卫人员。

军长亲手拿出一块银圆交给刘海元，叫他到老百姓家里买件便服化装突围出去。刘海元怀着激动的热泪，接过军长给的逃生救命的银圆，在东流山四周一片混乱中，从一个死角冒险突围出来。刘海元从皖南东流山境内的石井坑，经过安徽、浙江和江西三省边境，经受千难万苦，躲过国民党的上百个卡哨，沿路乞讨终于回到福建武夷山老家。后因得了重病，所以未去寻找部队，一直在家务农。

新中国成立后，刘海元享受老红军待遇。关于叶挺军长一块银圆给了刘海元第二次生命的红色故事，每次村里召开革命传统学习座谈会，他都要带头发言宣传新四军英勇抗战的红色故事，让武夷山下干部群众牢记："吃菜要吃白菜心，当兵要当新四军"的传统佳话在武夷山代代相传。

5团从1938年2月，在新四军军部接受检阅，受到叶挺军长的亲切鼓励，到皖南抗战前线又受到叶挺军长的重用与寄托，经历磨炼与考验，从皖南事变中生存下来的精英，他们从抗日战争的胜利到全国的解放，牢记军长的教导，听党的话，不忘初心，战斗不息，顽强拼搏，献青春，作贡献。新中国成立后，5团精英中走出10位开国将军与16位省军级。这正是叶挺军长与武夷山情怀的集中体现，突出他对新四军5团的厚爱与培育的功绩，也是中央苏区武夷山老区的光荣和骄傲。

永远闪亮的红星

——记方志敏与武夷山

马照南

　　武夷山，风光旖旎。九曲逶迤，群峰磅礴，巍然屹立在千里闽赣边境；

　　武夷山，红色圣地。无数先烈，奋斗牺牲，赢得"红旗不倒"的殊荣；

　　武夷山，群星闪耀。璀璨星空，一颗耀眼的永远闪亮的红星是方志敏。

　　武夷山，不仅以景观奇秀闻名，同时以红色文化著称。这里是毛泽东誉之为"方志敏式革命根据地"的一个重要起源地。

　　随着红色文化采风团走进闽北革命历史纪念馆，走进有近 90 年历史的武夷山列宁公园，感到特别温馨。列宁公园是二战时期中国共产党人在福建建立的第一个人民公园。虽已进入寒冬季节，公园丹枫如染，桂花飘香，绿树红花，芳草苍翠。几株挺拔古樟，郁郁葱葱。朱德、陈毅题词的闽北革命烈士纪念碑巍然矗立、绿树簇拥着粟裕大将骨灰安放处、闽北六烈士纪念亭。列宁公园历经沧桑，作为人民休闲娱乐的好场所，也成为革命传统教育基地。

　　方志敏是毛泽东最敬重、最怀念的"农运大王"和革命战友。他们很早就相识相知于农民运动。1925 年 3 月，毛泽东在《中国社会各阶级的分析》写道，"中国无产阶级的最大和最忠实的同盟军是农民，方志敏从事农民运动比彭湃晚几个月，比我毛泽东早几个月。这三个人（按，指彭湃、方志敏、毛泽东）被公认为'农运大王'"。"农运大王"方志敏在江西从事农民运动，就提出农会要有武装，与毛泽东的"枪杆子里出政权"主张不谋而合。毛泽东对方志敏领导赣东北、武夷山革命根据地给予高度评价，他在《星星之火，可以燎原》中，将当时革命根据地的创造和发展列出"朱德毛泽东式、方志敏式"，即"有根据地的，有计划地建设政权的，深入土地革命的，扩大人民武装的路线，无疑是正确的"。

方志敏与武夷山有很深的文化情缘与红色情缘。他与闽北革命家陈昭礼、杨峻德、徐履峻、陈耿，生活在朱子文化深深浸染的闽浙赣区域，有着相同的文化背景和革命理念，走的是同一条苏区发展道路。1930年，中央决定赣东北、闽北革命根据地合并，由方志敏统一领导；闽北红军1500人北上赣东北，合组为红十军。作为赣东北苏区的开创者和闽浙赣苏区主要领导者，方志敏对闽浙赣苏区的建设发展，高瞻远瞩、深思熟虑，有着极大贡献。

1931年春天，正是杜鹃花烂漫时节。为解闽北苏区受困之急，方志敏率领红十军第一次入闽。这支威武的红军队伍，从江西横峰铺前出发，越过温岭关，来到群峰聚秀的武夷山。此时温岭关一带路隘、林深、苔滑。山道险峻情更迫，一路急行军，直逼武夷山下。

长涧源是武夷山下的一个小村庄，却是敌人阻拦我军进入苏区的重要据点。敌人把这里的土屋都改建成碉堡，据险抵抗。方志敏指挥红十军发起长涧源战斗，几次强攻不下。方志敏改用挖地道、爆炸办法炸毁土碉堡，全歼福建军阀卢兴邦部一个连，随后消灭廓前一个营，红十军接着急行军70里，凌晨围攻商业重镇赤石，与国民党海军陆战队林秉周旅一个团激战三个多小时，击溃守敌，攻占赤石，缴获并筹集银圆10万元、黄金3000两和大批军用物资。战斗结束，当地群众敲锣擂鼓，欢呼方志敏与红十军的重大胜利。

方志敏第一次入闽作战，所向披靡，势如破竹，打了11次仗，仗仗皆胜。此举稳定了以崇安为中心的闽北苏区局势，奠定了闽北苏维埃和红军向前胜利发展的重要基础。

方志敏首次率红十军来到武夷山，作为战略家，方志敏对战争全局有着全面而深刻的洞察。和毛泽东一样，他被武夷山极为优越的战略地位和得天独厚的地理条件、良好的群众基础所吸引。他深深感到，作为"东南屋脊"的武夷山区，不仅是开展游击战争建立苏区的好地方，而且是拱卫中央苏区和赣东北苏区的天然屏障，更是将来逐鹿中原、决胜千里的战略要地。这个见解，与作为军事家战略家的毛泽东不谋而合。毛泽东认为，中央苏区在军事发展方向上，"只有东方是好区域"。毛泽东在成功指挥三次"反围剿"之后，于1932年10月14日，与朱德、周恩来共同制定《建黎泰战役计划》，强调红军拟出其不意占领三地，"占领泰宁的兵团，并于占领泰宁时即刻发出一个相当的兵团直趋邵武，沟通崇安红军"。毛泽东始终主张红军主力东进，打通与闽北赣东北苏区联系，壮大中央苏区。从根本上打破蒋介石的"围剿"。毛泽东主张红军主力要以武夷山为中心发展，驰骋在闽浙赣皖广大区域，直至进军江沪宁，以威胁蒋介石政权。方志敏深刻体悟中央把赣东北与闽北统筹发展的用心，他下定决心，一定要加快发展闽北苏区、强大闽北苏区。

我们穿过小河，沿着方志敏两次到过的张山头看望伤员的足迹，寻访张山头村。虽然已是仲冬时节，武夷丹山碧水，群峰聚秀。尤其是大山深处金黄的银杏树、红彤彤的枫树，给"奇秀甲东南"的武夷山增添了一抹迷人的色彩。山上是一座海拔近千米的高山村。沿着陡峭山坡，道路近乎垂直而上，弯曲狭窄，崎岖不平。路边是高高的千米山崖，几处弯道，车子几度倒退才能勉强前行。从车窗往下看，同行车辆就在车轮底下。路边是山崖，十分惊险。眺望远处，群山叠翠，白云飘飞；瀑布直泻，镜湖翡翠；满山齐齐整整的茶园，景色十分优美。

当年的张山头是一个拥有500多人口的大村，历经数百年的石径仍规则齐整，许多房子的大门是用条石和砖雕垒成的，有的仍沿用原来的精美大门。

上梅暴动后，在此设立闽北红军医院。医院内设办公区、门诊、内科、外科、住院部、西药房、中草药房、保卫部等部门。各地在战斗中负伤的官兵，包括红十军入闽作战伤员，多数安置在张山头红军医院养伤。医院人员设院长、政委、医务主任、医生、看护长。当年西药缺乏，当地中草药发挥很大作用。张山头周围村庄妇女们都来帮助医护伤员。那天，方志敏特地带着公款和两挺机关枪，前往医院慰问。他仔细询问伤员们医治情况，与他们一一握手，告诉他们："你们的宝贵鲜血是为苏维埃政权流的，会尽最大力量替你们医好。"为保护伤员，也为加强闽北红军，方志敏特别把英勇善战的红十军特务营留下来，将战斗中缴获的上千支枪（炮）、数万发子弹，全部留给闽北独立团，加强闽北红军的战斗力。

为加强闽北苏区建设，方志敏回到赣东北苏区，很快委派他最得力助手黄道，出任中共闽北分区委书记，主持闽北党政军全面工作。1931 年 7 月，黄道一到闽北，就主持召开中共闽北分区委扩大会议，制定了深入发动群众、进行土地分配、建立健全苏维埃政权、加强红军独立团建设、发展地方武装等任务的决议案，使之成为指导闽北苏区稳定和发展的纲领。他以红十军在闽北的特务营为骨干，在闽北独立团三个连的基础上壮大了一倍，由红军虎将黄立贵任团长，为闽北建立了一支训练有素的红军主力。后又扩大为拥有 1 个独立师、4 个独立团，各县苏区 21 支红军武装，红军总人数超一万余人的强大队伍，成为闽浙赣根据地和中央根据地坚强一翼。黄道强化完善闽北苏维埃政权，大力发展经济文化各项事业。闽北苏区百业并举，生机勃勃。

1932 年秋，中央指示红十军第二次入闽，目标是扩大闽北苏区，使之与赣东北苏区连成一片，进而打通与中央苏区的联系。9 月 10 日，方志敏率部再次进军闽北，并很快抵达武夷山北麓的紫溪与闽北红军会合，两军再次配合作战。方志敏与黄道研究，决定先赤化崇安全境，再向东发展。9 月 15 日凌晨，周建屏率部迅速歼灭星村白军一个营，马上援军一同攻打赤石。赤石守军仗着碉堡坚固，顽强抵抗。方志敏采用加紧围困办法，同时发动强大的政治攻势，迫使守敌举手投降。此役解除了白军在崇安的最后两个据点：赤石和星村。缴获迫击炮 4 门、重机枪 8 挺、步枪几百支。令人惊喜的是，缴获一部电台。这是红十军首次拥有电台。之后，方志敏率领威武雄壮的红十军列队开进崇安县城，并用这部电台向中央报告了战绩。

方志敏率领红十军第二次入闽，转战 22 天，扫除阻碍苏区发展的敌据点，消灭敌人有生力量，不仅歼敌 4 个团，缴获各种枪支 1600 多支，迫击炮 5 门，电台 2 部，筹款 50 余万元、黄金 1000 多两，以及大量的军用物资，还调动敌人几个师，打乱敌人整个部署。红十军攻占浦城，方志敏立即帮助地方成立了浦城县苏维埃政府、工会、农民协会、贫民协会等，巩固和扩大了浦城苏区。

方志敏到闽北，受到热烈欢迎。岚谷区苏主席刘振明早年在赣东北经商，聆听过方志敏演讲，深受启发教育，后由方志敏介绍入党。老区群众回忆，1932 年 9 月，红十军二进闽北，全村上下积极配合。区苏主席刘振明、裴梓明等早早安排，做好红十军 3000 余将士在乌山寺、江陈等地驻扎的事宜。

方志敏率领红十军二次入闽，极大促进了苏区发展。不久闽北分区党政军领导机关从大安镇迁入崇安县城，闽北苏区扩大到浦城、建阳、邵武、建瓯、松溪、政和、光泽，以及江西的铅山、上饶、资溪、贵溪、金溪，浙江的江山、庆元、龙泉边界一带，成为拥有四座县城，纵横二百余里，人口 60 多万的广大地区。

作为与"朱德毛泽东式"齐名的"方志敏式根据地"广大军民在对敌斗争上，在根据地建设上，在苏区党的建设上诸多方面都有创造。

最突出表现在军事斗争方面，从血的经验教训中总结出"出敌不意，攻敌不备，声东击西，避实就虚，集中兵力，争取主动，打不打操之于我。扎口子，打埋伏，打小仗，吃补药，吃得下就吃，吃不下就跑"的"53 个字"战术，红军游击队屡试不爽，打击敌人、保存自己，令敌胆寒。在武器装备上，闽北建立了兵工厂、炸药厂。每月可制造各种枪 1000 余支，制作炸弹、地雷 10000 多个，生产手榴弹 3000 多枚，子弹 15 万发，为闽北红军提供充足的武器弹药。

红色文化组图

我们看的电影《地雷战》《地道战》，写的是抗日战争的故事，而这种战术最早发源地在武夷山。挨丝炮、地雷原是武夷山农民用来防范和猎获深山虎狼等野兽的武器。为了阻止敌人入村进山"围剿",红色武装"民众队"就在村头路口埋设地雷,用挨丝炮打击敌人。方志敏、黄道、黄立贵发现后,认真总结经验,大力推广。武夷山乃至赣东北苏区县区乡苏维埃成立地雷部,村成立地雷组,办地雷厂,开展地雷战。1932年初步统计,一年内用地雷消灭敌人3000多人。中央苏区派人参观后,1934年4月24日,由中央发文向全国各根据地推广武夷山的地雷战经验。在抗日战争中,抗日军民使用地雷战战术,沉重打击了日本侵略者。

在经济建设方面,武夷山苏区很早就注重发展苏区经济、扩大贸易来增加财政收入。土地革命使广大农民分到了土地,"耕者有其田",生产积极性高,那些年天气等自然条件也比较好,所以武夷山苏区农业年年丰收。为保障供给,当年红色首府大安创办了被服厂、榨油厂、铸币厂、印刷厂等二十多家企业,形成闽北苏区工业中心。成立闽北银行,造银圆、印制纸币;武夷山合作社发行股票、公债,开展对白区贸易。有着近千年历史的岚谷乡乌山寺,就作为武夷山苏区最早的贸易处,开展与白区贸易活动。对闽浙赣省的成功实践,毛泽东批示:"我们财政政策的基本方针,明显效验已在闽浙赣边区表现出来。"

苏区设立文化部,文化体育运动十分活跃。凡是开会、训练开始都唱歌。武夷山组织了工农剧、戏剧团、宣传队、歌咏队。群众创作出来的歌曲,每年都有一百多首。闽北工农剧社有演员二三十人,常常自编、自导、自演各种节目。1932年体育运动会,全区青年团、少先队、儿童团、工会、妇女等组织2000多名选手参加比赛,成绩优异者可以得到毛巾等物品奖励。

武夷山苏区在教育方面很有建设,创立了列宁师范和列宁小学。7至15岁的学龄儿童,享受全日制义务教育。苏区办各种识字夜校,开展全面扫盲。当时,在每个村庄的路口都有一个小小的"识字牌",牌上写着一个字。当人们走近时,儿童团员就问,同志哥,你认识这个字吗?如果认识就放行,如果不认识,儿童团员就教你,到会认了才放行。识字牌每天更换新字。识字夜校、"识字牌"在消灭文盲方面起到很好作用。

武夷山苏区发展迅速,根本原因在于方志敏、黄道非常重视党的建设,时时处处发挥党组织的骨干作用和党员先锋作用。他们制定苏区《共产党员守则二十二条》，对党员的信仰、纪律、廉政都提出明确要求。当年提拔县（团）级干部都要进闽北党校培训。闽北分区委还印刷出版《红旗》《工农报》《红色闽北》《列宁青年报》《红色射手》及《党的建设》《青年与战争》等各种报刊。

方志敏领导闽浙赣省被中华苏维埃共和国临时中央政府授予"苏维埃模范省"称号。方志敏与毛泽东、朱德等 8 人一起被授予中华苏维埃共和国红旗荣誉勋章。1934 年 1 月，被增补为中共中央委员和中央临时政府执行委员和主席团成员。毛泽东多次称赞闽浙赣边区。他说："1933 年的农业，在赣南闽西区域比 1932 年增加百分之十五，而在闽浙赣边区则增加了百分之二十。"工业"在闽浙赣边区方面，有些当地从来就缺乏的工业，例如造纸、织布、制糖等，现在居然发展起来，并且取得了成效"。

以武夷山为中心的闽北革命根据地和赣东北根据地"方志敏式根据地"的这种创造，和井冈山革命根据地、赣南闽西根据地"朱德毛泽东式"一样，体现了共产党人的为民情怀、高度智慧，体现了实事求是的奋斗精神和探索精神，是马克思主义中国化的开篇之作，为中国革命道路的开辟作出卓越贡献。

武夷山，是方志敏认为最稳固最可靠最有韧性的根据地。1934 年 10 月，中央红军长征后，敌重兵压向赣东北，赣东北危急。在危急的关键时刻，方志敏想到了武夷山，想到黄道同志，他给中央去电，明确提出闽浙赣省委、红十军主力撤退到闽北，保存闽浙赣革命力量。

但是，中央军区却下令给红十军团，要求红十军团挺出铁道以北，威胁衢州，以创造新的皖浙边苏区。这显然是继续贯彻"左"倾错误路线，是造成红十军团怀玉山失败的主要原因。作为共产党员，方志敏明知此去凶多吉少。但他顾全大局临危受命，坚定地义无反顾地说："我下决心去完成党交给我的任务，党要我做什么，虽死不辞！""虽死不辞"，表现了方志敏对信仰的坚定信念和对党的绝对忠诚。多年后，毛泽东无限感慨写下"以身殉志，不亦伟乎"！

1935 年 5 月，方志敏在囚室里写了爱国主义名篇《可爱的中国》《清贫》。文章写道："朋友，我相信，到那时，到处都是活跃跃的创造，到处都是日新月异的进步。""明媚的花园，将代替了凄凉的荒地！""清贫，洁白朴素的生活，正是我们革命者能够战胜许多困难的地方！"

方志敏的预言变成了现实，人民永远怀念方志敏。武夷山已被联合国教科文组织列入世界文化与自然双遗产名录，列入红色经典旅游区、经典旅游线路。

习近平总书记曾多次讲述方志敏同志的故事，多次读他写下的《清贫》。他说自己曾多次读方志敏烈士在狱中写下的《清贫》，那里面表达了老一辈共产党人的爱和憎，回答了什么是真正的穷和富，什么是人生最大的快乐，什么是革命者的伟大信仰，人到底怎样活着才有价值，每次读都受到启示、受到教育、受到鼓舞。

举目今日武夷，满眼青山绿水、欢歌笑语。但是我们不能忘记，曾在这里浴血战斗、为人民解放事业英勇牺牲的方志敏，这一颗永远闪耀光芒的红星！

粟裕的骨灰为什么撒在武夷山

郑鲁南

　　武夷山的列宁公园，我去过多次。每次去，都在寻求同一个答案：粟裕大将的骨灰为什么撒在这里？在中华人民共和国的 10 位大将中，粟裕居首，他戎马一生，屡建奇功，从南昌起义的警卫队班长到新中国成立后中国人民解放军的总参谋长，是一位中国军事史上颇富传奇色彩的将军。

　　2020 年岁末，在武夷山市纪念崇安苏区建立 90 周年之际，我又一次走进了列宁公园。夕阳下，余晖透着松枝斑斓地洒在粟裕大将骨灰安放处的碑文上："1984 年 5 月 20 日，粟裕夫人楚青同志携子孙专程来到崇安，庄重地把将军的骨灰撒放在此，实现了他骨灰撒在战斗过的地方的意愿。"简短的文字背后，粟裕在崇安（1989 年崇安县改为武夷山市）留下了怎样的传奇？

一

　　翻开《粟裕回忆录》不难发现，粟裕自述在福建崇安县的时间不过数日，为什么对崇安一往情深？

　　位于福建省西北部的崇安，早在土地革命战争时期，就是闽北苏区第一个县级苏维埃政府。方志敏先后两次率领红十军团入闽作战，攻克了浦城、赤石、星村、石塘等重要城镇，打通了闽北与赣东北的联系，建立了武夷山纵横八百里的闽赣边红色根据地。今天的武夷山，依然能看到方志敏任赣东北省苏维埃政府主席时命名的列宁公园。

1984年2月5日，粟裕大将因病在北京逝世。

当粟裕的秘书给崇安县委电话商榷粟裕大将骨灰撒在他曾经战斗过的地方那一刻起，崇安县就把粟裕大将骨灰安放一事当成崇安县一件非常重大的事办，全力以赴。

为了解事情的来龙去脉，武夷山市党史办特意给我看了几张1984年楚青在武夷山的照片，其中一张是楚青和当时的县委领导在列宁公园的合影，于是按图索骥，找到了合影中的健在者——1984年担任崇安县县长、现年86岁的田文光。这位记者出身的县长思维敏捷，说话干脆利落，他坦然道："是我向粟裕同志的爱人楚青、粟裕的秘书提出并建议将粟裕大将骨灰撒在武夷山列宁公园的，粟裕大将骨灰安放选址最好的地方就是列宁公园。粟裕大将骨灰撒在他曾经战斗过的地方，崇安，就是粟裕曾经战斗过的地方。"

列宁公园

列宁公园位于武夷山市中心。1958年，中共南平地委为了纪念在革命斗争中献出宝贵生命的先烈，在列宁公园修建了闽北革命烈士纪念碑，朱德委员长亲笔为纪念碑题词："革命烈士永垂不朽"。

粟裕大将的骨灰，就是撒在崇安县具有特殊历史意义的列宁公园。

1984 年 5 月 20 日，粟裕同志的爱人楚青带领祖孙三代，把粟裕同志的部分骨灰撒在列宁公园内的闽北革命烈士纪念碑的西侧，然后植树留念。田文光清晰地记得："楚青亲手撒的骨灰，红绸托着骨灰袋，一把骨灰，一把花瓣……然后在骨灰安放的土地上种了一棵松树，实现了粟裕同志与长眠在战场的战友永远在一起的心愿。"

言谈间，这个最常问及的问题，答案似乎简单明了，当年中国工农红军北上抗日先遣队为了摆脱国民党的围剿追杀，粟裕协助军团长寻淮洲率部在武夷山茂密的丛林里几进几出，浴血奋战！

武夷山一中列宁公园扫墓

二

1981 年 5 月 9 日，中共中央宣传部和《红旗》杂志社约粟裕写一篇纪念七一的文章。患脑出血出院不久的粟裕，抱病整理了红军时期北上抗日先遣队的经历。7 月 26 日，粟裕回忆录《红军北上抗日先遣队》在《解放军报》上发表，这篇饱蘸深情回忆，是粟裕刻骨铭心的记忆。可以说，没有北上抗日先遣队用鲜血凝成的经验教训，就没有后来的粟裕。

"九一八事变"后，国民政府实行不抵抗政策，致使日本帝国主义迅速占领了东三省，蒋介石不顾全国人民一致对外的要求，采取"攘外必须安内"的政策，调集大批军队，对中央革命根据地发动了大规模的"围剿"。中共中央为宣传和推动抗日，调动和牵制敌人，减轻第五次"围剿"的敌人对中央革命根据地的压力，决定以红七军团组成中国工农红军北上抗日先遣队，向闽浙赣边挺进。

红七军团紧急整编：突击补充新战士约 2000 人，军团指战员达到 6000 余人。枪支弹药来不及补充，全军团仅有长短枪一千三四百支，几挺轻重机枪和 6 门迫击炮，许多战士背的是大刀和梭镖。就是这样一支装备简陋的队伍，抱着坚定的信念，踏上了风雨兼程的万里征程。

7 月 6 日，红七军团从江西瑞金出发。

为了保证北上抗日先遣队顺利东进，中央同时决定，由红九军团负责护送红七军团过闽江。15 日红

粟裕手稿

七军团在永安小陶与红九军团一部会师。随后，红七军团和红九军团合围了永安县城，浩浩荡荡的队伍使城里的敌人惊恐万状，明知红军撤走，也不敢轻易追击，从而大大加快了红七军团向东挺进的速度。8月1号，红七军团在黄田、水口之间北渡福建第一大河流闽江，占领了福建省省会福州西北的重镇水口。

按原定计划，红七军团渡过闽江，经古田、庆元、遂昌直接北上浙西。但中革军委忽然改变计划，电令红七军团：占领水口，袭取福州。

据粟裕《红军北上抗日先遣队》文中记载："水口是福州西北闽江边上的一个重要集镇，守敌4个营，慑于我军声威，连夜逃走。8月1日，军团部即在水口镇召开'八一'纪念大会。这时向部队正式宣布：对外以'中国工农红军北上抗日先遣队'的名义活动，对内仍称红七军团。在大会上，对北上行动和攻打福州进行了动员，部队情绪高涨，斗志昂扬。"北上抗日先遣队仍保持军团建制，寻淮洲为军团长，乐少华为军团政治委员，曾洪易为随军中央代表，刘英为军团政治部主任，粟裕为军团参谋长。

8月7日，北上抗日先遣队奉令进攻福州城。福州是福建省省会，守城的国民党部队是王敬久的87师，装备精良。

北上抗日先遣队渡闽江时声势浩大，敌方阵营弄不清楚究竟有多少兵力，当福州高大城墙以及坚固的防御工事难以攻克时，北上抗日先遣队的真实实力便完全暴露。

强攻一昼夜，福州城不但没有攻克，抗日先遣队险些把自己也推入危险境地。

福州一战，伤员五六百，行动异常不便。国民党一面紧急调兵，一面疯狂地对北上抗日先遣队围追堵截。到达闽东游击区时，叶飞迅速给北上抗日先遣队补充了新兵，同时，北上抗日先遣队安置了伤员，也给闽东红军留下了战斗中缴获的几百条枪。叶飞在《忆三年游击战争中的粟裕同志》一文中回忆："我代表闽东特委和闽东红军在宁德赤溪、福安穆阳同北上抗日先遣队会师时同粟裕同志见面的。"粟裕向叶飞请教如何摆脱敌人的尾巴，粟裕善于从战争中学习战争，给叶飞留下了很深的印象。

北上抗日先遣队离开闽东后，不到半个月接二连三打了几个胜仗，声威大振。9月初，北上抗日先遣队进入了闽北山区。队伍穿行在起起伏伏的山峦之间，如同一条绿色的飘带。

三

这是粟裕睡得最踏实最安稳的一个觉了，不料一觉醒来，接到中革军委来电，批评红七军团："拟于闽北边区休息，这恰合敌人的企图……"于是，红七军团在闽北苏区修整数日，安置好伤员，继续向北进发。

粟裕回忆："闽北苏区以崇安为中心，是闽浙赣苏区的一部分，领导人是有威望的老党员黄道同志。七军团自出动以来，一路上马不停蹄。"到达闽北苏区后，指战员都有一种到家的感觉。

9月9日，北上浙西。北上抗日先遣队一面对付敌人加剧的围追堵截；一面宣传我党抗日主张，扩大党和红军的影响。30日，北上抗日先遣队进入皖赣边界地区，在一次战斗中，为了打退围追堵截之敌，粟裕右臂负伤，残留的弹头直到1951年在毛泽东的督促下才住院取出。

当北上抗日先遣队历经千辛万苦到达目的地闽浙赣苏区时，整个军团仅剩3000多人。

第五次反"围剿"失败后，形势急转直下。期间，寻淮洲、乐少华、粟裕等率领的红七军团组成北上抗日先遣队，挺进闽浙赣边；任弼时、萧克、王震等率领的红六军团以西征先遣队的名义从湘赣到湘西。两支先遣队数月转战迂回，均未能有效调动敌人、减轻中央革命根据地压力的预期目的。到1934年10月，国民党军队围剿加剧，形势日趋严重，中共中央、中革军委为了摆脱国民党军队的包围困境，决定退出中央根据地，进行长征。

与此同时，中共中央、中革军委决定：在中央革命根据地设立中共苏区中央分局，项英为书记。成立中华苏维埃共和国中央政府办事处，陈毅为主任。10月22日，中革军委决定，成立中央军区，项英任司令员兼政治委员，指挥江西、福建、闽赣、赣南、闽浙赣5个军区及红二十四军、红十军。

为了策应中央红军主力战略转移，11 月 4 日中革军委命令：红七军团同闽浙赣苏区的红十军及地方武装合编，成立红军第十军团，红军第十军团对外仍称"中国工农红军北上抗日先遣队"。同时组成了以方志敏为主席的军政委员会，随第十军团行动。中央军区电令第十军团全军转向外线，以运动战消灭敌人，创造新苏区，粟裕再次调任第十军团参谋长。

粟裕后来回忆说："在当时形势下，组成红十军团，并把长于打游击战的红十军和地方武装集中起来，进行大兵团活动，企图打大仗，这是战略指导上的又一重大失误，为后来红十军团的挫折和失败埋下了祸根。"

1934 年 12 月 10 日，红十军团第十九师、二十师在黄山汤口镇集结，国民党围追堵截的各路部队闻风而动，蒋介石调兵遣将，以 11 个师 20 余万人，兵分 4 路"围剿"红十军团。

危险悄然逼近。

12 月 14 日，国民党王耀武率补充一旅和红十军团第十九师在安徽黄山东麓的谭家桥遭遇，双方为争夺乌泥关制高点展开了激烈的战斗，红七军团军团长、第十九师师长寻淮洲身先士卒冲上制高点，不幸重伤牺牲，时年 22 岁。得知消息的粟裕夜不能寐，谭家桥之痛，粟裕隐而不发，直到 1948 年 9 月，华东野战军在粟裕的指挥下发动了济南战役，"攻打济南城，活捉王耀武"，粟裕替战友报了折戟的一箭之仇。

1974 年 7 月，粟裕闻讯寻淮洲母亲逝世，专门发电报给寻淮洲家属，对寻淮洲母亲逝世表示哀悼。1978 年 6 月，粟裕不顾 71 岁高龄，专程去红十军团打过仗的谭家桥阵地察看。旧地重游，金戈铁马，留下多少英雄豪杰悲壮的故事。

四

那是怀玉山最冷的一个冬天。

1935 年 1 月 12 日，方志敏随红十军团先头部队返回赣东北苏区，在摆脱敌人追剿途中，突闻军团长刘畴西率领的军团主力遭遇敌军堵截。军情急迫，方志敏要粟裕迅速率军团机关人员、伤病员、后勤人员以及缺乏弹药的迫击炮连、重机枪连组成的先头部队立即行动，突出敌人封锁线。方志敏担心军团长刘畴西犹豫迟疑，不顾个人安危，返回怀玉山。

当天夜晚，粟裕率领的先头部队安全到达闽浙赣苏区。就在军团长刘畴西顾及部队疲劳就地休息的前后 12 个小时，国民党军连夜穿插赶在了红十军团主力之前到达关卡，将红十军团 2000 余人合围于江西上饶怀玉山地区。

战场瞬息万变。红十军团主力遭到七倍于己的国民党军的包围堵截，激战 7 天 7 夜，弹尽粮绝，指战员大部壮烈牺牲，方志敏、刘畴西不幸被俘。

8 月 6 日，方志敏、刘畴西在南昌英勇就义。方志敏在狱中写下的气贯长虹的临终遗言，无数次感动中国人："敌人只能砍下我们的头颅，决不能动摇我们的信仰！"

1935 年 2 月，红十军团突围的部队 500 余人在绝境中奋起，组建中国工农红军挺进师，粟裕任挺进师师长，刘英任政治委员。粟裕带领部队擦干了身上的血迹，誓师出征。

1979 年 8 月，粟裕在烟台向叶剑英汇报工作，无意中谈及人民出版社即将出版方志敏在狱中写的《我从事革命斗争的略述》文稿，叶剑英告诉粟裕，他曾在 1940 年读方志敏的这篇遗作写过一首《有感》。在粟裕的请求下，叶剑英重书《有感》赠给了与方志敏并肩战斗过的粟裕，并加上了题目《读方志敏同志狱中手书有感》。

叶剑英亲切地称粟裕为"打了一辈子仗的老将军"。叶剑英说这话的这一年，粟裕 72 岁，那时候的粟裕已经身经百战，其显赫威名是在战场上一城一地打出来的。可是粟裕和方志敏并肩战斗的时候粟裕只有 28 岁。粟裕 20 岁投笔从戎，在斗争实践中认识到："不拿起枪杆子，打倒新老军阀就是一句空话。""打了一辈子仗的老将军"打过了大大小小多少仗，粟裕自己也记不清，但是在民族存亡的危急关头，粟裕用他那并不魁伟的身躯，像一面迎风的战旗，昂首走在挺进师队伍的最前面。

挺进师是在北上抗日先遣队严重受挫的情况下成立的。

1935年2月27日，刘英、粟裕率领挺进师从江西德兴县乌鸦弄险道翻越灵山，突破国民党军六道封锁线，渡过信江，到达闽赣边境的武夷山区。

三月的武夷山，山花烂漫。挺进师到达闽北苏区崇安县坑口乡车盆坑，与闽北党组织和红军胜利会师。

时任挺进师没收委员会主任谢文清回忆："3月初的一天，挺进师到达福建崇安县坑口乡车盆坑，与闽北红军曾昭铭等几个主要干部召开了联席会议，研究和确定了今后彼此间的联系与配合问题，以及如何保卫闽北苏区的意见。苏区群众见到赣东北苏区的红军非常高兴，在分区党委的领导下纷纷送来慰问品，妇女同志热情地争着帮助战士们洗衣、烧饭，处处充满着苏区军民鱼水深情。"

最让粟裕开心的是时隔8个月，抗日先遣队北上时留在崇安的第五团第二营第四连、第六连和工兵排的150余人与挺进师会合了，他们几十支枪和几挺机关枪由营政委洪家云率领归建于挺进师。

武夷山响起了久违的军号，在山谷间回荡。

时任第六连司号员、17岁的张金发回忆："一天下午，我们突然接到通知：立即赶去与主力部队会合，同志们听到这个消息，高兴得跳了起来。夜里，在燃烧的一堆堆篝火边，同志们手拉着手，围坐在一起，畅谈着别后的战斗生活……就在这时，传来了一个亲切而熟悉的声音——同志们，辛苦了！火光下，粟裕和刘英等领导同志笑吟吟地朝我们走过来了。"大家一下子围了上去。

战友久别重逢，高兴地唱啊、跳啊，相拥而泣。粟裕情不自禁地掏出随身携带的口琴，悠扬地吹了起来。张金发循声望去，只见"粟裕师长脚穿一双破布鞋，鞋底扎着几张棕片"，踏着节拍，身子随意地摇摆着那身破旧的军装，张金发眼泪一下子涌了出来。那一刻，我突然明白，粟裕为什么将骨灰撒在武夷山。从某种意义上说，武夷山是挺进师深入敌后、重整旗鼓的开始。

挺进师在武夷山将原有的3个支队扩编为3个纵队，并设立了由刘英、粟裕、黄富武、宗孟平、王维信、姚阿宝、刘达云、洪家云、方志富等9人组成的挺进师政治委员会，统一领导挺进师的军政工作和作战行动。

3月20日，粟裕、刘英率领挺进师向浙西南挺进，度过了三年游击战争中极为残酷、悲壮的岁月。

挺进师从武夷山出发的538人，活着走到新中国成立的不到十分之一。粟裕晚年《回忆浙南三年游击战争》中写道："挺进师政治部主任黄富武、宣传科长王维信、组织科长宗孟平，第一纵队前后两任队长朱宝芬、王屏，第二纵队队长李重才和政委洪家云，第三纵队政委方志富，第四纵队队长王裔三和政委李凡林、六支队政委王春华、地方工作团团长杨干凡……为坚持浙南三年游击战争洒下了最后一滴血。"洪家云被俘后，敌人砍下了他的头颅挂在城门示众，可是更多的人义无反顾地走进了红军的队伍。一位小战士在战斗中被打断了双腿，大家都以为他牺牲了，第二天他爬回来找到了部队。还有更多的，我不知道的无数的无名英雄。

"生而为英，死而为灵，念我烈士，万古垂青。"这是挺进师政委刘英1942年牺牲前为烈士所写的悼词。我以为，挺进师所有烈士当之无愧。

再一次走进武夷山列宁公园，仰望着高耸的闽北革命烈士纪念牌，耳边仿佛响起了粟裕逝世后楚青同志向中共中央、中央军委转述粟裕同志的生前意愿："我在革命战争年代，在党的领导下，身经数百战，在和我共同参加战役、战斗的同志中，牺牲了的烈士有十数万，而我还活着，见到了革命的胜利。在我身后，不要举行遗体告别仪式，不要举行追悼会，希望把我的骨灰撒在曾经频繁转战的江西、福建、浙江、安徽、江苏、上海、山东、河南几省、市的土地上，与长眠在那里的战友们在一起。"

武夷红色不染尘

——记曾镜冰与武夷山

马星辉

一

天游云海飘逸，九曲溪水碧波。武夷山得天地之灵气、日月之精华，风姿绰约，与众不同。庚子年冬月，因了雷霆万钧、撼人心魄的红色故事；因了叱咤风云、顶天立地的英雄之魂，地方作家与军旅作家组成的红色文化采风团，怀着高山仰止的崇敬之心，走进了革命老根据地崇安（即今武夷山）寻觅当年风起云涌、刀光剑影的战斗岁月。

武夷山脉历朝历代都是兵家必争之地。在近代，武夷山脉则是保卫中央苏区的主战场，共产党人的鲜血染红了漫山遍野的映山红。行走在如泣如歌红土地的山水间，但见天空碧蓝如洗，远山深红点点，山野中寂静无声，有一种言不尽的空灵与深邃。静心地细细听去，那远去了的刀光剑影，先烈们豪迈的身影在作家们的眼前回闪不止。让人由衷地感佩：武夷山不仅碧水丹山，具有双世遗的殊荣，而且曾经龙吟虎啸、傲视群雄，拥有革命历史的深厚与辉煌。在这块洒满革命先烈鲜血的红土地上，发生过令人荡气回肠、波澜壮阔、惊心动魄的重大历史事件，而载入中国革命史册。故而，武夷山的一草一木鲜活灵动，一砖一石丰盈饱满，留下了50多处革命旧址和100多处战斗遗址。方志敏、粟裕、秦基伟、曾镜冰、黄道、黄立贵等革命先辈都长期在此战斗生活过，武夷山在漫长的革命岁月中，成千上万的革命志士献出了宝贵的生命。据统计，苏区全盛时期全县共有人口 144000，到新中国成立前夕仅剩 69000 人，其中被杀害的达 34697 人；全县被毁灭的村庄 549 个，民房 84372 间，使 11820 户人家成为绝户。全县有名可查的烈士就有 2838 人。因此，武夷山被人们誉为"革命红旗永远不倒"的地方。

二

落叶飘零，万物沉静。80 多年一挥间，武夷山从容地穿过岁月，穿过荒芜，以沉静安抚着浮躁，以素白掩去了繁华。

那是 1934 年的一个严寒的冬天，在山高林深武夷大山，于晨雾蒙蒙之中，从山道上缓缓行来了一位眉目清秀、身材匀称的青年人。他，就是后来的省委书记曾镜冰，当时才 22 岁的共产党闽赣省委宣传部部长。曾镜冰是海南省琼山县人，有名的旺族。唐朝广明年间（880）河南光州固始县开闽侯曾延世率家族辅组成义军，进入福建，曾延世成为"龙山衍派"的曾氏一世祖。曾氏龙山衍派人丁兴旺，处处有名贤，代代出公卿，历数百载，盛而不衰。在宋朝最盛的时候，民间有"曾半朝"之称，有诗句描述曾氏盛况："琼林宴罢花半壁，御苑归来笏满床。"

豪门雄风，代有英杰。曾镜冰的大哥曾镜英、大嫂李爱媛是当地最早的共产党员。在兄嫂的影响下，曾镜冰积极参加了农民运动，在村里站岗放哨，递送情报，抄写文件等。1927 年 4 月，他加入了中国共产主义青年团。

大革命失败后，曾镜英的共产党员身份暴露，在党组织的安排下，他撤退到泰国。曾镜冰则留在村里担负起重任，他的活动影响日益扩大，引起了敌人的注意，对他下了通缉令，曾镜冰被迫转移到泰国曼谷大哥处，与其他从海南岛和广州起义失败后撤出来的同志成立了党/团支部。为了掩护革命，他们筹建了一所华侨学校，叫"光华中学"，成立了中共特委。曾镜冰担任学校团支部书记兼学生会宣传股长。以学校为基地，团结教育广大华侨及其子女，进行革命活动。

1929 年初的一天，泰国警察局突然搜查学校，查出壁报中一篇言辞激烈的反帝文章是曾镜冰写的，遂下令审讯拘押审讯他。曾镜冰大义凛然，拒不承认学校中有党团组织，警方找不到口实，只好把曾镜冰驱逐出境。

1933 年月 10 月，闽北苏区和中央苏区的联系被国民党割断，曾镜冰与黄道、曾昭铭等组成省委代表团，受中央的指示，在黄立贵的红 58 团的护送下，进入闽北苏区开展革命斗争。1934 年 10 月，中央红军被迫长征，曾镜冰与黄道、黄立贵一起，领导闽北红军转入了艰苦卓绝的三年游击斗争。1935 年 2 月，闽北分区委将闽北各路红军整编为闽北独立师，共 2000 余人，师长黄立贵，政委卢文卿。不久，曾镜冰兼任独立师代政委，和黄立贵一起率领独立师，在战斗中寻找机会打击敌人，他们牵着敌 11 师从建瓯、松溪、政和等地区，转到将乐、顺昌、泰宁，再转到资溪、贵溪、光泽，行程数千里，最后在建阳一仗，把敌 11 师打得七零八落。

三

1938 年初，由于斗争形势的需要，闽赣省委改为"闽浙赣特委"，曾镜冰任特委书记。这时，国民党千方百计欲诱骗特委下山进城，妄图一举消灭。曾镜冰洞悉其奸，明确提出"独立自主靠山扎，宁住山头不住福州"。他把特委机关迁回老根据地崇安县坑口乡长涧源村进行隐蔽活动。有一次在敌人围剿时，曾镜冰与主力队伍失散，在闽北山沟里一个石洞中躲了七天，后在一个暴风雨夜里摸出山沟，进入江西。在江西的地下党掩护下，重回到根据地。

1938 年 6 月，中共中央东南分局将闽东、闽北和闽中的各地党的领导统一，在崇安坑口乡村头村成立了中央福建省委，曾镜冰任省委书记。1939 年秋，曾镜冰在崇安根据地创办武夷干部学校，亲自任校长。他率领省委机关和游击队，挫败了国民党军队的三次军事围攻，声势显赫。福建省委和游击队在战斗中发展，游击区也得到巩固扩大。

　　1940 年 9 月，中共福建省军委成立，崇安成为抗日反顽的大本营。1946 年 11 月，中共福建省委又改称"闽浙赣区党委"，积极开展游击战争。1943 年，国民党军统头子戴笠亲来到闽北坐镇，集中了大量的特务，专事侦察、缉捕、残害共产党人和进步人士。曾镜冰和省委及时号召各地开展"反特务斗争"，提出利用敌人的东西来保护干部。他亲自制定了假自新、假自首的政策，以特反特，在实践中取得了很好的成效。

　　1945 年 4 月，在中国共产党第七次全国代表大会上，曾镜冰被选为中央候补委员。1946 年 3 月，曾镜冰北上延安，毛泽东、刘少奇、朱德、陈毅等先后听取了曾镜冰对福建革命斗争情况的汇报，给予充分的肯定和高度的评价。刘少奇表扬福建党组织在抗日反顽斗争中有"三大创造"（即武装退却，合法与武装斗争相结合，反特务斗争），闽浙赣游击纵队推动了全省各地游击战争的发展。陈毅对曾镜冰的战斗功绩咏赞不已，在《送旧友南归》一诗中写道：

八年不见，历尽风波。

鲁南重会，煮酒当歌。

转瞬又别，感怀实多。

君去南天，与敌肩摩。

我不出手，敌不自觉。

出手一击，风扫叶落。

绝技至此，敌手安措。

　　在艰苦卓绝的抗战斗争中，曾镜冰领导的福建党组织进行了不屈不挠的斗争，成为东南的一面不倒的旗帜。

闽北革命历史纪念馆

四

在坚持闽浙赣的红色斗争中，曾镜冰与黄道的革命友情非同一般。陈毅对黄道评价极高，赞他是"江西人民革命领袖，中共优秀的领导干部，马列主义的活动家，抗日新四军的创造者之一"。中央红军主力长征后，黄道与曾镜冰奉命留在闽北，领导了艰苦卓绝的三年游击战争。

1937 年冬，中共中央决定将南方八省的红军游击队改编为新四军，叶挺任军长，项英任副军长；还决定成立中共中央东南分局和中央军委新四军军分会，以项英为书记，黄道任分局委员和军分会委员。

根据中央指示，闽北红军游击队改编为新四军第三支队第五团，饶守坤任团长。黄道则留在了南昌，任新四军驻赣办事处主任。不久，又担任东南分局宣传部部长、统战部部长。

黄道与曾镜冰共同运筹帷幄主政闽北的情谊有口皆碑，有着联手共事的可贵共识，生动体现在闽北三年游击战争和抗战的史册上。在事关党内路线斗争重大问题上，曾镜冰坚决站在黄道正确路线一边。1934 年冬，红军主力长征前，党中央决定设立苏区中央分局、中央政府办事处和中央军区，由项英、陈毅同志统一领导。要求各苏区在原地坚持游击战争，积极牵制敌人，以便将来配合中央红军夺取反攻胜利。但在执行中央这一指示上，闽北分区委内发生了严重分歧。闽北军分区司令员李德胜主张，以"红色堡垒对白色堡垒，不失苏区一寸土地，誓死守住大安"，面对决定闽北苏区命运的关键时刻，曾镜冰坚决支持黄道同志提出的"主动撤出大安，依托武夷山，依靠老区，坚持游击战争，保存有生力量，配合中央红军，夺取反攻胜利"的正确主张，否决了李德胜的错误主张。从 1935 年 2 月开始的闽北三年游击战争，是闽北苏区最艰难的时期。数十万国民党军对闽北进行全面"围剿"，层层建立了封锁线和无数的据点，并采取移民并村，妄图切断群众与红军游击队的联系。就在这样非常恶劣的敌强我弱的形势下，闽北军分区司令员李德胜只身投敌叛变革命，并引敌到桐木三港等地袭击闽北红军主力，严重威胁分区委机关和红军的安全。曾镜冰紧密配合黄道指挥部队英勇还击，粉碎了敌人的阴谋，使分区委和部队脱离险境，安全转移。到 1937 年 7 月前后三年间，闽北游击战争经历由被动到主动、由不会游击战争到善于打游击战争的实践过程，并保存了革命组织，保存了革命武装，保存了革命阵地，成为中国革命战争在南方的一个重要战略支点。它既是黄道同志正确军事路线的胜利，也是曾镜冰当好黄道助手的重大功绩；在重大历史转折时期，他们俩思想统一，步调一致，把握时局。1937 年 8 月，日本侵略军大举进攻上海，闽北国共对峙的局势一度缓和，为尽快实现与国民党闽赣当局建立抗日民族统一战线，黄道与曾镜冰以闽赣省抗日军政委员会正副主席的名义，先后五次致函国民党江西省政府、崇安和光泽县政府，积极提出双方进行和平谈判国共合作抗日的主张。在他们两位领导人的据理力争、奔走呼吁和多方努力下，这年 9 月底在光泽县的大洲村，国共双方举行了具有重大历史意义的"大洲谈判"，黄道和曾镜冰亲临谈判地点坐镇指导，经过 7 天艰难谈判，双方达成了合作抗日的协议，实现了闽赣边区国共合作抗日的可喜局面。这是黄道与曾镜冰正确决策，共同努力赢来的合作抗日果实。

黄道与曾镜冰从共事到相识，从相识到分离，从分离到人生的终点。一位时为新四军少将驻南昌办事处主任，年仅 39 岁被国民党特务毒害含恨离开人世；一位曾任闽浙赣特委书记、福建省委书记，仅 53 岁就在"文化大革命"期间含冤与世长辞。

但历史是公正的，闽浙赣根据地的殊荣，归功于他们两位卓越的领导人，他们的英名双双铭刻在中国革命史的画卷上。

闽北革命历史纪念馆

五

泰山不却微尘，积少垒成高大。在革命战争时期，武夷山人民为中国革命的胜利做出了重要贡献和牺牲。在闽北红军编入中央红军序列时，崇安红军人数最多（2500人）；崇安苏区为中央苏区输送了大量款物，居闽北之首；崇安苏区为支援中央苏区做出的牺牲为闽北之最。

1949年，福建的革命斗争进入一个崭新的阶段，为了适应新的势形，迎接南下的解放军，曾镜冰和福建省委在南平后溪村成立中国人民解放军闽浙赣人民游击纵队，共1300多人，曾镜冰任纵队司令兼政委，率领主力部队北上闽浙赣边，路上部队打了几次胜仗，1949年5月8日，部队到达江西贵溪一带，胜利地与第三野战军陈赓兵团会师。

1949年8月17日，福州解放，曾镜冰任新成立的福建省委秘书长兼任福建省人民法院院长。1955年开始，曾镜冰担任中共福建省委副书记、省政协主席等职务，他认真学习党的方针政策，深入基层调查研究，虚心听取群众意见，广泛团结各界人士和爱国侨胞，在社会各界享有崇高的威望，为福建省的发展做出了贡献。1955年任中共福建省委副书记、福建省政协主席。不久，曾镜冰同志因当年城工部事件牵连，在被党组织审查期间，受到了不公正的对待和错误处理。在受审查期间，他心地坦然，始终相信党，热爱党，深信党总有一天会做出正确结论的。因此，无论把他放到哪里，他都努力工作，继续为党做出贡献。1966年，"文化大革命"开始，镜冰同志惨遭迫害，身心受到严重摧残，不幸于1967年5月27日在北京逝世。

党的十一届三中全会后，中共福建省委对曾镜冰同志的历史做了全面复查，经中央批准为曾镜冰同志平反昭雪，恢复名誉。历史证明，镜冰同志是一位忠于党、忠于人民的坚强的无产阶级革命战士。他为中国人民的解放事业和建设事业贡献了毕生的精力。

孙克骥将军与武夷山

朱燕涛

1949 年 4 月 23 日，人民解放军以迅雷不及掩耳之势越过长江天险，一举解放了南京及沿岸多个重镇，全中国的解放从此势如卷席。解放军能如此顺利跨越长江，其中一个重要原因是驻防长江的国民党第二舰司令林遵率队起义。毛泽东主席称赞这是"南京江面上的壮举"。而成功策反该舰队投诚的重要功臣，即武夷山之子、共和国首批少将孙克骥将军。

孙克骥将军

孙克骥，1917 年 1 月 20 日出生于武夷山。他 1932 年加入中国共产主义青年团，1937 年加入中国共产党，1938 年加入新四军，参加了土地革命、抗日战争和解放战争，屡立战功。他历任闽浙赣特委委员兼统战部部长，新四军多个支队、军区的政治部、宣传部领导人，人民解放军华中军区、华东野战军纵队政治部主任、华东海军政治办公厅主任等职。新中国成立后他历任南京市公安局局长，公安部办公厅副主任，原广州军区公安军政治委员，原总参谋部警备部副部长，云南省军区政治委员，军事科学院政治部主任，原南京军区政治部主任、副政委、顾问等职。

孙将军品性儒雅，在共和国军界被称为"一代儒将"。他的生平和光辉业绩，是武夷山人民的自豪与骄傲。他虽然一生大半时间戎马倥偬、在大江南北奔走，但对武夷山充满深厚的感情，与故乡及亲友的往来频繁，因此在武夷山也留下和传颂着许多可歌可泣的传奇事迹。

一、传奇家世

孙克骥外祖父朱敬熙（1852-1917），为旧崇安著名乡绅，朱子裔孙，清农部郎中，后改二品花翎候补浙江道台。祖上以贩茶起家，是参与"万里茶道"北上南下的重要闽商，于内陆和沿海商埠经营银庄票号，咸丰后财富声誉居旧崇安郡望之首。

朱敬熙身体力行朱子道德思想，是闽北著名的慈善家。所捐建的垂裕桥与余庆桥称为"闽北巨构""孝义丰碑"，其中的余庆桥 1999 年荣列入"世界文化遗产名录"。他还捐修了许多道路、津渡，修复了五夫朱子社仓（亲书石匾并落款"朱子裔孙鼎建"）、城区景贤书院、景区武夷精舍，捐助孤儿院，长年赈济贫困乡民与过境灾民。他还是位政治开明人士，支持辛亥革命，宣统退位，接受公推，"代摄县事"，孙中山大总统手书"模范缙绅"褒奖。

朱敬熙祖上及自己因财富巨万，在捐助公益的同时，在当年寸土寸金的商旅重镇崇安南门街修建和扩建了满足庞大家族需要的武夷山风格的深宅大院。民国崇安县志称朱宅"规模宏大，光线充足，闽北当首屈一指"。在苏维埃革命时期，中共崇安县委便于朱家吉房大宅成立，并两度作为崇安县委办公楼院。抗战及解放战争时期，包括孙克骥在内的众多朱家成员参加了新四军或亲中共的组织，朱家大院因此也成了公开和半公开接待林植夫（新四军敌工部长）、王文波（中共闽北游击纵队司令员）等人物及地下党员往来活动或留宿之所。1949 年 5 月 9 日，秦基伟率领的解放军队伍入闽抵达崇安城。次日，由朱宗汉主持的城工部组织解放军和各界代表 500 多人，在南门街朱家大院召开军民联欢大会，共庆崇安解放。

朱敬熙子孙众多，大多于学龄期就送往大城市甚至海外接受良好的教育，长大后许多才华出众，思想进步，不少同情革命和直接投身革命。如朱敬熙的次子朱尔英（孙克骥的二舅）于清末就读于日本早稻田大学，在日本追随孙中山加入了同盟会，参加推翻帝制运动，后担任民国少将，曾于福州参与福建事变，事变失败后回崇安南门街老家。抗战期间他在南门街老宅接济、掩护与解救过留日时的同学、"皖南事变"被俘的新四军敌工部长林植夫等。第七子朱尔猷（孙克骥的七舅），20世纪20年代在北京读大学并加入中国共产党，热心投身学生运动，后来回崇安开展农民运动，是与崇安潘家女婿陈昭礼（又名陈豪人、陈希周，组织领导过百色起义、代理过中共福建省委书记）等较早到闽北开展革命斗争的中共党员，后在王明路线中被作为改组派错杀。朱敬熙长孙朱宗汉（孙克骥的表弟、朱尔英长子），深受表哥孙克骥的鼓舞与指导，在福州上学期间便秘密加入中国共产党并开展学生运动；新中国成立前夕受中共福建省委城工部委派回崇安县任中共县委书记。他以崇安第一中学英语教师身份为掩护，利用特有的家族身份与影响，发展地下党员和开展地下武装活动，最终成功解除了国民党地方武装，在解放大军入闽前三天，便实现了崇安县政权的和平接收。武夷山作为"福建解放第一城"，对随后的福建全境顺利解放起了良好的示范效应。朱敬熙次孙朱宗夷（又名朱一瓢、朱淮）也在福州读书期间加入中共地下党，创作革命文艺作品和参加反抗国民党反动统治活动，是朱家的文艺才子。朱敬熙还有一个女儿朱月筠，嫁给先后在北京任《晨报》编辑（代总编）、西南大学当教授的刘勉已（孙克骥的二姨夫）。刘勉已是陈宝琛（清末内阁学士、礼部侍郎、宣统帝师）的外甥，是双博士，才华横溢，参加过李济深、陈铭枢发动的"福建事变"，用他自己的方式支持了中国共产党的革命。刘勉已还利用胞弟刘攻芸在李宗仁代总统的政府担任财政部部长的便利，为孙克骥策反国民党海军起义潜伏上海提供过帮助。

二、不负韶华

孙克骥晚年撰写了一本回忆录《夕拾集》，书中深情地叙述了家乡崇安、外祖父一家对他成长的影响和对他们的怀念。他在《序》中写道："我是福建省崇安县（今为武夷山市）人，出生于一个破落的地主家庭。祖籍福州。清朝末年，祖父与外祖父共事多年，私情甚笃，遂订下我父母的婚约。祖父早逝。外祖父应亡友之约，在他家乡崇安县为我的父母完婚。并赠给一部分田产、房屋。于是，父亲迁居崇安。"开篇就对自己是崇安（武夷山）人充满自豪，对外祖父有如南宋崇安五夫刘氏兄弟接受朱松托孤收养朱子一样的义薄云天，字里行间充满崇敬。

孙克骥的外祖父朱敬熙，是当年崇安德高望重的著名乡绅。他的家庭是一个大地主官僚家族，《崇安县志》有其浓墨重彩的传记。孙将军曾计划以此为原型写成长篇小说，描述这一家族的变迁，反映从旧社会到新中国的历史进程。遗憾的是，已写好的小说提纲被红卫兵抄没，令今人无缘品读该家族从创业到辉煌到没落的历程。虽然小说不曾问世，但朱敬熙家族如同武夷山历史河流中的垂裕桥与余庆桥，在当地人心里留下了永久的记忆。

孙克骥既崇敬外祖父，也十分崇敬母亲。母亲朱九畹自幼跟随朱敬熙读书习字，有大家闺秀风范，不仅知书达礼，还极重视孩子教育，时常教孙克骥背诵唐诗宋词与古文名篇。孙克骥所以文化素养很高，且秉性正直，他说都得益于母亲的言传身教。

如果说朱九畹启蒙了孙克骥的文化知识，那么他的小学校长则是其爱国主义思想的启蒙者。孙克骥6岁时，入读崇安小学，校长董涵球是位有着浓烈爱国情怀的进步人士，常向学生讲述中国被侵略、遭割地的屈辱历史，号召学生发愤学习，长大后收复失地、振兴中华，在童年的孙克骥幼小的心灵里种下了第一颗爱国主义的种子。

由于孙克骥父亲孙伟功是位纨绔子弟，不务正业，母亲朱九畹与他貌合神离、感情不和，为了孩子有良好的教育环境，几年后便带着孙克骥远赴北平投靠妹妹朱月筠。

孙克骥寄居二姨母朱月筠家，得到了二姨夫刘勉已的许多帮助。至1949年，已迁居上海的刘勉已，明知孙克骥的中共身份，仍然义无反顾地为孙克骥执行任务提供掩护帮助。孙克骥对此念念不忘，在回忆录中说："他（刘勉已）

能在当时的政治环境下掩护我。""是长辈中值得我敬爱和怀念的一位老人。"

少年时期的孙克骥，不仅深受外祖父、母亲、二姨夫等长辈言行的影响，而且在北平投靠二姨母就读师范大学附属小学期间，还受到来自崇安家乡也于北平工作和读书的长辈和同乡的参加革命活动热情的影响。

这期间，正值军阀混战时期，北平作为政治中心，学生运动风起云涌。孙克骥受老师和前辈的革命思想感召，也投身其中。他的多位客居北平的长辈亲戚，如朱尔猷、吴文林、江禹烈、刘宝琪等共产党人时常在二姨家聚会，商议革命活动，孙克骥便在外面放哨。1926 年 3 月，段祺瑞政府制造"三一八惨案"，组织和领导北平学运的崇安籍学生江禹烈（中共北京工业大学支部首任书记）、刘宝琪当场牺牲。孙克骥目睹了吴文林一身是血，跑来朱家换衣服，给他以极大的震动。

1928 年，孙克骥随母亲返闽到福州读书。在福州拥有更多来自崇安家乡的、充满爱国热情的亲朋，他也得到更多的帮助。1931 年，他转学至福建学院附属中学。这年"九一八事变"与"一·二八事变"相继爆发，全国民众抗日情绪高涨。孙克骥也与同学一起，上街张贴标语，抒发抗日救国的决心。福建学院由爱国人士、后来担任民盟福建主委的林植夫担任院长，与林植夫为留日老友的二舅朱尔英也在本校任职。林植夫院长为了培养学生的爱国心，将学生制服制成军服样式；吃饭前，要求学生唱国耻歌以铭记历史责任。1932 年 5 月，孙克骥加入了中国共产主义青年团，并很快崭露头角，在中学组建团支部，开始了革命工作生涯。

三、建功立业

孙克骥结束学生生活后，进一步投身革命活动。

1936 年春，他与林次东等多名进步青年在福州成立大众社，作为失去了与组织联系的中共党员、团员和进步青年的联络机构。不久，孙克骥与俞长樾等启程到上海市寻找党团组织。在上海，他们加入了上海共青团组织的"上海青年抗日义勇军"，之后转赴香港、福建开展抗日工作，9月在福建发展义勇军组织。

1936年冬，孙克骥接受了闽中特委的一项任务——到闽北崇安将中共中央有关抗日民族统一战线的文件送给红军游击队领导人黄道。孙克骥回到故乡崇安，发现闽北红军游击队为躲避国民党军事进攻，已经转移。不久，福州传来消息，省团委书记王于洁和委员俞长樾等人及大众社部分成员被捕，闽中特委也遭到破坏。福州笼罩在白色恐怖的气氛之中。孙克骥为此暂停了革命活动，不久于福州南台谋了一份小学教师职业。

1936年12月12日，西安事变暴发，次年国共关系相对缓和。1937年4月，孙克骥陪同并保护受中央委派到福州巡视活动的孙大光，经孙大光介绍，孙克骥于1937年5月加入中国共产党，并到中共南方工委汇报工作。

1937年"七七事变"暴发期间，孙克骥被派往香港党训班学习，并等待安排工作。9月，八路军参谋长张云逸在香港召见孙克骥，说他马上要到福建同国民党商谈，布置孙克骥到闽东游击区给叶飞送机密文件，要求叶飞在福州确定个商谈联络点。同时，他叮嘱孙克骥断掉福州的一切社会关系，住到旅馆同国民党打交道，并做好两手准备，万一国民党失约，立即设法到时为闽浙赣边委首府的闽北崇安县洞源找黄道，请闽北方面将秘密文件转送叶飞。11月，国民党方面代表果然在约定商谈的时间"玩消失"。孙克骥及时将情况报告给南方工委，并马上离开福州，奔赴闽北崇安找黄道。此时，闽北红军已同国民党当局完成谈判，红军游击队已经改名为抗日义勇军，部队正向江西铅山石塘集中。在崇安长涧源，孙克骥找到了闽浙赣边区党委的财务科长王忠华，王忠华派交通员送孙克骥到铅山石塘的江西省委。孙克骥见到黄道与曾镜冰，将文件交出，并转达了组织指示。

几天后，孙克骥准备回南方工委复命。黄道和曾镜冰却挽留他留下来抗日，负责闽浙赣抗日的青年学生工作。适逢中央秘书长涂振农在南昌，黄道托他向南方工委打招呼。孙克骥于是决定留在闽浙赣省委，并从此开启了他在新四军奋斗的光辉历程。

1938年1月，孙克骥在石塘见到了叶飞，进行了愉快的交流。2月，黄道自南昌返回石塘，通知闽浙赣省和闽东两地区的红军游击队改编为新四军第三支队，其中闽浙赣的部队改编为第五团，闽东的部队改编为第六团，并准备开赴江南敌后作战。此间，闽浙赣边委改组为特委，曾镜冰任书记，汪林兴任组织部部长，孙克骥任统战部部长。至年底，张云逸任新四军参谋长兼三支队司令员，改任孙克骥为支队政治部宣传教育科科长。这期间，福州新四军办事处成立，开始重新建立党组织。孙克骥将之前他组建的大众社的所有成员悉数介绍给办事处主任王助。随后，失去组织关系的党员恢复了关系，大众社的大多数进步青年后来也被发展为中共党员。

从此以后，孙克骥就跟随新四军部队转战大江南北，是新四军中著名的文武双全的政治工作者。特别值得一提的是，新四军三支队五团，主要为来自孙克骥家乡崇安的子弟兵组成。来自崇安的乡亲战士最终大部分牺牲于疆场，在新四军军史上留下了可歌可泣的悲壮一页。

1945 年 8 月，日本宣布投降，中国人民终于迎来了抗日战争的胜利。但不久后，波澜壮阔的解放战争又拉开了序幕。孙克骥跟随部队重新转战南北，不辞辛苦，兢兢业业，再立新功。特别是在 1949 年孙克骥通过与国民党第二海军司令林遵的福州老乡关系，以及孙克骥表兄邵仑任第二舰队主力战舰永绥舰的中校舰长，且为林遵心腹的关系，策动林遵起义。林遵的成功起义，不仅对解放军渡江减少了很多阻力与伤亡，而且为新中国成立后的海军建设有很大贡献。为此，1955 年，孙克骥与林遵一起被

孙克骥（中）1982 年回崇安故乡在
列宁公园闽北革命烈士纪念碑前留影

授予共和国首批少将军衔。

因此功绩，孙克骥随后被委任华东海军政治办公厅主任，为新中国海军创建与发展建立再立新功。之后，他转战公安岗位、军校岗位、军队政治岗位，辗转于北京、广州、云南、南京等地，党哪里需要就往哪里挪。粉碎"四人帮"后，他焕发了青春，发挥他的文学专长，收集编写新四军历史文献。他对在新四军中享有崇高威望且曾交往较多的陈毅元帅和粟裕大将充满敬意，一往情深，投入巨大的精力，为他们编写了《陈毅传》和《粟裕军事文集》，也为自己编写了感人至深的《夕拾集》。

1982年，孙克骥被选为中共第十二次全国代表大会代表。继1955年被授予少将军衔，获二级独立自由勋章、一级解放勋章之后，1988年，荣获中国人民解放军一级红星功勋荣誉章。

四、感恩情怀

孙克骥为新中国的建立与建设立下了累累功绩的同时，也并没忘记曾生他养他的武夷山家乡和乡亲，感恩武夷故乡，感恩武夷亲人对他哺育和帮助，尽其所能奉献桑梓。

他以许多饱含深情的乡愁文章，表达对崇安故土与外祖父等亲人的感恩情怀。他的《夕拾集》及夫人束颖女士为他主编的《儒将孙克骥》与《孙克骥将军奋斗的一生》文集，便记录了孙克骥对武夷山及家人往事的美好回忆。

他以向家乡捐赠生平至爱的藏书藏画，表达他的"读书起家之本"的感恩情怀。孙克骥本出身书香世家，他外祖父有一个"武夷朱氏藏书楼"，其中的"古文舆轩库"收藏了许多古籍善本。民国崇安县政府初创要成立"县图书馆"，他外祖父一次就慷慨捐助了《四库全书》中的《御制全唐诗》等古籍及其他图书6000多册。孙克骥识字后，具有良好的条件博览群书，尤其喜好文学和历史。他曾戏言："若不是土地革命时期即背离家庭走上革命道路，我可能成为一位文学创作者。"因此也培养了藏书习惯，平时购买与收集了大量的书籍。他说：我最宝贵的财产，恐怕就是那些藏书。除了读书外，书画艺术是孙克骥的一大爱好。几十年间，孙克骥购买收藏的历代名家佳作有近百幅。进入暮年，他觉得这些收藏与其传给子女，不如展示给公众能发挥更大的作用，便决定分别捐赠给他的出生地武夷山的图书馆与祖籍地福州的福建省美术馆。他捐赠武夷山市的图书中既有明清线装古籍，也有民国到改革开放后的现代书籍，既有名人传记、诗词小说、文艺科学，也有政治理论、养生园艺等等4000多册。2007年，束颖及子女遵照老将军遗愿，又将其生前的读书卡、写作手稿、笔记、藏书等珍贵遗物赠送给家乡图书馆。对此，武夷山市人民政府决定，在市图书馆中心展区专辟《孙克骥将军赠书展览室》，展室有60平方米，内设16个书架，用于珍藏和展示孙将军的这些图书，并对市民开放借阅。市民读者为此交口称颂，说他有外祖父的风范。他的善举，与朱敬熙一脉相承，必将流芳千古。

他以向家乡小学母校捐赠资金建设校图书楼，表达他的不忘师恩寄望学生快乐成长的感恩情怀。他捐赠给福建省画院的字画，有吴昌硕、徐悲鸿、陆俨少、徐扬、傅二石、亚明等名画珍品，也有董其昌、郑板桥、何绍基、张大千、林散之、武中奇等书法家的翰墨精品，行家评估总价值达数千万元。受赠方福建省美术馆按照惯例给予了捐赠人孙克骥夫妇象征性奖励25元万作为答谢。对于这25万元，孙克骥夫妇分文未取，将其中的15万元捐给了孙克骥的母校武夷山实验小学（剩下的10万元捐给了束颖的母校丹阳实验小学）。武夷山市实验小学根据孙将军的愿望，将所赠捐款用于建造学校图书馆综合楼，建成后的综合楼包括阅览室、音乐室、舞蹈室等，为师生读书和活动提供了方便、实用的现代化场所。孙克骥逝世两年后，束颖和子女根据老将军遗愿，又将老将军生前撰写、编著、参与整理的10本文集赠送给武夷山实验小学图书馆。这些书包括《夕拾集》《青年陈毅》《霜重色愈浓》《铁军党代表》《从沙场走向十里洋场》《探索》《元帅外交家》《树海春秋》《哀军北渡》《传檄到中原》等。它们是丰富的精神食粮，成了孩子们接受革命传统教育的良师益友。实小的师生们感怀不已，每年重大节庆，都向孙将军寄去各种贺信贺卡表达诚挚的问候。

　　他以向家乡捐赠生平嘉奖勋章形式，表达他的一切荣誉归功培育他的故土和人民的感恩情怀。武夷山市作为闽北 22 年民主革命的中心，建有一座展示闽北革命历史的纪念馆。1985 年，孙克骥参加了奠基仪式。1987 年，孙克骥亲切接见了纪念馆的工作人员，并对布馆工作提出了许多指导性、建设性意见。2007 年 6 月 15 日，一场隆重肃穆的捐赠仪式在该馆举行。孙将军夫人束颖及子女根据将军的遗愿，将孙将军各个时期的任命书、1955 年由毛泽东主席签发的授衔命令、周恩来总理签发的委任状、将军礼服、3 枚金质军功奖章（中国人民解放军一级红星功勋荣誉章、中华人民共和国二级独立自由勋章、中华人民共和国一级解放勋章）、中共十二大党代表证等 28 件珍品珍物，捐赠给了闽北革命历史纪念馆。闽北革命历史纪念馆为此特设了孙克骥将军遗物珍藏室并悉数展示给公众，用以缅怀先辈，教育后人。这批见证着孙克骥一生革命历程的珍贵历史文物展出后，受到广泛的赞誉。

　　他以落叶归根魂归故里的夙愿，终极表达他依恋故土回归乡亲怀抱的感恩情怀。2005 年 3 月 11 日 10 时 05 分，孙克骥将军因病在南京逝世，享年 88 岁。家乡武夷山的有关领导和亲友代表前往悼念或发去了唁函与挽联等，表达了对老将军的无尽赞颂与怀念。孙克骥虽然自小离开家乡，但他一口地道的崇安话终身未改。他一直惦念着故乡的建设和发展。新中国成立后，他曾在 1982 年、1985 年、1998 年三次回武夷山考察，为家乡的建设和发展建言献策，尽心竭力。孙克骥逝世后，南京方面对建墓于雨花台已作了安排。作为武夷山的儿子，孙克骥最是难忘故园情，生前表达过情系家乡、叶落归根的愿望，而武夷山市政府和人民也热切欢迎将军归葬故里。在武夷山市政府与孙克骥家人几经磋商后，孙克骥部分骨灰移葬在武夷山市。2009 年 4 月 3 日，在武夷山市列宁公园内，隆重举行了孙克骥将军骨灰安放仪式。这天细雨纷纷，武夷山市的多位领导和武警战士、少年儿童代表、孙克骥在武夷山的亲友、市民等参加了这一仪式。杨永华副书记代表武夷山市五套班子和全市人民致辞，向孙克骥将军致以最崇高的敬意和最深切的悼念。杨永华副书记还满怀深情地介绍了孙将军的主要生平和对武夷山家乡做出重大贡献的业绩。束颖代表家属作答谢时深情地说："今天，家乡人民在这里举行隆重的安放仪式，以母亲温暖的胸怀迎回自己的儿子。市委、市政府决定将你的墓地安放在武夷山市列宁公园内。这里有闽北革命历史纪念馆，有粟裕大将的墓地，你生前曾追随粟裕大将南征北战，身后又与粟裕大将长眠相伴在此。克骥，你可以安息了。在这青山绿水之间，在这春花盛开时节，在我们的悠悠思念之中，你将永存！"骨灰安放过程庄严、肃穆。武夷山市委、市政府及各界人士分别向孙将军墓敬献了花圈，60位少先队员代表全市少年儿童和全市人民，一个接一个地向孙将军墓敬献了一束束鲜花，表达了对孙将军的崇敬和继承革命先辈遗志的心愿。

三、英雄壮歌

武夷魂

黄文山

正是暮春时节，武夷山山花烂漫。不闻虫唧鸟鸣，山野里一片肃寂。静谧的山道上忽然传来响亮的号子声和有力的脚步声。"嗨荷、嗨荷"，随着一声声整齐铿锵的号子，只见 20 多位精壮汉子，抬着一具沉重的灵柩，正沿着蜿蜒的山道，由江西铅山向着福建方向行进。

傍晚时分，灵柩到达温岭关。温岭关是武夷山八大要隘之一，这里群山环抱，道路十分陡峭，抬棺的汉子们早已汗流涔涔，但号子声和脚步声一刻不

大安村闽北红色首府

乱。而此时关口处挤挤挨挨的已站了一排人，他们是从 20 多里外的坑口村特地赶来迎接灵柩的。当人们见到灵柩时，立时齐刷刷分两排跪了下来，放声痛哭。一时群山震栗，天地动容。

灵柩里躺着的是黄道的遗体。抬棺的 20 多位精壮汉子是两天前从坑口长涧源村出发的。长涧源村距铅山县所在地河口镇百余里，他们抬着棺木，一路跋山涉水，风餐露宿，往返三天，终于将黄道的遗体安然运到长涧源村。

中共福建省委和闽北特委已经在这里设下灵堂。中共中央华东分局代表陈丕显，福建省委和闽北特委领导曾镜冰、王文波等为他守灵。当地干部、群众数百人参加悼念。悼念进入高潮时，在人们的再三请求下，棺盖打开了，好让大家最后瞻仰一遍黄道的遗容。出葬的那天，附近乡村的百姓纷纷赶来，小小的长涧源村挤满了人。送葬的队伍越走越长，大家都想来送黄道一程。长涧源村是闽北苏区机关的最初驻地之一，1931 年黄道出任中共闽北分区委书记和军分区政委，来到武夷山区，长涧源村便是他常来常往之地。他心系百姓为他们排忧解难，与贫苦农民结下了深厚的友谊，也是在这里，他重建了闽北独立师，宣布苏维埃政府成立。这位闽北苏区的创立者，在武夷山百姓的心目中，享有崇高的威望。

闽北苏区，地处武夷山脉北段，闽赣两省的毗邻地区，是连接赣东北苏区和中央苏区的桥梁，战略地位十分重要。同时，这里也是国民党政权统治的薄弱地区。1928 至 1929 年，随着南昌起义和秋收起义号角响起，在中国共产党领导下，闽北多地发生暴动，创建了以崇安为中心，包括崇安、浦城、铅山、建阳等县部分农村的革命根据地，建立了中国工农红军 55 团。这里群众基础深厚，富有革命传统。

1931 年，黄道受中共闽赣省委的指派，来到崇山峻岭中的闽北苏区，担任闽北分区书记。黄道是江西横峰县人，早年投身革命，早在中学时代就与方志敏、袁玉冰等人参与发起组织江西改造社，编辑出版进步刊物《新江西》，积极宣传革命思想。1923 年他到北京师范大学学习期间加入中国共产党，曾担任北师大党支部书记和北京学生联合会的领导工作。第二次国内革命战争时期，他参加过八一南昌起义，之后又和方志敏、邵式平等一起，领导了弋阳、横峰起义。他是赣东北革命根据地和红十军的创建者之一。1931 至 1937 年，除短时间到闽赣省委担任领导工作之外，他一直战斗在武夷山区。尤其是从 1934 到 1937 年，在极端困难的条件下，他领导闽北根据地军民独立坚持了艰苦卓绝的三年游击战争，不仅保存了革命组织，还扩大了游击根据地范围，成为党领导地方游击斗争的典范。

1931 年 4 月，方志敏等率红十军进入闽北作战，扩大了以崇安为中心的闽北苏区大片疆土。当年 7 月，黄道来到武夷山，主持召开了第一次中共闽北分区委扩大会，会上制定了深入发动群众、进行土地分配、建立健全苏维埃政权、加强独立团建设、发展地方武装等决议案，作为指导闽北苏区发展的纲领性文件。首先，他以红十军留在闽北的特务营为骨干，整编成立了红军独立团，为闽北建立了第一支训练有素的红军主力部队，并成立分区军事委员会和军分区，他亲任主席和政委。接着他主持召开闽北苏区第一次工农兵代表大会，成立了闽北分区苏维埃政府。同时创办闽北银行，建制币厂铸造银圆、印刷纸币。军、政、财也成为稳定闽北苏区的三大支柱。

苏维埃政府一成立就迅速在闽北苏区实行土地改革，将没收来的地主豪绅的土地分配给贫苦农民；开办信用、生产、耕牛、农具等合作社，让农民得到所需生产资料和资金；兴建被服、制革、制茶、榨油、造纸等工厂，为红色区域的经济发展奠定基础。应战争需要，闽北苏区建起一座有相当规模的兵工厂，生产高峰期每月可制造各种枪支 1000 余支，子弹 15 万多发，炸弹、地雷 1 万多个。为搞活经济，苏区还设立对外贸易处，组织出口苏区生产的茶、木、竹、笋、纸等大宗产品，输入苏区急需的盐、布、铁、药品等物质。闽北苏区以大安为首府，在县、乡、村开办三级列宁小学和劳动小学，分区设立列宁师范学校，培养师资。黄道亲自编写课本，供学校和部队作教材。分区各机关还编辑《红旗周刊》《红色闽北》《列宁青年》等报刊，开办歌咏会和体育会，丰富了苏区文化活动。一个红红火火、生机勃勃的闽北苏区，跃然出现在重峦叠嶂的武夷山间。

在黄道的领导下，闽北革命根据地日益发展，红军和地方武装不断壮大，苏区的政权建设、经济建设和文化建设都取得了显著成绩。到 1933 年，闽北苏区已经成为中央苏区的一部分，范围包括福建的崇安、建阳、建瓯、邵武、光泽、松溪、政和，江西的铅山、上饶、广丰、资溪、贵溪、金溪，浙江的江山、龙泉、庆元的边缘地带，纵横达 300 余里，人口五六十万。武装力量拥有闽北独立师 2000 多人，地方武装 5000 多人，担负着中央苏区东北大门的防御和作战任务。

1934 年 10 月，中央主力红军开始战略转移，闽北苏区由此进入艰苦卓绝的三年游击战争时期。这年底，国民党集结重兵，北从铅山、上饶，南从建阳，东从浦城，西从光泽、邵武，进行四面合围，准备对闽北苏区首府大安发起总攻。军分区司令李德胜主张修筑堡垒，死守大安。黄道通观全局后，于 1935 年 1 月在大安召开分区委会议，以坚决的态度抵制了死守大安的错误主张，率领闽北分区党政军机关迅速撤离大安。当年大安的军民都亲眼见识了黄道作为一个优秀军事家的风采。1 月 25 日，南面之敌已到小浆村，这里与大安只隔一个山头。当晚，分区机关的同志全在操场上集合。黄道全身戎装，微笑着出现在大家面前。他一脸轻松镇定的表情扫除了人们的不安情绪。黄道朝着天空有力地挥了挥手说："同志们，今天我们就要撤出大安了。现在，我们一切都准备好了。敌人占领大安，除了迎接他们的地雷和炸药外，什么也得不到。从今天起，我们要在崇山峻岭中和敌人周旋。我相信，我们一定会再回来的。而且我们还要打到福州、南京去的！"一席话，说得大家热血沸腾，充满了必胜的信心。

大安村红军街

1935 年上半年是闽北红军游击队坚持斗争的最艰苦岁月。国民党为了清剿闽北红军，布置了 6 个师的兵力，并以崇建浦公路为封锁线，进行移民并村，强化保甲制度，企图切断红军游击队和群众的联系。红军游击队的日子非常艰难，被困在高山上，住草棚、岩洞。最困难的是粮食越来越少，黄道和大家一样，吃野菜、嚼草根、啃生笋，但仍然保持着乐观的态度。一天，见大家面对一大盆苦涩的难以下咽的野菜，不愿动筷子，黄道走过去盛了一碗，和大家坐在一起，笑着问："你们说说，什么时候最快活？"说着，他用筷子敲了敲碗："要我说，今天肚子饿了，吃碗野菜最快活。"他边吃边笑着说："将来革命胜利了，这些东西可就吃不到了，现在要多吃点。"有时，他还讲笑话，引得大家哈哈大笑。积极乐观的精神贯穿了黄道的一生。在后来给友人的信中，黄道曾这样概括自己的革命生涯："这 10 年中，我经受他人所未经受过的艰难困苦的生活，尝受过他人所未尝过的咸酸苦辣的味道。但这对于我却是津津有味的生活。"即便在这样困难的环境中，黄道仍然不忘抓队伍学政治学文化。每天，只要没有敌情，机关的同志们就聚集在大树下，听黄道讲哲学、政治经济学，讲中国历史和俄国革命。为了帮助战士们认字、习字，他还自编了一本字帖，供大家临摹。三年游击战争，就这样成了游击战士们的露天大课堂。

为打破国民党的封锁，黄道经过一番深思熟虑后，于当年 8 月在崇安岚谷乡的黄龙岩主持召开闽北分区委扩大会议。会上，黄道分析了当前严峻的形势，提出挺进敌后，开辟新区的大胆设想。他风趣地说：你搞到我的家里来，我为什么不能搞到你的家里去！我们要做孙悟空，钻到铁扇公主肚子里。他还主张改变一些原来的做法，比如将没收地主土地改为筹款和减租减息，将建立苏维埃政权改为分化、争取保甲长。可以允许保甲长们采用"红心白皮"的策略，表面上应付敌人，实际上帮助红军游击队。黄龙岩会议后，闽北红军重整旗鼓，兵分三路打出外线，开辟新区，从而打破敌人的封锁，开创了一个新局面。根据地发展到 20 多个县，纵横 600 多公里，红军发展到 6 个纵队 3000 余人，并与闽东、浙西南 3 块根据地取得了联系。

这段时间，黄道的主要注意力都放在研究和分析国内外形势上。1937 年 1月，在一张包盐的上海《新闻报》上黄道看到一则关于张学良和杨虎城在西安发动兵谏的报道，引起他的极大关注。他敏锐地感觉到国内形势有可能会发生大变化。一次，部队抓到了一个大地主，黄道指示说，不要向他筹款，只要他为我们订一份《福建民报》和一份《民国日报》。不久，由黄道派出寻找党组织的吴华友千里辗转送来了党中央的有关文件，还介绍了我党就西安事变的应对策略。黄道和闽赣省委的其他同志仔细阅读和研究了中央文件，做出《关于开展抗日反帝斗争的决议》，迅速成立闽赣省抗日军政委员会，并向福建、江西两省国民党当局发出"快邮代电"，提出"停止内战，一致抗日"的吁请。

1937年9月，黄道收到光泽县县长高楚衡的一封信，表示他受江西省政府主席熊式辉的委托，愿意与游击队谈判。在闽赣省委不断努力下，10月国共双方代表在光泽县大洲村举行了谈判，达成停止军事行动，合作抗日的协定。也正是在这年10月，中国共产党和国民党谈判达成协议，将南方8省15个地区的红军游击队改编为国民革命军新编第四军，开赴皖南抗日战场。

当年，闽北红军游击队奉命下山，先在长涧源村集中，后开到江西铅山县石塘镇参加整编。骁勇善战的1500名闽北红军被编入新四军三支队五团，成为日后驰骋在抗日战场上的无畏之师。在石塘，黄道为每位坚持三年游击战争的红军老战士颁发了银质"闽赣边区坚持斗争纪念章"。

1938年1月，黄道出任新四军驻赣办事处主任。1939年5月23日，黄道在铅山河口镇养病时被国民党特务毒害，时年39岁。噩耗传来，闽北苏区军民都悲痛万分。

1939年，陈毅同志发表了《悼念黄道同志》的文章，文中写道：1935年春，方志敏同志殉难后，东南半壁的领导责任完全落到黄道同志一个人身上。在三年游击战争环境中，黄道同志尽了他毕生的绝大努力，也发挥了卓著的革命天才。在与我党中央三年隔绝的情况下，在进攻者的长年包剿下，黄道同志能独立支撑，顽强坚持，终于完成了保持革命阵地，保持革命武装，保持革命组织的光荣任务，所以能够以一支强有力的部队编入新四军来适应抗日战争之爆发，这是黄道同志对革命、对民族的绝大贡献。

黄道的遗体被隆重安葬在长涧源村的鲜花绿树丛中。武夷大山接纳了他，从此，黄道坚毅的身影，还有他的动人故事和他爽朗的笑声，便长留在武夷山间，留在他为之奋斗、为之流血献身的这块红土地上。

烽火战场"黄老虎"

杨国栋

一

风光旖旎、景色绚烂、苍翠葱郁、水浪飘飞的武夷山，有着清新绝佳的自然美景，又有着底蕴厚重的历史文化，朱熹为代表的理学家与柳永为代表的文学家，加上辛弃疾、陆游、杨万里、朱熹等文豪名家在此酬唱献诗，宋代文化的高度与厚度冠盖华夏……然而20世纪30年代一股雄壮猛烈、汹涌澎湃的红色浪潮席卷闽北后，以毛泽东"直指武夷山下，山下山下，风展红旗如画"为嘹亮号角，彭德怀、方志敏、粟裕为代表的一代共产党元帅将军率部开进武夷山，短时间内就完全形成了涓涓汩汩、浩浩荡荡、浓浓烈烈、气势磅礴的红色浪潮，随后积淀成色泽鲜亮透明、色块沉重凝固、色标灿烂鲜艳的红色文化瑰宝，永久地闪耀在八闽乃至神州大地。就在这红色波涛奔腾不息的长河中，一位名叫黄立贵的红军英雄师长，用他驰骋闽赣、威震敌胆、惊天地泣鬼神的浩荡军魂，为红色武夷山竖立起一座永久深存于人民心中的丰碑！

黄立贵是江西省横峰县青板桥人，系"江夏黄"后裔，1905年8月出生于一个贫苦农民家庭。黄家先祖崇尚勤劳节俭、耕读传家的优良传统，故而父亲黄金冬拼了老命、累死累活、省吃俭用，也要供给儿子黄立贵上学读书。然而他家到底还是贫困，黄立贵才读了三年私塾，稍稍懂得识文断字，就因为经济拮据而辍学，先是下地参加生产劳动，继而给地主家当长工，开始了独立谋生的生活。

国共第一次合作期间，北伐军如当年的强劲秋风，瞬间席卷了赣东北大地，已经是横峰青板桥农民协会会员的黄立贵，走进了当地打击土豪的行列，深深地体验到北伐军威猛气势下，穷苦百姓冲击土豪劣绅的豪爽快慰，斗争地主老财的扬眉吐气。可是谁能想到，蒋介石反动集团借助北伐军中国共产党的力量攻城略地，夺取政权，很快就忘恩负义，翻脸不认人，发动了 1927 年的"四一二"反革命政变，大肆屠杀共产党人，打击镇压工人农民运动。黄立贵和他的引路人吴先民领导的青板桥农民协会，不得不转入地下进行秘密活动。他们以修桥铺路和上山打猎为名，筹款筹粮，开展练武练兵活动。其后，黄立贵担任了游击队长，领导了一支由贫苦农民参加的数百人游击队，做好了参加武装暴动的准备。

1927 年冬天，皑皑白雪漫天飞舞，覆盖了赣东北山峰树林。天寒地冻中人心焐热的黄立贵及其游击队，听闻坚定的共产党人方志敏首先在楼底兰家打响了弋阳、横峰年关暴动的第一枪，他和吴先民迅即率领青板桥一带 2000 多贫苦农民投入了暴动行列。在暴动中，黄立贵和程伯谦担任了第三路军指挥员，取得了打击反动派的重大胜利，队伍人员增加，地盘迅速扩大。暴动一结束，黄立贵因为表现优秀，建功立业，很快加入了共产党组织。

任何阶级对立的武装斗争都免不了血腥与残酷伴随。弋横暴动也不例外。惶恐中的反动派组织了强大于数倍游击队的武装力量前来打击报复，乡间的地主武装靖卫团借此机会到处清乡，烧杀掠抢，无恶不作。黄立贵几次遇险，都被他自己智慧地躲过。由于革命需要，黄立贵参加了土地革命军。组织上两次选送他到信江军政学校培训，极大地提高了他的军政素质。学校结业后，黄立贵因为有过游击队长的经历，便出任了排长和连长职务，成为一名骁勇善战的基层指挥员。

1930 年初，黄立贵所在的土地革命军改称为江西红军独立一团，已经发展到了千余人，共有 5 个连队，黄立贵任第 5 连连长。他参加了攻打景德镇的战斗，取得胜利。部队发展越来越快，便扩编为江西红军第一师。黄立贵也因为指挥有方，作战勇敢，立下战功，晋升为 87 团的营长。又因为再立新功，他升任到了教导团的团长。这年的盛夏，闽北苏区划归赣东北辖区，继而方志敏领导的红十军成立，黄立贵奉命调到了军部担任特务营营长，肩负着保卫军部的重大责任。此后很长一段时间，黄立贵都冒着炎热酷暑，或者寒冷冰封，在闽赣边界穿插来往，屡获战绩……

大安村闽北红色首府陈列馆

二

　　20 世纪 30 年代初期的崇安县（今武夷山市），一度成为闽北红色革命的中心地带。史籍记载：1931 年 6 月 14 日，闽北红军独立团攻占崇安县城。这是黄立贵第一次部署和指挥的有着决定性意义的战斗。当时城内守敌是闽北有名的国民党地方武装卢兴邦的一个连和民团、警备队合计 300 多人，关键是敌人的城防工事坚固，防守严密。时任团长的黄立贵考虑到如何在坚硬的攻城战斗中减少红军指战员的伤亡，便谋划了城东、城南、城北三路进军的方案，围而不打，故意造成守城敌军紧张态势，分散敌人注意力，却由黄立贵团长亲自率领100多名精干的富有战斗力的红军指战员，前往边远的坑口一带活动。敌人以为红军武器装备差，根本没有能力破城，也就在建阳战情告急之时，卢兴邦下令将一个连的部队调往建阳南乡镇压苏维埃运动。黄立贵抓住战机，率领部队急行军，在崇安赤警营的有力配合下，冒着倾盆大雨突然袭击崇安城。原先围而不打的红军，此时也进入战斗状态，首先从北门攻城突破，然后打开城门，吹响冲锋号，从各个方向同时打击守军，一举消灭城中守敌200多人，缴获枪支100多条，当场击毙敌崇安县长兼民团团总詹树政，第一次解放了崇安城。第二天，黄立贵主持召开了庆祝大会，宣传了共产党的土地革命政策，号召广大劳苦大众行动起来，投身轰轰烈烈的打土豪分田地运动，得到了广大崇安老百姓的热烈拥护和大力支持，一时出现没收土豪奸商财物，给贫苦农民分田分地，纷纷建立县乡苏维埃政权、贫农团、赤卫队和踊跃报名参军参战的喜人局面。闽北红军独立团进驻崇安一个多月时间，红色革命活动持续高涨，不仅为古老的崇安县播撒了大量的革命火种，也为后来的红色政权建立、社会各项事业改革发展、闽浙赣边区红军坚持三年游击战等，打下了坚实的基础。

同年8月底，敌人林秉周旅、汤恩伯诸部，呈长蛇阵浩浩荡荡地开进了崇安城，发动了对闽北苏区的第三次反革命军事"围剿"。为了避敌锋锐，黄立贵主动率领红军撤离崇安县城，转入群山连绵、峰峦陡峭、林薮丛聚的地带进行战斗。11月18日，敌人林秉周旅没得寸功，离开了崇安城，宣告"围剿"失败。而此时的黄立贵独立团，经过几个月的发展壮大，已经有了千余指战员，枪支700多条，成为闽北红军的一支劲旅，逐渐掌握了闽北土地革命战争的主动权。

三

根据黄立贵的革命战友饶守坤开国中将的回忆：威震敌胆的"黄老虎"人高马大，1.85米的块头，浓黑的刀眉，略长而又轮廓分明的脸盘，炯炯有神的大眼睛又黑又亮，高高隆起的鼻梁，鼻翼较深的纹线如刀刻一般，透出经久耐看的坚强毅力。他的腰间宽大的皮带上斜插着手枪，枪把上的红缨一飘一飘的，更显得威风凛凛、英俊潇洒。

1932年初，为了执行赣东北省委和闽北分区委关于打通赣东北、闽北和中央苏区之间的联系的决议，黄立贵率部主动出击了邵武、光泽一带的敌人，积极向信江南岸靠拢；接着向南攻打了仙店，进而袭击了建阳的垌潭；然后又连接上崇安的五夫、南树、下梅等革命根据地，形成了一大片红色区域。为了铲除威胁五夫、建阳、浦城周边的敌人钱玉光所部一个营的兵力，黄立贵率领400多名红军，在赤卫队等地方武装力量的密切配合下，一路抢占山头制高点，一路切断南逃敌人的归路。战斗打响后，黄立贵手挥驳壳枪，亲自率领部队连续发起冲锋，将敌人围困在狭小的地带不断地阻击。此战歼灭敌人160多人，缴获枪支150多条，拔掉了苏区中心线上的钉子，形成了顺畅的欣欣向荣的整片红色根据地。

那些年，纷飞的战火在闽浙赣许多陡峭的山崖、起伏的山峦、僻远的山村燃烧。黄立贵谨记集中优势兵力，各个击破敌人的战法，先是率部攻打浙江江山的28都，消灭了那里的敌人，开辟了浙西南游击区。继而又挥师数百里，穿插至江西广丰地区，配合地方武装，歼灭了国民党主力部队汤恩伯一部，缴枪200余条，扩大了自己的队伍。紧接着，黄立贵又率部出击浦城县的九牧，没收罪大恶极的土豪谷子2000担，接济当地的贫苦农民。浦城18村的民团和大刀会十分嚣张，数百人时不时进入岚谷等地抢粮抢禽与搜刮民财，引起众怒。黄立贵得知后，率部飞速进击18村，将民团和大刀会打得找不到北，将被抢的农民稻谷全部挑回……

为了配合中央苏区红军粉碎蒋介石组织的第四次大"围剿",接受命令的黄立贵面对的敌人是福建绥署参谋长邓世增和刘和鼎所部,加上卢兴邦、周志群等数万武器装备先进的正规军或地方军。是时,方志敏率红十军第二次入闽,承担了打主力的重任。黄立贵率闽北红军独立团,先是配合作战主攻星村之敌;继而急行军奔袭至浦城,在围城中带头亲率敢死队爬城,成功偷袭敌人后打开德星门,数千红军如滚滚洪流,以排山倒海之势,短时间消灭了敌人一个守城团;随后,黄立贵又率部与敌军周旋三天,在运动中寻找战机消灭了许多尾追之敌,较好地策应了方志敏的红十军,使得国民党上万地方部队受到牵制而不能够参与蒋介石部署的第四次"围剿"。

在红色革命烽火硝烟中渐渐成熟的黄立贵,在闽北尤其是武夷山脉一带如蛟龙入海似的开展惊心动魄的革命战争,取得的胜利一个接着一个。到了1932年11月,闽北红军独立团逐渐扩大为师,黄立贵担任了红军师长。这年年底,师政委邹琦率领教导大队去吴屯攻打臭名远扬的敌人大刀会,因每人只有三发子弹,战斗力不强,经验缺乏,损失惨重,被迫撤退。黄立贵听说后怒火万丈,率领一批经验丰富的老红军,身背大刀,直插敌人防区。黄立贵战斗在最前面,凭借身材高大魁伟威力无穷的优势,挥起大刀。敌人大刀会看见黄立贵神勇,武功高强的头目都不是他的对手,当即吓得手脚发软,纷纷溃逃。红军指战员在黄立贵师长的榜样作用下,也都亮出平时训练得来的战法技法,手舞大刀奋力冲杀,吴屯大刀会的敌人被杀的鬼哭狼嚎,死的死伤的伤,剩下的一些敌人狡猾地望风而逃……数天后,黄立贵又率领闽北红军独立师,悄悄地进入光泽的司前,击败了敌人,缴获了大量的洋油、食盐和稻谷等物质,给部队增添了给养。过了一阵,黄立贵奉命率部参加了配合红11军攻打光泽城的战斗任务。他在扼守东关,阻击向邵武逃窜之敌的战斗中,严密部署,严防死守,300多人的红军,阻击了千余逃敌,当场击毙周志群部第一团杨团长,缴获敌人枪械300多,俘虏敌人200余,解放了光泽县城,粉碎了强大于闽北红军数倍敌人的第四次军事"围剿"。老百姓箪食壶浆,欢呼雀跃,根据地地盘扩大。

已成燎原之势、以武夷山为中心地带的闽北红军独立师,经过一段时间的东征西战、南伐北击，地盘越来越大，队伍越来越众。黄立贵所部在武夷山下坑口的闽赣省军区，参加了红七军团的组建，担任红七军团21师师长，同时将闽北红军独立师改编为该师的58团，委派陈一担任团政委。可以说，这时的黄立贵更加兵强马壮了。

四

1933年秋天，枫叶红透山林的日子，国民党顾祝同的部队侵占了江西黎川，闽赣省委迁往福建建宁，一时间中央苏区与闽浙赣苏区的联系被切断。随后，蒋介石集团调动了100万大军，展开了对中央苏区的第五次"围剿"。由于中央红军遭遇错误路线的指挥，损失日渐惨重。黄立贵所在的红七军团，所面临的形势也愈来愈严峻。当敌人毛维寿、谭启秀、刘和鼎、卢兴邦等部队向闽北苏区发动新的攻势、大军直逼闽北苏区的首府大安的时候，黄立贵率领红军据险坚守大安的门户四渡桥，战斗打得异常激烈。黄立贵所部发现敌人武器装备精良，人员多于红军数倍，便采用诱敌深入的战法，在消灭部分敌军后，有意撤退，然后转辗于邵武北区，进军铅山的牛角弯，凭借有利地形，歼敌梁立柱21师一部，缴获武器弹药后开往别地。

善于捕捉战机，是黄立贵的一个特长。当他在敌强我弱态势下，得知敌人谢斌85师进驻闽北，正好与其他国军进行换防，便抓住这个难得的机会，率领800多人的部队，突入建瓯、松溪、政和、浦城一带，仅用10天时间，在地方游击队的配合下，先后摧毁了政和的东平、护田、石屯，松溪的梅口、路桥，水吉的樟墩、杭头，浦城的水北、濠村、石陂等地的反动武装，在军事上取得节节胜利的基础上，建立了建（瓯）松（溪）政（和）苏维埃政权；号召青年们踊跃参军参战后，建成了建松政红军独立营，开辟了新的根据地。

黄立贵还敢于打那些有着危险的中小战争。比如中央苏区红军主力北上长征后，敌人56师刘和鼎的3个团，以及松溪、政和、浦城、建阳、建瓯等县反动民团合计千余人进犯东平。其时红军58团主力外出征战，黄立贵当机立断，率领仅有的一个营的兵力，在建松政独立营等地方武装配合下，及时抢占距离东平 3 华里的太平隘，凭借天险与敌展开激烈的战斗，将不可一世的国民党正规部队打得溃不成军，抱头鼠窜，打死打伤敌军 200 多人，成为闽北以少胜多的范例。

最严峻最残酷的战斗还是在闽北山区。刘和鼎 56 师、张銮基 45 旅、郜子举河南总队、周志群 11 师等 12 个师以及闽浙赣三省保安团，合计 10 余万兵力，加上天上的飞机与地上的大炮，大规模地开进了闽北苏区，妄图全歼红军。当时黄立贵率领 58 团进入建松政红色区域，为的是避其锋锐，寻找力量较为薄弱的民团和大刀会地方武装，进行坚决顽强的战斗，导致大刀会 2000 余人在短时间内遭到红军猛烈的打击，死伤无数，再次显示出黄立贵高超的指挥艺术。

黄立贵以虎威豹胆、勇猛善战闻名于闽浙赣地区，尤其威震于闽北武夷山一带。他擅长率部单独行动，神出鬼没地突然出现在敌人阵前，打得敌人措手不及。但黄立贵又能时常主动联系方志敏等上级领导，弄清当下形势，明晓上级党和红军首长的意图，面对险情有主张有见识，敢于亮剑，常常采用游击战法消灭敌人，而不被敌人所追踪。为此红军首长建议黄立贵到分区党委和军校、党校讲课，迫使他不得不深入学习毛泽东、朱德、方志敏等领导同志的军事理论，结合古代军事战争案例，特别是自己亲身经历的战役战斗，给学员讲起课来，深入浅出，生动形象，效果良佳。

中央红军主力部队北上长征后，黄立贵所在的闽北分区党政军机关和部队，被迫撤出武夷山大安驻地。为了掩护部队撤退，黄立贵率领 58 团在武夷山西际村的张山头强力阻击敌人，以顽强的毅力、坚韧的精神打击敌人精锐部队的进攻，延缓敌人北进速度，保卫党政军机关安全撤离。战斗打得异常激烈，几成胶着状态，黄立贵就是不让敌人前进一步。突然，政委陈一身中流弹，鲜血直流，生命垂危。黄立贵亲自抬担架，护送他到附近的红军医院抢救，让陈一无比感动。

战斗还在继续，但是敌人多次冲锋均被黄立贵指挥的红军顽强地打破。数个小时过去后，黄立贵觉得转移的红军已经安然无恙，便在一阵猛烈的反击敌人的炮火中，主动撤离了张山头阵地。

1935 年元宵节前夕，黄立贵获知江西铅山县的陈坊驻扎敌人重兵，建筑了不少碉堡，他便带着侦察兵亲自刺探敌情，发现敌人碉堡里守军不多，就借机带领部队化装成当地农民，以舞龙灯为掩护，进入陈坊，神不知鬼不觉地悄悄摸进了敌人边远的碉堡，发起猛烈攻击，全歼守敌一个连，缴获枪支弹药一大批，而红军无一伤亡。

1937 年夏天，蒋介石表面上达成同中共的"停战协议"，私底下却两次电令福建省主席陈仪"限期肃清"闽省红军游击队。国民党反动派甚至在《福建民报》上发布通令："凡生擒黄立贵、黄道、张鼎丞、吕振山者，各给奖金 2000 元。"于是大规模、大面积地"围剿"闽省红军游击队的战斗打响。黄立贵为了密切联系省委领导黄道，带着 30 多人前往邵武，却不料被国民党伪甲长杨玉发发觉并告发，引来了国民党军 76 师所部和地方保安中队数百人的包围进攻。在洒溪桥北梧桐一带休息的黄立贵等红军，听见敌人枪响后，立刻起身持枪进行坚决镇定的反击。关键时刻，黄立贵想到的还是红军战士们，命令他们从后山突围，由他带头阻击敌人的猛烈围攻。数位红军不肯离去，黄立贵下死命令这才转移。面对强大于自己数十倍的强敌，黄立贵抵近还击，终因寡不敌众而壮烈牺牲。与黄立贵一道战死沙场的还有他最亲近的年轻战友 20 余人……

山河呜咽，草木悲鸣；英雄壮烈，百姓恸哭！无比悲壮的革命历史收获的，是一代革命英烈创造的红色精神、红色基因、红色文化！

陈昭礼三进武夷山

戎章榕

巍巍武夷，幽幽九曲，在这秀美的山水下面，掩埋着多少忠魂？渗透着多少热血？

到访武夷山市，走进红军时期保留下来的列宁公园，瞻仰园内 1958 年立的闽北革命烈士纪念碑，同行中有人说，这是朱德同志专门题写的。在中国广袤的土地上，矗立的革命烈士纪念碑可谓不胜枚举，但在一个县级市有如此高规格的碑名则不多见矣。

由此可见，武夷山在闽北及中国革命战争时期的历史地位。武夷山市位于福建北部，原名"崇安"。是的，一如风起云涌的大革命时期，在全国各地建立的党组织犹如星星之火遍布华夏大地，但由党中央派人创建的党支部，隶属党中央领导，同样稀罕。

党中央派出这个人叫陈昭礼。他在武夷山时间并不长，留下的遗迹也不多，但他对于崇安、对于福建甚至对于闽浙赣苏区和中央苏区的革命事业都影响深远。

在武夷山麓有一条逶迤的公路——武分线（武夷山至分水关），在距离县城大约 3 公里处有一个土包——蜈蚣岭，那就是陈昭礼殉难的地方。拾级而上，经过了修葺，鹅卵石镶嵌的地面略有坡度，正中有由中共武夷山市委员会、武夷山市人民政府 1992 年 4 月敬立的一块碑，上书"陈昭礼烈士殉难处"几个繁体字，背面是他的简介。碑前的下方用小卵石排列组合成一个五角星，岁月沧桑，苔藓斑驳，已显暗淡，但它却是最早照亮武夷山的一颗星！

站在岭上，近处是合围的松柏，郁郁葱葱，挺拔轩昂；远处是延绵的山脉，起起伏伏，磅礴秀气。岭下一垄垄经过修剪的茶园，欣欣向荣；还有一方清碧的水塘，微波荡漾；伫立灵动旖旎的山水风光，追忆过往，不胜唏嘘……

一

那是"乌云压城城欲摧"的年代，1927 年 4 月 3 日，国民党右派在福州发动反革命政变，大批共产党员、革命群众惨遭捕杀，党团组织及工会、农会等遭到严重破坏。接着蒋介石又在上海发动"四一二"反革命政变，国民革命进入了低潮，共产党的地方组织和革命力量遭受了重创。为了挽救革命挽救党，党中央决定派中共中央常委会和政治局会议秘书陈昭礼秘密回福建重新建党。

陈昭礼（1907 — 1940），字希周，又名豪人、陈才，福州人，出生于商人家庭。他 1913 年入私立开智小学读书，后考入福州市第二中学，中学毕业后，他前往上海求学，半年后考入复旦大学。在校受五四运动新思潮影响，他开始阅读马克思主义书籍，并参加学生革命活动。1925 年加入中国共产党，并担任复旦大学党支部书记。

与陈昭礼同行的还有徐履峻和潘超人。

徐履峻，崇安县人，1926 年在福州加入中国共产党，响应党的号召，回到家乡组织农会，"四一二"反革命政变后因遭追捕转辗武汉，向党中央汇报相关情况。

潘超人，崇安县人，早在 1924 年就与福州地下党翁良毓、方尔灏有交往，经二人介绍，1925 年加入中国共产党。他与陈昭礼相识于 1926 年冬，斯时，北伐军十九路军进驻福州，受党中央委派，陈昭礼从上海回到福州工作，翌年1 月担任中共福州地委书记，暂住在朱紫坊 39 号潘超人家中。潘家是大户人家，有住房 20 多间，后门还可以通向两条巷子。潘超人的父亲是国民党左派，同情支持革命；其舅父是警察长，以此作为掩护，潘超人的家实际上成为共产党地下活动的一个据点。1927 年 1 月，福州地委派潘超人去汉口，参加宋庆龄校长办的训练班学习。4 月下旬，陈昭礼也来到了武汉，他是作为党代表参加 4 月 27 日至 5 月 9 日召开的中国共产党第五次代表大会。

位于武昌都府堤 20 号，一幢融合西式风格的学宫式建筑，建于 1918 年，那是武昌第一小学的风雨操场，学生下雨时上体育课的地方，楼上为教工宿舍。党的五大就在这座红色的二层砖木建筑举行了开幕式，接着在汉口黄陂会馆继续进行。潘超人也是在汉口遇见了陈昭礼，他乡遇知己，见面分外亲。更让他们喜出望外的是，在一次大会上见到同为福州老乡、仰慕已久的新当选的中央监察委员会主席王荷波。一年前，就是按照王荷波的部署，在福州建立了店员总工会，下辖理发、码头、人力车夫、钱庄、京果、小百货、民船等工会。其中先后有 14 个工会得到加薪，工人生活待遇改善，极大鼓舞了工人们参加斗争的信心。

1927 年 7 月下旬，受中共中央的派遣，陈昭礼一行三人从汉口出发乘船直下江西九江，经上饶直抵崇安。为了安全起见，潘超人女扮男装，把头发剪得短短的。陈昭礼平时沉默少言，但做事富有主见，此行拟先从偏远的崇安、建瓯建立党组织，逐步扩大范围。之所以做出这样的抉择，是因为徐履峻、潘超人是崇安人，还由于崇安有革命群众基础。建瓯有陈昭礼的一堂弟陈昭涌（碧笙），当年与陈昭礼一起从上海赴福州做北伐军十九路军工作，因风云突变，到建瓯暂避。

抵达崇安后，徐履峻将陈、潘二人安顿在大布村自己的家中。这是一座三开两进清末土木结构建筑，为徐履峻祖屋。他外出联络，将外出求学或工作的因白色恐怖而回乡暂避的共产党员董涵球、安宇等人聚拢起来，在徐履峻家中秘密集会。由陈昭礼向到会的同志们分析了当时的形势，他说，革命的低潮只是暂时的，关键是增强革命的信心。黑暗终将过去，曙光总会到来。说到这里，陈昭礼略有停顿，用坚毅的目光环视了一下全场，用更加有力的声音一字一句地说道："今后，中国的民主革命任务落在了我们同志们的肩上，这个任务虽然艰巨，但只要坚持下去，是能一步步完成的！"话音刚落，大家立刻活跃了起来，人人脸上泛着红光，绽放出兴奋的笑容。

大家心里明白，虽然身份是共产党员，但失去了组织，只是单打独斗，难成气候。当得悉陈昭礼是肩负党中央的使命来福建重建党组织时，怎么不令他们心潮澎湃呢！

陈昭礼同样内心激动，尽管白色恐怖笼罩着，但人心并未被反革命的屠刀所吓倒；即便是最黑暗时刻，但崇安的革命火种并没有熄灭。他要求暂时组建一个特别支部，由徐履峻担任特支书记，董涵球为组织委员，安宇为宣传委员，立即开展工作。并明确今后工作的重点。

陈昭礼此行崇安虽然只待了三天，但他夜以继日，频繁活动，成果丰硕，影响深远。组建的中共崇安特别支部，这是崇安历史上第一个党支部，有了党组织就有了凝聚力，就有了战斗力。1928年1月，崇安特支升格为崇安县委，徐履峻为县委书记。

更为可喜的是，陈昭礼随后不辞辛苦，做了大量卓有成效的工作，先是组建了中共建瓯县委会。8月中旬，中共闽北临时特委成立，陈昭礼任特委书记。9月间，根据中央指示，陈昭礼回到福州恢复了党的组织，成立了中共闽北临委福州办事处，积极整顿、恢复、发展福州各地党团组织。

根据中共中央关于"闽省暂时划分为闽南、闽北两区"的指示，并指示福州、南平、邵武、建宁归属闽北，设临时委员会管理。1927年8月11日，中共中央致函闽北、闽南临委，任命陈昭礼为闽北临委总书记。

在建瓯期间，陈昭礼与潘超人因共同信仰而走到一起，更因并肩战斗而滋生感情，最终结为了夫妻，陈昭礼从此成了崇安人的女婿，他与武夷山因此多了一份情缘。

陈昭礼是福建党组织的重建者，用了两个多月往返奔走于福州、建瓯、崇安等地，在极为艰苦的条件下，出色完成了党中央交付的任务。同年12月，闽北临委和闽南临委在漳州举行联席会议，陈昭礼被推选为大会三人主席团之一。选举产生中共福建省临时委员会，闽北临委遂结束历史使命。陈昭礼当选为临时省委常委兼组织部部长，同时负责福州市委工作。至此，全省建立了2个市委、5个县委、4个特支、8个拟建县委的新局面，全省党员从300多人发展到1000余人，共青团员也发展到200余人。1929年5月，陈昭礼提任中共福建省委常委兼宣传部部长，后为省委代理书记。采取了应急措施，将省委代理书记陈子侃叛变造成的损失降到了最低。

闽北临委时间虽短，但它是福建第一个直属党中央领导的机构，是组建福建省委的基础，是福建党组织、福建革命斗争进入大发展阶段的标志，重要的是，中共闽北临委的成立，标志着党中央对福建人民、对福建革命斗争的高度重视和关怀。

二

1928 年 4 月，春暖花开，漫山遍野，迎风摇曳。

陈昭礼以中共福建省委常委兼组织部部长的身份巡视崇安，这是他第二次踏上了武夷山。他无心留意秀美的山水，而是从心底里感到欣慰的是崇安革命形势。分别才 8 个多月，全县已成立 9 个党支部和 2 个团支部，党团员人数发展到100 多人。"崇安一带农民运动有急剧的进展"，受到中共福建临时省委的表彰。

陈昭礼此行崇安，是落实中共福建临时省委贯彻中央"八七"会议决议，部署福建"实行土地革命，工农武装夺取政权，一切政权归苏维埃"的任务。

4 月 12 日，陈昭礼在上梅召开的崇安县委全县党团员联席扩大会上，详细介绍了毛泽东领导湘赣边界暴动后上井冈山的革命形势，传达了党中央关于"在闽南闽北布置一个由日常斗争而达到工农暴动的割据局面"等指示精神，福建临时省委关于"争取群众，武装暴动，土地革命，建立苏维埃"的斗争方针。陈昭礼的讲话站位高、视野宽，既有党中央和福建临时省委的决策精神，又结合崇安的当地实际，信息量大，鼓动性强，给与会者以极大的鼓舞，也为崇安党团组织策划暴动指明了方向。

扩大会后，以徐履峻和陈耿为首的崇安县委迅速行动起来，一是改名称，将早先国民党左派组建的县农会更名为"民众会"，作为暴动的基层组织；二是争取群众支持，将抗捐、抗税的斗争扩展为抗捐、抗税、抗租、抗债、抗粮的"五抗"斗争；三是确定暴动时间和地点定于秋收之后，同时积极筹备武器等物质，决定将上梅作为崇安县委举行暴动的中心地。

1928年9月28日，农历八月十五日，正值上梅墟期。上午9时许，一声枪响，徐履峻发出暴动信号，三三两两打扮成赶集模样的民众会员，一声令下，揭竿而起。徐履峻带领20多名全副武装的民众队员冲进上梅街日商南华公司在崇安的买办松木厂办事处，把无恶不作的经理陈光盛活捉，并在大庙前召开群众斗争大会。同时派出民众会员到各乡捉拿反动地主豪绅。

10月1日，县委在上梅召开各乡民众会代表大会，在会上徐履峻宣传暴动纲领，号召"工农群众武装起来，打倒国民党反动政府，打倒土豪劣绅，废除反动联首、地保制度，实行平田废债"，并宣布成立民众局，徐履峻任局长。

上梅暴动打响了闽北革命武装反抗国民党反动武装的第一枪，震动了国民党当局，出动一个团兵力大肆反扑，暴动以徐履峻在战斗中英勇牺牲而告失败。在关键时刻，中共福建省委派出省委候补委员、福州市委书记杨峻德，以省委特派员身份来到崇安，与继任崇安县委书记的陈耿联手，经过紧张严密的策划，于1929年1月成功地领导了第二次上梅暴动。

上梅暴动陈列馆

正因为有了第一次上梅暴动，也因为汲取第一次上梅暴动的经验与教训，第二次上梅暴动利用深山沟壑开展游击战争。经过 4 个多月的游击战和敌后镇反斗争，不但粉碎了敌人的"清乡"，而且发展了崇安革命形势，扩大了活动地域，成功地建立了以东部的上梅、西部的吴三地、北部的黄龙岩为中心的 3 块游击根据地，巩固与发展了暴动成果。

崇安县委在上梅先后两次举行了威震八闽的上梅农民武装暴动，崇安从此成为闽北武装斗争的策源地。它与平和的长乐、龙岩的后田、上杭的蛟洋、永定的金砂暴动，并称福建的五大农民武装暴动。上梅暴动之后，创建了闽北第一支新型的人民军队——中国工农红军 55 团，最终导致了 1930 年 5 月崇安县委在上梅建立了闽北第一个苏维埃政权。此后，在崇安大部包括建阳北部、浦城西部和江西上饶、铅山、广丰南部的广大红色区域，建立 18 个苏区政府、234 个乡（村）苏维埃政权，标志着以崇安为中心的闽北革命根据地正式形成，在福建革命史上留下了彪炳史册的精彩一笔。

三

在暌违 12 年之后，陈昭礼 1940 年第三次悄然进入武夷山。

此行他的身份有点特殊，之前，由于时局的变化，更由于抗日救亡的需要，经上海地下党负责人潘汉年的推荐，陈昭礼化名陈希周，进入国民党 70 军进行策反工作，担任 70 军军部上校参议兼战时步兵干训班主任，在 70 军营（团）干部中秘密培养发展了 50 多名共产党员，后被蒋介石、何应钦指明是危险分子，三次密电要求从速处理。为了避免连累，陈昭礼被迫脱离 70 军，转辗到重庆。征得中共南方局同意，化名陈才，在李济深先生的帮助下，取得全国战地动员委员会的身份，以少将巡视员到第三战区开展巡视工作。

1940 年 7 月底，陈昭礼抵达江西巡视。8 月上旬从上饶顺道崇安探望岳母，实际上是为了妻女三人从桂林迁来崇安安置做准备。

早在 1929 年 8 月，陈昭礼受党中央委派前往广西工作，改名为陈豪人，隐蔽在国民党内，公开身份是广西政府机要秘书，实际上是从事党的秘密工作，协助邓小平发动百色起义。由于多年潜伏在国民党军队内，开展统战工作，被蒋介石视为"眼中钉""肉中刺"，欲除之而后快。尽管陈昭礼是悄悄来到崇安，但还是被军统特务发现，就在陈昭礼岳母家设防，监视陈昭礼的一举一动。

8月13日这一天，陈昭礼拟从崇安回到上饶。当他告别岳母和表妹陈良瑛，与警卫坐上班车时，军统特务早已密谋好暗杀计划。在陈昭礼乘坐的客车上安排了两个伪装的特务。车行至离崇安城三公里七马槽蜈蚣岭处，事先埋伏在那里的三个特务佯作劫车。陈昭礼的警卫员发觉有情况，刚要拔枪，即被身边的特务击毙，接着又朝陈昭礼的头部开枪，年仅33岁的陈昭礼倒在军统枪杀的血泊中，特务将他的尸体拖下汽车丢在路旁草地上，劫走了他的行李箱扬长而去……

谁曾料到，率先点亮武夷山的一颗星，时隔12年后却陨落在武夷山间。12年间，是陈昭礼革命生涯最辉煌的时期，他不仅与邓小平、张云逸等同志一起成功领导了百色起义，并任红七军政治部主任；而且长期在中共抗日隐蔽战线上，留下不可磨灭的功勋。他才华横溢，卓有建树，且年富力强，过早殒命，是对中国革命事业的重大损失！

周恩来就非常赏识他。1937年，叶挺受命在汉口组建新四军，出任军长，陈昭礼任秘书。不久，新四军军部迁南昌，陈昭礼留守汉口，任新四军驻武汉办事处主任。后来，武汉新四军办事处和八路军办事处联合办公，一套班子，两块牌子。周恩来、董必武也都在汉口，陈昭礼在周恩来直接领导下工作，大家都以"小周"称之。

新中国成立后的一天，周恩来总理曾问潘汉年，那个叫"小周"的福建人哪里去了？当得悉他牺牲后，1952年4月11日，周恩来亲笔致信福建省委书记、省政府主席张鼎丞，指示要修建陈希周烈士墓，供后人瞻仰。于是，福建省人民政府将陈昭礼的遗骨从崇安县迁葬福州市人民公墓。

令人唏嘘的是，正是陈昭礼当年的特殊身份，也因为他曾一度与党组织失去了联系，更由于潘汉年冤案猝发（1933年10月，是潘汉年恢复他党的组织关系，并让他以进步人士面目出现，从事党的地下秘密工作；1933 年 12 月，又是潘汉年指派陈昭礼从上海回福建做十九路军将领抗日统一战线工作），陈昭礼因此受到株连，蒙上了不白之冤，刚刚建好的墓碑也被捣毁⋯⋯

1983 年，潘汉年冤案正式获平反。1985 年 8 月 12 日，福建省委、省政府和福州市委、市政府在文林山烈士陵园隆重举行隆重的陈昭礼骨灰安放仪式。中共抗日隐蔽战线三杰之一的陈昭礼最终被还以历史应有的地位。

蜈蚣岭上陈昭礼殉难处的纪念碑是他牺牲 52 年后立的，经历了近 30 年的风雨洗礼，纪念碑显得斑驳。武夷山有关部门业已明确表示，将在中国共产党百年诞辰之际，会重新建造一座陈昭礼烈士纪念亭，这是缅怀先烈，更是铭记历史！

陈昭礼的故事，也是武夷山的故事。他三进武夷山累计时间很短，影响却很远、很深；他在武夷山的遗迹近乎是零，但青山可以作证，绿水依在叙说⋯⋯

圆明园里哭禹烈

张　茜

　　下雪了，圆明园里肃穆圣洁，汉白玉"三一八"烈士公墓碑，卫士般屹立在园子西部。这里原是九州清宴殿，寓意九州大地河清海晏，天下升平，江山永固。

　　"三一八"烈士公墓碑，六角飞脊碑顶上塔尖高耸，指向苍天。须弥底座同样六角形，正面阴文镌刻《三一八烈士墓表》和 47 个英烈的姓名、年龄、籍贯以及所在单位和职业，这是彼时北平市长何其巩的手书："……会此役者，或为青年女子，或为徒手工人，或为商贾行旅，皆无拳无勇，激于主义，而视死如饴。"来自福建崇安的北京工业大学学生——江禹烈，名列其中。

　　禹烈被惨案屠虐时，年仅 28 岁。那是 1926 年 3 月 18 日，他走在自己学校游行队伍的最前面，目光坚毅，一遍遍振臂高呼，"打倒段祺瑞政府！""打倒帝国主义！""废除不平等条约！"突然，罪恶的枪声响起，一颗子弹击进他口中，穿后脑而出，人立时倒地，血流如注。身旁同学张占春急忙附身拉他，禹烈倾尽力气大呼："诸君小心，乱则事败矣。"语音未落，卫队挥刀砍杀过来，大刀扎进已经不省人事的江禹烈胸腹，当晚他含恨而绝。游行总领队李大钊、陈乔年负伤，大家熟知的鲁迅的学生刘和珍身中七弹，还遭铁棍劈打，斧刃摧残，当场气绝身亡。

　　圆形墓地里，座座墓穴环围成一朵傲然怒放的雪梅，禹烈就在第五穴，他躺在这远离家乡亲人的北国园林里近百年了。他血肉模糊的躯体，还疼吗？鲁迅在《纪念刘和珍君》中指出："真的猛士，敢于直面惨淡的人生，敢于正视淋漓的鲜血。"先生称这一天为"民国以来最黑暗的一天"。

墓园西北角上，还有江禹烈、刘保彝、陈燮三人的姓名与简介，他们手挽手在一座三菱形的纪念碑上，北京工业大学师生用前仆后继的千百双手将他们永远擎举。"苟活着在淡红的血色中，会依稀看见微芒的希望，真的猛士，将更奋然而前行。"近百年走来，岁岁春暖花开时，老师和同学们都会聚集这里，敬献上一枝枝亲手制作的花朵。每一朵花出自每一双温热的手，一个世纪了，从未改变，这是谁的规定？是心，是情，是共同的信仰和志向。

在徐徐春风里，在先烈革命事迹的回荡里，塑造出一代代学生的理想和家国情怀。

"三一八"惨案爆发后，据说出府娱乐的段祺瑞闻讯扔下棋盘，慌忙赶到横尸载涂、流血成渠的政府门前，这个号称"北洋之虎"的皖系军阀，浑身颤抖，长跪不起。

19日，北京工业大学师生马上组成"三一八"惨案工大善后委员会，由校长马君武董其事，公推吕毖、李进峨等20余人为委员，召开500余人紧急会议，到会师生无不痛哭悲愤。会议议定：派代表4人，由马君武校长率领，前往海军部门首，设法领回刘保彝烈士遗体，再派代表前往协和医院领回江禹烈烈士遗体，全校同学在校门前整队迎接，买棺厚殓，灵柩暂停于学校大礼堂；全校同学臂缠黑纱两个星期，校中下半旗志哀，并即日停课；在校内建立纪念碑、烈士亭，由于右任先生题书；组织演讲团即日出发，向社会人士宣讲惨案真相；发表宣言即通电全国，请一致罢市罢课作严重的表示；延请潘大道律师，向地检厅告发段祺瑞、贾德耀、章士钊、宋玉珍诸国贼蓄意枪杀群众，强烈要求处以极刑并没收其财产，以谢国人；定22日举行公祭；烈士灵柩，厝于校之东院，用砖砌成灵屋，以避风雨，并设法保存烈士血衣；请在北海建立"三一八"惨案殉难烈士专祠，28日召开大规模的烈士追悼大会；赞成民大校长雷殷主张，公葬此次殉难烈士于圆明园；《烈士纪念册》应于"三一八"两星期后印成。

惨案发生后，大学校长雷殷率先提议，厚葬烈士于西京圆明园内——"该处既为历史上之纪念地，风景亦佳，诸烈士合瘗于此，种种上均为圆满。"办理完牺牲学生的相关事宜后，北京工业大学校长，也就是江禹烈的校长马君武，愤于"青年无辜，横遭浩劫"，毅然辞职。

段祺瑞在"首犯听候国民处分"的怒吼声中通电下野，北洋时代从此结束。"三一八"惨案不仅仅是终结了一个政府，更重要的是——用正义、鲜血和生命结束了一个黑暗的时代。

江禹烈牺牲两个月后，他和刘葆彝的生前好友衷至纯、吴文林以及长辈老师潘谷公、潘祖武等人，护送两位烈士血衣、遗物、巨幅遗像，一路南行回故乡。

到福州，闽北诸省同学会为两位英烈举行了声势浩大的追悼会，著名爱国民主人士潘谷公夫人郑心如率子女敬献挽联："为国牺牲心可碎，前赴后继志益坚。"

到崇安，各界人士臂缠黑纱，夹道迎接英烈之魂归来，在县立高等小学举行隆重追悼大会。会后，烈士亲属和与会群众手捧烈士血衣、遗像进行游行，江禹烈妻子怀抱襁褓乳儿，手牵蹒跚幼女，接连哭昏倒地，路人无不掩面挥泪。随后，家乡父老又在县立高等小学校门前，为江禹烈修建了衣冠冢和纪念碑。

不管那个哭昏过去的名叫周坤娥的农村少妇如何呼唤，不管那一双幼如嫩芽的儿女怎样依偎坟前，猛士江禹烈的一生都定格在了28岁。

江禹烈出生于1899年10月25日，那天，他的父亲——崇安老字号协泰盐店老板，格外欣喜地望着哭声响亮、胖乎乎的儿子，心中充满无限期望。经过反复琢磨思考，给儿子取名江家辉，字甸之。家辉（禹烈）8岁师从二伯私塾启蒙，学习十分刻苦，秉性耿直，坦率好问，同学都笑他戆直、愚钝，但他并不在意，仍是"心有所思，随口而出，无论臧否，不饰文饰。与人交亦常以忠信自勉，故人多乐与交游"。二伯父看在眼里，喜在心头，特地为他取了学名"江禹烈"，加上其父取的"甸之"，寄寓"禹甸之忠烈"，禹甸乃中国疆域也。希望他努力学习，将来精忠报国，做一番利国利民的事业。这个期许既是激励也仿佛预言，江禹烈忠烈在了救国救民的宏途上。

正当少年江禹烈如饥似渴地学习《春秋》《论语》和《孟子》时，辛亥革命一声枪响，使他猛然清醒，思考片刻，便和同学们走出私塾，加入推翻清廷、缔造民国的进步洪流之中。1912年初春，参加上海起义立下军功，被擢升为镇江勤务督察长的崇安人刘逊谦将军回乡省亲。这令人振奋的消息不胫而走，人们奔走相告，欢欣激动。刘将军利用探亲假期，启迪民智，宣传革命，号召乡亲剪掉封建的尾巴——长辫子，并组织人员逐家挨户检查敦促。剪刀"咔嚓咔嚓"，一条条扼住人民思想前进的"紧箍咒"辫子，被甩在地。"身体发肤，受之父母，不敢毁伤，孝之始也"竟成封建统治阶级愚弄控制百姓的千年枷锁。少年江禹烈率先剪去脑后"长尾巴"，兴奋得彻夜睡不着觉。新学、新思想、革命，像磁石般紧紧地吸引了他那双探索世界的眼睛，江禹烈暗暗立志，要以刘将军为榜样，做一个献身轩辕、振兴民族的革命志士。

又读了3年私塾，按照父亲的设想，该是去祖业协泰盐店学徒的时候了。江禹烈经过一番思考，与父亲探讨："咱家几代人苦苦经营盐店，但苛捐杂税、天年灾荒、盗匪猖獗、官府欺压、军阀混战，让我们日子总是过得战战兢兢、捉襟见肘，这是什么原因？这是为什么？"最后父亲答应了他——去县立高等小学继续求学，寻求实事真理。这所县立高等小学可非同一般，享有新式学校、中西学堂、革命家摇篮之美誉，培养出了辛亥革命志士、曾任孙中山政府参议院议员的潘谷公等进步人士。江禹烈进入这所富有民主、自由色彩的新式学校后，被禁锢的思想顿时像脱缰野马，驰骋奔放。他求知若渴地学习新知识，博览古今中外有关阐述科学、民主的书籍，思想逐渐成长，视野逐渐开阔起来。

1917年，江禹烈满19虚岁，遵照父命，按乡俗与仙店的农村姑娘周坤娥结为夫妻，第二年生下一个女儿。妻子贤惠美丽，女儿牙牙学语，小家庭充盈着甜蜜和幸福。这年夏天，江禹烈毕业于县立高等小学。

建立了进步思想、视野雏形的江禹烈，振翅欲飞，他和同窗好友衷至纯等以优异成绩考进了设在福州的省立第一中学。

秋风习习，红叶翻飞，禹烈告别妻女，第一次出远门赴省城求学。省立一中，优秀学生济济，强中自有强中手。江禹烈生活俭朴，刻苦攻读，学习成绩始终名列前茅。这大大激励了同来的崇安籍学生，个个发奋，力争魁首。同乡学生曾敬佩地说，"当时校论，有谓吾邑学子为武夷灵气所钟，实则受江君感化之力为多也！"

福建颇具影响力的进步报纸《闽报》，常以犀利笔锋抨击地方军阀的种种劣迹，深受民众欢迎，江禹烈和同学们省吃俭用也要订阅。后来得知，报纸主编是崇安人，也从县立高等小学毕业，名字叫潘谷公。这让江禹烈喜出望外，他约上夷志纯等同学去登门拜访潘先生。潘谷公主编颇感欣慰，他常常一边给这些来自家乡的学生们泡茶，一边传授推翻旧中国、建立新中国的革命道理。江禹烈汲取了营养般地感到眼前明亮起来，初步认清挽救中国必须铲除军阀、打倒列强。这两位年龄相差 16 岁的同乡和校友，成为忘年之交。

五四运动爆发后，福州各校学生纷纷集会，声援北京学生的正义行动，抗议北洋军阀卖国行径。江禹烈和同学们走出校门，加入潮水般的游行队伍，一路高呼、"打倒日本帝国主义！""反对卖国条约！""坚决抵制日货！"并沿途散发传单，发表演讲，查封、焚烧日货。江禹烈望着沿街成堆成堆的日货对学友说："帝国主义之所以欺侮我们，就是因为他们经济富裕、科学发达，我们要拯救中华，除了振兴实业之外，就没有其他道路。"从此之后，钻研工业、五四运动发源地北京，成了禹烈四年中学的奋斗目标。

1922 年夏天，江禹烈从省立一中毕业，如愿考取北京工业大学，迈上自己科学救国、实业救国的理想之路。他认为，"国家之弱，由于财政竭涸。欲辟财源，舍振兴工业未由"。他回家动员父亲，变卖了家中仅有的几亩田产，支持他北上求学。

到了北京，又是一番新的景象。中国共产党领导的北方工农群众革命运动，此起彼伏地掀起，江禹烈爱国热切，义无反顾地走上街头，投身于民众运动。《向导》《先驱》《新青年》成为他手不离卷的书籍，阅读、思考和现实，改变了禹烈原先科学救国、实业救国的认知，"内有军阀之摧残，外有帝国主义之压迫，振兴工业，今非其时"，"我们整日埋首在实验室，固然是好的，但是中国目前用不着这般书呆子，所要的是革命人才"。他坚定地表示"从今以后，吾愿与同志起作革命事业矣"！为了鞭策自己，他写下"乾坤正气"，高悬于自己宿舍的读书处，同乡学友无不动容而肃然起敬。

1923 年，李大钊领导"驱彭斗争"游行示威，坚决要求撤除军阀豢养的无耻政客彭允彝教育总长。游行学生惨遭反动军警毒打，数百名伤员倒卧在地，鲜血染红几里长街。江禹烈在日记里奋笔疾书："今日驱彭之请愿不特无愿可偿，反遭国会毒打，致重伤几十人，但学生本神圣不可侵犯，今被此无人格之徒大辱，安肯与之干休！"他立即与福建籍在京同学，共同创办一本《闽灯》杂志，致力于"军阀恶棍之横行，努力攻击；青年思想之灌输，不遗余力"。《闽灯》如星火般在全国各地设立了代购点。

暑假里，江禹烈回到家乡崇安，与衷至纯、杨峻德等联络闽北在外求学的学生数十人，组织成立了建属六邑国内外留学同志会。他们提出，"要改造社会"，必须"打倒一切恶势力"，来一个"彻底的破坏"；主张从文化宣传入手。禹烈在自己家中办起暑期学校，向家乡人民群众传播革命思想，并把《向导》《新青年》以及高尔基的作品等纷纷寄向闽北各县，推动了闽北地区马克思主义的传播。

这个暑期，家中协泰盐店的运盐船遭到土匪袭击沉没江中，父亲老泪纵横，关闭了祖传实业，经济窘迫，江禹烈面临辍学。他目睹地方官府腐败，兵匪混淆，土豪捐棍为非作歹，穷苦百姓怨声载道，心中更加愤恨旧社会的反动统治。于是经常来往于福州、南平、建瓯及闽北各地，联谊志同道合的学友，宣传革命，切磋真理。当他接到"五卅惨案"发生通电后，立即在崇安高小、县立职业学校、南门小学中进行宣传发动，组织 400 余名学生和进步教师进行罢课游行，散发传单，发表演说。还组织一支洋货检查队，深入大街小巷，封缴日货，并把它们集中在大岭头城陶庙外烧毁。江禹烈领导的学生、教师反帝宣传运动，得到了崇安各界人士的响应和支持，邮电工人、商人也相继罢工罢市。这是崇安县历史上第一次大规模的反帝爱国运动，它为两年后崇安党组织的建立，为以后学生运动和工农运动的发展，起了积极的思想启蒙作用。

暑假还没有结束，江禹烈多方筹集到学费，告别刚刚分娩二胎的妻子和小女，负箧北上，重返京城。

11 月 28 日，北京爆发了以推翻段祺瑞政权和建立"国民政府"为目的的革命运动——"首都革命"。江禹烈毅然加入学生敢死队，与工人保卫队肩并肩地走在游行队伍的最前面。在神武门前开完示威大会后，李大钊同志率领队伍，秩序井然地向着执政府前进。示威群众包围了执政府，赶跑了警察总监，占领了警察局和邮电局，在段祺瑞的巢穴，险些抓住这个独夫国贼，江禹烈兴奋得彻夜不眠。他为民众的威力而激动万分，也为未能掌握武装推翻段祺瑞政府而深感遗憾。同乡们回忆说，"他在日记中，痛骂官僚，痛骂议员，痛骂政棍，痛骂洋鬼子，痛骂假礼教，痛骂污浊的中国社会"。这年年底，江禹烈光荣地加入了中国共产党，不久又担任了北京工业大学支部书记。

1926 年 3 月，倾向革命的冯玉祥国民军，在津沽一带打败了奉系军阀。日本帝国主义便派出两艘军舰进入大沽口炮击国民军，国民军开炮进行自卫还击。日本政府竟向段祺瑞提出"抗议"，要求中国政府向日本谢罪，并赔款 5 万元，同时还纠集英、美、法、意、西、荷、比七国，于 3 月 16 日提出了所谓"最后通牒"，要挟中国政府满足其无理要求，否则要决然采取其所认为的必要手段。

面对帝国主义的强权政治，中共北方区委、中共北京地委组织北京各社会团体迅速行动起来，决定在 3 月 18 日"八国通牒"限期未满之前，举行一次大示威运动，督促段祺瑞严正驳复帝国主义的无理通牒。

3 月 17 日，北京各社会团体代表到国务院和外交部请愿，被段祺瑞的卫队枪杀，重伤 6 人，轻伤数十人。

3 月 18 日上午 10 时，北京各社会团体在天安门前召开国民大会，江禹烈连夜通知应到会的人及时赶去开会，北京学生总会、女师大、师大、燕大、北大、清华、中俄大、工大等 200 多个单位约 5000 人参加了大会。会后，满腔怒火的群众列队去国务院请愿。队伍在李大钊、陈乔年、赵世炎、陈毅等率领下，沿途高呼口号。江禹烈带领北京工业大学的党团员、学生和工大工厂的工人，走在请愿队伍的中段。中午时分，队伍来到铁狮子胡同的段祺瑞执政府门前，分列数十行，面对执政府大门。李大钊站在整个队伍右边的最前面，中共北京地委西部委员会书记乐天宇，站在西部各团体队的最前面，江禹烈站在北京工业大学队伍的最前面……陈毅和北大党支部书记黄道以及邵式平作为学生领袖，也率队加入到了执政府门前。

　　队伍站定后，请愿代表上前要求会见段祺瑞，遭到拒绝。段祺瑞的侍卫官逼令代表们退出大门，解散游行队伍。于是，请愿队伍中爆发出一阵阵怒吼："打倒段祺瑞政府！""打倒帝国主义！""废除不平等条约！"这时，执政府门前布满了军警，左右两边耳楼窗口露出黝黑的机枪枪口，东、西辕门陆续被关闭。而代表们还在激烈交涉，请愿队伍还在高呼口号，军阀们开枪了，预先埋伏的反动军警四处冲杀出来，向着请愿人群乱杀乱砍。霎时间血肉飞溅，天悲地哭。

　　同学李书信回忆禹烈说，"他目光勇毅，一言未发，跃身一走，竟成我脑幕对他生前最后的摄影"。

　　江禹烈为革命血洒京城，长眠在了圆明园里。他是崇安最早牺牲的中国共产党党员，他的英勇事迹影响和激励了崇安的工农革命运动。

从崇安走向远方

——记革命先烈陈耿同志

何英

壮丽的武夷山水，不仅鬼斧神工地展示着大自然神秘的魅力，更是人杰地灵，孕育出一代又一代的杰出英豪。陈耿，便是现代武夷山杰出英豪、闽北苏区和红军的创始人之一。

陈耿，原名程富奴、程浩源，崇安兴田程家洲（现武夷山市兴田镇黄土村）人，1903 年农历十月初六出生。在本地，民间传统上有将男孩子的名字叫成偏女性化的风俗。"奴"，在本地是"奴婢"的意思，意为像奴婢一样贱，好养，成长顺利。进私塾启蒙时，先生再为他改名为程浩源。1932 年他被错杀牺牲时年仅 29 岁。

如今武夷山市的老一辈提起他，就会联想到本地当年的起衣会上梅暴动和闽北红军。

正义自幼小启蒙

1903 年，陈耿出生在程家洲村。程家世代农耕为业，经过几代人的勤奋创业，积攒到田产数十亩、茶山近百亩。陈耿的爷爷觉得农耕人靠天吃饭，辛苦不用说，乡间人们有个病痛求医不便，便让陈耿的父亲程更生自幼拜师从医。功夫不负有心人，他父亲经过几年努力，成为当地一名颇有名气的乡村郎中。因此，到了陈耿父亲这一辈，家业又稍稍殷实了些。

都说创业容易守业难，程更生从父亲精心培育孩子的体会中，体会到了育儿的艰辛，在陈耿还是少年时，便常常将他带在身边出门行医，目的是让他有更多的机会接触、了解社会底层民众的生活，能早日成为家庭的栋梁。

"鸟欲高飞先振翅，人求上进先读书"。在中华民族的传统文化中，历来重视后代的读书求学，程更生也不例外，在陈耿刚启蒙时就送他到城村的私塾读书。私塾的先生是一位受到新思想影响的进步人士，就劝他将程富奴改名为"程浩源"。还给他解释一番说：浩，是浩大的意思，以示将来要干一番大事业；源，是五行属水，预示着人生前途顺利。

自小就有叛逆心理的陈耿，早就觉得自己的名不好听，但是少年的他又说不出道道来。现在好了，经先生这么一解释，便非常高兴地接受了。

不久遇到假期，他回家的第一件事就告诉父亲说，先生为自己改名为"浩源"，这名字好听，含意深又广大，还鹦鹉学舌地将先生的解释给家人大说了一通。家人听说这是先生的主意，而且按民间传统的习惯，孩子进私塾，先生都会给他们取名，听他的一番解释后，全家欣然接受。

陈耿不负众望，学习用功，学业优秀。这个时期，半封建半殖民地的中国，社会矛盾异常尖锐，民族危机不断加深，各地新学堂也在逐步兴起，人们觉得旧式教育日见陈腐，慢慢地陈耿也对这种旧式的教育制度和方法产生厌倦。不久，他便离开私塾，到黄土的新学堂去学习。两年后，他又就读于崇安县高等小学。在县城读书时，他有时趁机到县城去逛逛，听听街头民间的新鲜事。

慢慢地，随着新文化运动的兴起，少年时期的他思想产生了重大的影响。高等小学毕业时，他父亲按照民间习惯，要办毕业酒表示庆贺。可是，一心向外飞、期待继续读书的陈耿不同意，他理直气壮地告诉父亲说：这是剥削人！你家办酒请客，有钱的人送礼拿得出，没钱的人送礼就要卖粮食。你看那些庄稼人，收一担谷子要流多少汗水，卖一担谷子还不够送你一份礼。如果家里要为我办酒请客，我就离开家出走！

在他理正辞严的劝说下，父亲只好答应不办酒请客。

弃家外出再次改名

1927 年，在崇安县高等小学毕业后的陈耿，一再要求父亲让他到外地去求学。陈耿的父亲一心只希望他和弟弟都留在家里继承家业，哪怕是像自己一样学做郎中也行，更不愿让他出外冒风险。为了拴住陈耿的心，第二年他的父亲便急匆匆地为他娶妻完婚，期望他尽早掌管家事。

虽然有了家室，陈耿更觉得社会底层民不聊生，不愿意跟着父亲当郎中，也不愿意就这样留在家里过舒适的家庭生活。他一直关注着广州向全国传播的新民主主义革命运动和崇安县城的各种社会进步运动。在陈耿看来，年轻人要胸怀大志，人生要干一番大事业，不能只顾自己的小家。

又是一年的开春，新茶上市了。父亲拿出家中为他准备的六七十块银圆和几个大布袋，让他到周边各乡去收购茶叶，学做茶叶生意。

陈耿一接过父亲给他的钱，心中暗自窃喜：自己正想出门去干一番事业呢。他默不作声地接过父母为他准备好的钱和行李，出门就往县城崇阳溪的码头走去。

到了崇阳溪码头，看到这里人来人往，脸上显现出一点犹豫时，一位看上去比他大几岁的青年男人向他走来。

哎，这人有点面熟，好像在什么地方见过？陈耿在脑海中快速地搜索着，对方已经走到跟前主动地伸出手说："我姓徐，名福元，本地岚谷人。上次我在县城宣传发动群众时就注意到你。你贵庚？本地什么地方人士，大名是？"

陈耿突然眼睛一亮，说："对，上次你在街头向群众演讲时，我听了，你讲得很有道理。我姓程，是方程的程，名浩源，是兴田程家洲人。"

"哦，一听你姓程，就知道你是离县城不远的程家洲人。我有一位远房亲戚是你那里人，也姓程。"

接着，徐福元拉着他找了一僻静处坐下来，问他想去哪里？陈耿便将自己的家庭情况和想法向他全盘托出。

徐福元听后向他建议说："既然你有这种想法，不如先到外地去求学。"他还详细地告诉他说，可先从这里乘崇阳溪的木筏到福州，到福州后再想办法去厦门，厦门有船到广州，你到广州去。

陈耿听后，觉得这正是自己的想法。徐福元进一步说，广州，是孙中山先生在那里开辟辛亥革命的圣地，许多有志青年都到那里去求学。徐福元还给他介绍了路上要注意的问题，并告诉他每到一关键地，如果遇到问题，可以找什么人帮助等。末了，还对他说："建议你先改名，将姓中的'程'改为同音的'陈'。'程'和'陈'，在历史上是同族。取名为'耿'，对人、对自己的人生道路选择，不二心，忠心耿耿。这样，你在外面，没有人会注意你的。"陈耿欣然接受，并紧紧地握住徐福元的手，表示自己学成之后一定要回到家乡。

分别时，徐福元炯炯有神地注视眼前这个子不高，机灵又显得比他的实际年龄略显成熟的小伙子，还特别吩咐一句："父母的养育之恩不能忘，出去安顿下来后，要记得写信告诉家人。"

徐福元看看，已是中午时分，正是阳光明媚的好时机，找了个熟悉又可靠的木筏师傅，将陈耿交给了他，让木筏师傅将陈耿带到福州。同时，要陈耿把家中为他准备装茶叶的布袋交给自己，他会保管好，待有机会时，转交给他的家人。

黄埔四期步科学员

再次改名的陈耿，在徐福元的指导下，心中就像燃烧了一团火。

当年的崇安，乘着木筏在崇阳溪慢慢地漂，到建瓯就得整整半天。因为从建瓯再往下走，河道窄，水急险滩多，通常情况下，木筏师傅都不走夜路。于是，陈耿跟着木筏师傅找了个简易的客栈先过一夜。

第二天启程后，他非常顺利地到了广州，并联系上了徐福元为他介绍的熟人。这位朋友，又将陈耿送到了当年的黄埔军校去学习军事。就这样，陈耿成了黄埔四期步科的一名正式学员。当年与陈耿同期在黄埔四期步科的学员有江西弋阳人邹琦、江西吉安人肖韶等。

在广州刚定下来，陈耿因担心家人寻找，就给家里写了一封信。可是，陈耿的父亲见儿子一连几天都没有回家，便发动家人到处寻找。直到听说有人在崇阳溪码头见过儿子，他也心急火燎地来到崇阳溪码头。在那里，他将儿子的模样诉说了一遍，有人告诉他，不久前看到一个年轻人乘着木筏去福州，说是出门求学。陈耿的父亲无奈地摇了摇头，想起儿子曾多次向自己提出要继续求学事。可是，万万想不到他会弃家出走！

又过了几天，陈耿的父亲收到儿子写回的信。信中说，他是到外地求学了，要家人不要担心，而且自己已经改名，要家人不要找他，学成后，他一定会回到崇安来的。

陈耿父亲看了信，气得全身发紫，把信丢在地上，大骂说："你这不肖子孙！"气得一连几天躺在床上茶不思、饭不想。

在广州的陈耿一心求学，学业非常认真。陈耿发现，在同学中有人会武功，而且是有点神秘的轻功，便拿出几块从家里带去的银圆，谦虚地拜他为师。毕业后，陈耿在国民革命军驻广东某部任排长。

1927年蒋介石叛变，陈耿所在的部队被派去海陆丰镇压农民运动。陈耿知道，农民运动是正义的。农民是因为受地主土豪劣绅的苛捐杂税，才不得不起义的。因此，他不愿跟着蒋介石的军队去镇压农民，于是假说父亲病危，急于回家探望，便从广州回到了崇安老家。

倾家支持革命

1927年夏天，崇安城乡的农民运动在徐履峻、徐福元等人的领导下已经兴起，乡下办起了农会。

陈耿从广州回来，首先找到了徐福元。徐福元看到陈耿回来，非常高兴地把他介绍给徐履峻。徐履峻便让陈耿一起参加地下党组织的农民运动。接着，徐履峻介绍他加入了共产党。

在徐履峻的带领下，陈耿积极参加崇安县农民协会的宣传工作，积极发动与组织农民起来和地主豪绅作斗争，全身心地投身到热火朝天的农民运动中。

不久，北伐军十一军过境，从崇安到广州。党组织利用这一机会，组织三千多农民协会的会员，在崇安县城西门头大坪上召开农民协会会员大会，提出"打倒土豪劣绅，打倒苛捐杂税"等口号。会后，举行游行示威。

第二天，农民协会借大地主万钟琪指使狗腿子偷牛事件，喊着"打倒土豪劣绅"涌到后街铁井栏万家大院，拆了万家的房子。

第三天，十一军的部队要开走，万钟琪勾结崇安国民党县官抓农民协会的会员，但大家都回去了。陈耿和江章保被伪县政府以"形迹可疑"的罪名为借口扣押入狱。得到消息的地下党组织，又组织农民数次集会请愿，并赴省城发动闽北在福州求学的学生声援。之后，在各界人士愤怒的抗议下，伪县政府不得不释放二人。

这时，陈耿抽空回家看望家人，父母亲都骂他，还说将家产全部留给弟弟来要挟他。但陈耿坚持自己选择的道路，觉得家人是对革命不理解。接着，他便搬到周大妹家去住。

都说儿子是娘身上掉下来的肉，虽然父亲对陈耿不理解，但是母亲却经常暗中给陈耿钱财。陈耿拿到这些钱后，都用于革命所需的制炸药买土硝、买枪支。有时遇到革命的经费紧张，他就动员弟弟想办法向家里拿。一次，陈耿又遇到革命活动的经费非常紧缺，回家找借口想向父母要点。父亲不给，他便向弟弟递个眼神，弟弟心领神会地在旁帮腔。可是，父亲还是无动于衷，陈耿就拿出手枪，向他弟弟瞟了一眼，那意思是说，你别着急，我只是吓唬父亲一下，便朝弟弟的裤腿上打了一枪，把弟弟的裤管打穿了一个洞。

这一招特别灵，他父亲觉得陈耿的脾气倔强，意识到也许儿子的事业是正道的，便又拿了些钱给陈耿。陈耿拿到这些钱后，就交给组织去买枪支。

不久，陈耿的弟弟因病去世，母亲上周大妹家去劝他搬回家住。陈耿却告诉母亲说，自己干的是为穷苦人谋幸福的事，自己的这一生已经交给了革命。自己也不想连累家人，让父母亲自己照顾好自己。

后来，陈耿领导了上梅暴动，国民党和地方豪绅对他恨之入骨，1929年农历六月十六日，把他在程家洲的房子给烧了。他父亲在居无定所之后，只好在城村买了一栋房子。1930年农历十二月初三，疯狂的国民党和地方豪绅又点一把火，再次把他们家的房子给烧了。陈耿压抑住内心的悲痛，更加坚定地扑在革命工作上。

与士兵同甘共苦

不久，闽北红军成立，陈耿任团长。担任团长后的陈耿，坚持与士兵同甘共苦。

有一次，红军队伍杀猪改善伙食，他想吃一点猪肝。有的战士得知后说：猪肝又不是什么好东西，我们本地人有猪肉吃谁还会去吃那猪肝？陈耿却坚持说，这事要通过战士，不通过战士们同意就不吃。

又有一次，团里给战士们发点零用钱。陈耿看到有的战士领到了钱，不抽草烟，而去买比较好的烟丝抽。他便对大家说：有钱不要乱花，不能像有钱的人一样，你们要节省点，寄回家给父母亲，父母在家耕种生活非常艰苦。这时，有一位在战斗中手被打残废的战士小张不满地说："我们打土豪劣绅流血牺牲，分到了钱抽上等的烟丝，就是想要和有钱的人一样。你不也是骑着马？你不看看你自己像什么人一样呢？"

陈耿听后半晌没有作声。大家知道陈耿的脾气很大，竟然提了他的意见，这下不得了了。

但陈耿没有发火。他反而在思考：这两匹马，是从敌人手中缴获过来的，我们的队伍爬山越岭打游击，用处不大。养着这马不仅要一个马夫，还喂饲料。他转身抽出手枪对战士们说："好！我让大家一起吃马肉吧！"两发子弹把两匹马打死了。从此，不论在行军作战还是间隙，他都和战士一样步行。

陈耿平常和战士有说有笑，经常对战士讲革命道理，教育大家要把眼光放远点，只有打倒帝国主义、打倒土豪劣绅，我们才能过好日子。因此，战士们都喜欢接近他。

可是，对个别战士违反纪律，他却不放过。1929年11月底，有个名叫张菇的同志，到江西去采购了一批军用物资回来，自作主张多花了些钱，无法交清账目。陈耿狠狠地批评了他后说："这些钱，是战士们用鲜血换来的，今后再乱花钱，我就要枪毙你！"站在一旁的张菇的侄子张觉品不满地说："多花了些钱，就要枪毙，我们还搞什么革命！况且，我们流血牺牲，就是为了过得好一点嘛。"

陈耿一听，大发雷霆说："我们是红军，不是绿仔（卢兴邦匪兵）！我们是穷苦人民的队伍，我们是农家的子弟……"他越说越气，最后对张觉品进行了纪律处分，事情才算了结。

飞檐走壁武功高超

陈耿自小崇尚习武。在黄埔军校时，他拜同学为师，学得了一身的武功。回到家乡后，一有空隙就练习武功。有时面对墙壁练功，伸手一抓，便把那经一层一层夯实的墙壁掏成一个窟窿。因此，当时崇安一带的国民党驻军和乡间民团，一听说陈耿，就闻风丧胆。还相互传说：陈耿武功高超，身上枪打不入，能走会飞。那农民新筑的田埂，他在上面经过，鞋上不沾泥，不留脚印。几丈高的房屋，一跳就上了屋顶。因此，不是万不得已执行命令，从不敢轻发狂言与陈耿对阵。

有一次，陈耿到横墩村拜访刘振明好朋友，不料被敌人发现了行踪。有群众抄近道来报告，陈耿转身站在刘振明家的天井里，快速地摸到一根他们家用于晒衣服的竹竿，撑起竹竿"呼"地跳到刘家的屋顶，溜到屋后的虎山中。敌人又扑了空。

1927年底，国民党伪县政府和卢兴邦匪徒勒令解散农会。一天晚上，陈耿正从厕所出来，就遇上卢兴邦匪徒到处抓人。他看到情况不妙，紧走了几步，却正面与匪兵相遇。匪兵看他有些异样，就吼叫着要他站住。

可是，陈耿若无其事，照样加快步子。敌人追着要抓他，陈耿溜进小巷转身就不见了。后来，敌人根据他的模样，认定这个人就是要抓的要犯陈耿，而这时陈耿已经不知踪影了。

1930年农历正月初八，陈耿回到家里，被敌人发现，敌人团团将他围住。陈耿却纵身跳上墙，翻过几家屋顶后跑掉，敌人还在那里大喊大叫，要活捉拿陈耿呢。

地雷战的创始人

1927年，陈耿从广州回到崇安参加农民运动后，常觉得自己队伍手中的武器仅仅是大刀和长矛，远远不能对付武装到牙齿的国民党队伍。而且，那寥寥无几的矛，在战斗中的杀伤力很差，他想着能不能发明一种使用方便、杀伤力又大的武器。

当年在闽北，民间捕猎常用一种挨丝炮，那是猎人使用的一种最原始的武器。靠这种武器，猎人们在崇山峻岭之中，数百年来对于深山中之猛虎，一直发挥着它的威力。

接着，陈耿一直琢磨这武器。他想，如果进行改进后，用于战争，也许比那些只能在手上使用的大刀、长矛要方便得多，杀伤力也较大。于是，他把自己的想法与人商量后，大家就马上着手进行了改进。

经改进后的挨丝炮，有的形状很像一个小排球。有铁质的，也有石头的。在上端设有一个"小嘴巴"，嘴巴的旁边还设置了两个"小耳朵"，耳朵上挂着一副民间人们打老鼠用的铁丝斫，里面装上火药，嘴上罩着发火帽。大家觉得，为了便于战斗时使用，把铁丝斫翻过来，用一根细丝线头缚在老鼠斫机关的四圈上，一头横过道路缚在矮树上，只要丝线一动，老鼠斫便会立即爆炸起来。为了发挥更大的作用，还设置了丝丝相连的连环炮。

聪明的人们，还制作了"树炮"。这种炮，是利用天然的松树，剖成两半，挖去树心，再合起来制成类似后来的大炮。这种炮的好处是成本便宜，制作容易，到处皆有，打过了几炮之后还可以当柴火烧。万一战场上敌人多时，打了几炮之后，就在敌军阵中发生了火灾，还起着掩护我方转移阵地呢。

1928年，陈耿领导崇安下梅起义时，挨丝炮就变成了人民对国民党匪军斗争的利器，并从此走下了山，跑遍整个的闽浙赣。

后来，经过几年的实战运用，人们又把它埋在地下叫作"地雷"，制在瓦罐上叫作"罐雷"。从此，这种武器的名目也就一天一天地多了起来。

后来，聪明的闽北苏区的赤卫军和少年先锋队，就用这些武器同敌人斗争。在战斗中，敌人进攻的时候，到处都用挨丝炮，重要的山隘上都装上了松树炮。敌人驻守的时候，农民们便将挨丝炮装到敌人的大门口，早上敌人挑水的人，往往被打死在门口。掌握这些武器的就是当年在闽北领导革命斗争的武装力量。

当年闽北的领导人方志敏同志，通过战斗中使用这种武器后，在《我从事革命斗争的略述》中对地雷战进行了展望："我想，假如我们与帝国主义开战，我们有了新式的地雷，全国工农群众都发动起来埋地雷杀敌，定可以打得帝国主义的军队无办法。"

闽北革命历史纪念馆

1934 年 4 月，中共中央委员会、中央人民委员会《给战地党和苏维埃的指示信》指出："利用赣东北苏区的经验，充分使用挨丝炮及各种各样的地雷，以轰炸进攻的白军。"

1937 年，毕业于清华大学物理系的熊大缜等人在冀中根据地，通过筹建技术研究社，以开展烈性炸药、地雷和雷管以及无线电研制工作，将挨丝炮改进为后来的在抗日战争中使日本鬼子闻风丧胆的地雷，掀起了全民抗日的地雷战，有效地打击了猖獗的日本帝国主义。

走向远方

在当年闽北革命斗争中，陈耿不仅是一位让敌人闻风幸胆的传奇式人物，他还是一位智勇双全的团长。在早期的农民起义风暴中，陈耿在战斗中不断成熟，从一位普通的战士成长为一位蜚声闽浙赣的团长。1929 年春，陈耿率一支民众队出分水关活动，宣传发动群众，并在铅山乌石歼灭反动武装"盐勇"，缴获一批枪支，将革命影响扩大到江西境内，开辟了这一带的革命工作。

1929 年 3 月，东坑农民兼纸业工人余水发、黄风阶和周茂真不堪忍受债主的逼迫，结伙来到崇安吴三地，陈耿了解他们的情况后，便向他们讲述革命道理，动员他们参加革命斗争。他们听了陈耿的宣传，又亲眼看到民众队捉土豪为穷人的活动，后来三人都参加了民众队。

6 月便爆发了铅山东坑农民和造纸工人的武装暴动，开辟了铅山南部的游击根据地。游击区的开辟，使闽北革命力量同赣北东领导革命斗争的方志敏等开始取得了联系，奠定了闽北革命根据地的坚实基础。

1929 年上半年，根据上级指示，闽北的地方武装整编成红军。经过陈耿等人的努力，当年十月整编完毕。年底，中国工农红军第 55 团正式成立，陈耿任团长。该团辖 3 个营 9 个连及团部直属的特务连，共 500 余人，枪百余支。红军第 55 团的建立，是闽北人民革命斗争的一个胜利成果。从此，闽北人民有了自己坚强有力的武装部队。

1932 年冬，闽浙赣省军区成立，陈耿奉命调往军区武装部任第一科科长，当时中共闽浙赣省委、省苏维埃政府和省军区均设在横峰县葛源枫林。武装部主要负责苏区地方武装的建设，组织分配陈耿的主要工作，是负责地方武装的军事教育，以及检查督促各县军事部的工作。当时，由于党内"左倾"错误路线滋生，陈耿自调到赣东北后不久，就不再担任职务，陈耿对此并毫无怨言，表现了一个共产党员的坦荡胸怀。

接着，"左倾"错误路线在闽浙赣苏区实行宗派主义。陈耿立场坚定，不趋炎附势，尽心尽职地完成各项任务。据当时的武装部长骆乾初同志回忆说："陈耿是一个很好的同志，很有才干，政治、军事和文化水平都很高，又是闽北苏区的创始人。我是农民出身，当然不如他，可是陈耿从来没有表现出半点傲慢自大的样子。他待人很谦虚诚恳。组织观念很强，工作做得很出色。"

陈耿不仅出色地完成组织交付的工作任务，而且还主动为党多做工作。他常常给机关的警卫战士传授军事知识，提高他们的军事水平。当看到在军事斗争是革命的中心工作时，他向军区政委建议：在革命战争时期，省军区必须使每个党政军干部懂得军事，组织学习基本军事技术。军区政委采纳了他的建议，决定组织省级机关各部门干部，每日清晨在枫林红军广场操练，并以陈耿为教官。自此，陈耿带领机关干部，日日操练，毫不懈怠。

可是，后来"肃反"严重扩大化，用"肃反"的眼光来观察一切，由党到军，由上级到下级，由机关到农村，都大举"肃反"，导致陈耿被错杀在江西。牺牲时，他年仅 29 岁。

远去的背影

——记闽北革命家徐福元

朱谷忠

一

行走在武夷山的岚谷乡，几乎时时都能在不同的村落、山坳，与红色基因、红色资源、红色传统和革命人物相遇，因为这里不仅有当年在中共崇安县委书记徐履峻领导下在上梅举行第一次农民武装暴动的旧址，有土地革命时期闽赣苏区革命基点村，有闽赣省委、岚谷苏区委旧址，有红军 55 团在网山阻击战炮台旧址，有岭阳兵工厂（闽北红军兵工厂）旧址，有闽北分区苏维埃政府设立的对闽浙、闽赣开展边境贸易的岭阳关对外贸易处旧址等等，还有闽北红军和根据地的主要创建者之一、崇安党和苏维埃的领导人、红色银行家徐福元，也从时光的深处走来，这使得越来越多的人接近并走进他坚韧、忠贞的内心世界。

这里，我想告白的是，在搜寻徐福元现存甚少的革命史迹过程中，在诸多问询、文字收集和伏案编写的时刻，我总会想起与徐福元外孙吴成钢的偶遇。那天，他特地从南京赶来，出席在当地纪念毛泽东诗词《如梦令·元旦》发表90 周年暨崇安苏区建立 90 周年系列活动，我庆幸地与他有了难得的一次会晤。从交谈中我感知，他对外公徐福元的故梓和父老乡亲一直深怀无比的热爱，他曾 3 次回归探望，在外公几已荡然无存的旧居徘徊，走遍外公曾经战斗过的地方。他更是时时记住母亲徐莲娇在徐福元的教育培养下，不到 13 岁就在家乡参加了共青团以及革命的一生。他说："这次重返岚谷，思绪万千，母亲曾经的记述一幕幕扫过我的眼帘。崇安是闽北苏区的首府，岚谷是闽北革命的重要策源地和主要活动地之一，英雄辈出，英烈遍布。我外公徐福元在这里揭竿而起，投身革命，从农民领袖成长为职业革命家。作为闽北红军和根据地的主要创建者之一、崇安党和苏维埃的领导人，上梅暴动他振臂挥戈、率众冲锋；创建苏区他呕心沥血、艰辛耕作；他也是闽北苏区财政金融事业的主要开创者，对闽北苏区财政金融事业的发展倾注心血，倾力执掌，对根据地的生存和发展做出了重要贡献。但不幸的是我的外公及舅舅、舅妈都倒在了'左倾'机会主义'肃反'的血泊中。外公的一生短暂而又壮烈，他为了真理，用生命书写了闽北革命史中壮丽的一篇。"

当问到他母亲徐莲娇时，吴成钢自豪地说道："我母亲自小跟随我外公跋山涉水干革命，戎马倥偬不让须眉。她孤身年少环境艰辛而无惧，血雨腥风斗争惨烈而无畏，奔走在闽北大地，转战于武夷山涧，耳濡目染家父的精神、气节和斗志。战斗中她负伤被俘，血洒武夷大地。在刑场上她坚贞不屈，砍头不能动摇她革命的信念，牢狱没能消磨她革命的意志，'肃反'的牵连没有丧失她革命的决心，亲人的失去没有淡释她对革命的感情，愈斗愈坚，愈斗愈强，在漫天烽火中成长。1939 年，她在福建省委妇女部长任上当选中共七大代表，离开闽北，奔赴延安。武夷山的山水和人民养育了我母亲，武夷山革命基因塑造她终生的追求和坚毅的品格。她热爱这里的秀丽山水，惦念老家的父老乡亲，生前曾多次回到崇安。她关爱烈士遗孤，关心革命同伴，关注崇安发展。徐福元、徐莲娇都是武夷好儿女，我们家族以他们为傲。"

尽管匆匆偶遇，来不及促膝长谈，我仍发觉，吴成钢作为一名血管里流淌着"武夷血液"的眷亲，当踏上这片热血和热望浸透的土地上，心情万分激动、万分感慨，也倍感荣幸、倍感骄傲。由此，结合我在采访中获得的资料，徐福元生平那段既艰苦卓绝又荡气回肠、既惊心动魄又可歌可泣的岁月，在我的眼前也渐次铺展开来。

二

徐福元（1897—1933），崇安县（今武夷山市）岚谷练边村人。其时家境较宽裕，父亲勤俭老实，却意外娶了一地主家的大小姐为妻。徐福元幼年时，聪明机灵，很得父亲疼爱，便送他去私塾学习。不久，父亲逝世，母亲改嫁，他随母亲到了陌生人家。尽管继父让他衣食无忧，但个性刚强的他不愿寄人篱下，毅然弃学务农，宁愿替别人家放牛过日子，和穷人打成一片。闲时，徐福元喜欢阅读《三国演义》《水浒》和一些武侠小说，还外出拜师，练了一身功夫。1927 年 7 月，中共崇安县特别支部成立，徐福元瞒着妻、母，变卖家产，投身到农运中去。10 月 10 日，他带领家乡的农会会员，参加县农民协会在县城召开的农会会员大会。这年冬，中共崇安特别支部深入农村训练农运骨干和积极分子，他经中共崇安特别支部书记徐履峻介绍加入中国共产党。

1928 年 1 月，徐福元奉命在柘洋、程墩、吴三地、小浆和浆溪一带发动群众，建立民众会。6 月，他出席中共崇安县委在北乡际下召开的会议，参与制定上梅农民武装暴动的计划。会后，他走遍西乡和小南一带，发动贫苦农民加强"五抗"（抗捐、抗税、抗租、抗债、抗粮）的斗争，进一步扩大武装力量。9 月 28 日，上梅打响闽北农民武装暴动的第一枪，徐福元在西乡遥相呼应，带领民众队员捕捉土豪劣绅。当晚，他亲自带领上源、苦竹坑、岱下 3 个地方的民众队员 80 多人，前往曹墩捉拿恶霸董大鼻。那天晚上，曹墩街头正在演戏，民众队员在绣有斧头镰刀的红旗指引下，悄悄向曹墩挺进。他们手持着先锋刀、梭镖等武器，临近目标，他们先潜伏在四周，乘着散戏时的杂乱机会，队伍一呼而起，风卷残云般冲向曹墩街。民众队员们用土炮轰碎了董大鼻家的大门后，涌进的人却找不到董大鼻，原来他钻进猪栏草堆里，没被发现。民众队员们转身出来，路经黄溪口，迎面捉了个逃脱的富农。当夜，徐福元指挥民众队，所到之处，刀枪闪闪，杀声震天。土豪劣绅、恶霸地痞，丧胆落魄，落入罗网；平日为非作歹者，也战战兢兢，闻风丧胆。受苦群众，无不拍手称快！随之，徐福元率领数百人赶到上梅，参加县委召开的大会。徐福元在会上讲了话，他号召工农民众武装起来，打倒国民党反动派，实行平田废债。接着，有人在场地前燃起一堆烈火，当场烧毁租契、田约和债单无数。火光中，"打倒封建势力""打倒土豪劣绅""废除苛捐杂税"的口号声此起彼伏，响彻云霄。民众个个心花怒放，从来没有那么扬眉吐气过。暴动的火焰很快燃遍了西乡和小南的上百个村庄。国民党政府闻讯大惊，立即派重兵前往镇压，由于敌强我弱，没有后援，经过一番殊死较量，第一次上梅暴动失利了，徐履峻也在战斗中不幸牺牲。

上梅失败后，徐福元继续领导西乡和小南一带的民众队武装坚持斗争。11月的一天夜间，冷风瑟瑟，月光幽幽，徐福元潜进崇安，与中共福建省委特派员杨峻德取得联系，参加了由领导人陈耿主持召开的中共崇安县委会议，并配合陈耿恢复全县的党组织，准备发动第二次以上梅为中心的武装暴动。为了增强农民武装的战斗力，徐福元等人一面扩大队伍，组织民众队武装捉土豪罚款；一面发动群众献款，集中起来后，由徐福元统一安排购置武器。经过一个

岚谷横源村

多月的工作，崇安西乡和小南一带的民众会重新活跃起来，民众队武装迅速发展，添置了大量的土枪土炮，总暴动的条件又成熟了。

1929年1月29日，西乡民众队武装派出代表来到上梅的下屯村，参加第二次暴动大会。陈耿被推选为民众队总指挥，徐福元再次担任西路民众队指挥。由于策划精心，准备充分，安排周密，斗志高昂，暴动取得成功。之后，崇安县委召开民众队代表会，决定扩大暴动成果，乘胜攻打东乡重镇五夫。徐福元率领的小南民众队在五夫战斗中英勇拼搏，建立了功绩。但是，之后由于民众队伍陶醉于胜利，丧失了警惕，在缺少防备的情况下，突然遭到敌人疯狂反扑，终至败退而出，150多名民众队员饮恨阵亡。国民党反动派趁机增调兵力向上梅、岚谷、坑口等暴动区域进攻，崇安县委果断地决定：转向崇山峻岭，开展游击战争，以武装割据保存暴动成果。徐福元临危受命，不畏艰险，领导西乡和小南一带的民众队武装坚持斗争，队员们一个个斗志昂扬，灵活机动地穿梭在暗夜中的崇山峻岭，神出鬼没地打击敌人。不久，徐福元得到指示，和另一领导人李纪贵一起，率领西路民众队400余人，开赴毗邻的江西铅山、上饶的南部地区，扩大武装斗争，并于同年6月促成铅山东坑的农民武装暴动。11月，他主动请缨，率领1000多人，由崇安大安出发，出分水关经车盘到达铅山王村，攻打地主武装任家保卫团，没收了地主的财产，焚烧了任家住宅。次年3月14日，又率领55团3营出征江西铅山的车盘，再次打败地主武装任老汉、陈和尚的保卫团，烧毁了车盘的厘金卡，使闽北革命根据地扩展到闽赣边境。这期间，西路各支民众队，白天分散在各地发动群众，秘密发展党团组织，晚上集中起来打土豪筹款。民众队员们辗转于深山密林中，驰骋在武夷山下，不断出击敌人。3月底，敌卢兴邦部进驻大安，形势危急。徐福元带领民众队掩护大安源一带群众上山，坚持与敌人斗争。到了7月，徐福元伺机率部60余人，在吴三地一带与敌卢兴邦部激战，他不但沉着指挥，还率先向敌冲杀，敌人眼看退路被截断，于是拼命抵抗，落荒而逃。这一仗，狠狠打击了敌人的嚣张气焰。9月，徐福元指挥一支20多人的队伍，在肖家湾抓了土豪肖世行和黄细弟，分别罚款大洋3600元和2000元，一部分发给群众，其余的充作军费。随之，他又不失时机地率领各乡赤卫连，配合黄立贵领导的闽北独立团攻打崇安县城，这一次，他又冲在前头，打一枪就大吼一声，战士们见状，纷纷冲向前方，激战中击毙崇安代县长詹继良、民团团副牛焕书及县城守军100多人。1930年3月，徐福元接任崇安县委书记。上任后，他立即进行土地改革运动，使崇安全县（除县城及南乡一部分外）的劳苦大众获得了土地，实现了世代梦寐以求的愿望。至此，以崇安为中心，包括崇安几乎全境、浦城西部、建阳北部和江西、铅山南部，拥有25万人口的闽北革命根据地已经形成。

这正是：红旗一举山河壮，革命踊跃动乾坤。

三

1931年7月，中共闽北分区委在坑口召开第一次工农兵代表大会，成立闽北苏维埃政府，徐福元任财政部部长。不久，方志敏针对闽北经济分散的情况，指示"要办银行，成立对外贸易处，把经济很好地集中起来"。闽北苏维埃政府根据这一指示，向赣东北省政府递交了报告，决定建立闽北银行。经过一段时间的筹建，这年冬天，正式成立赣东北苏维埃银行闽北分行，由徐福元兼任行长。上任后，为了解决闽北分行银行基金不足的问题，徐福元采取了两项措施：一是把由财政部保管的、红十军入闽攻占赤石后缴获留下的3万块大洋充当银行基金。二是开展招股工作，发动群众向银行入股，以扩充银行基金。他领导银行印刷并发行了股票，每张一股，每股一元，由财政部下达和调拨，发动各县认购，个人入股，多少不定。在各级党政部门的配合下，招股工作轰轰烈烈地开展起来了。各级机关的干部和广大群众纷纷表示，要通过节省开支、参加生产来超额完成这一计划。群众见状，表示支持，没有现金的农民也挑来稻谷折价认购。1932年7月以后，闽北分行还把招股范围扩大到了白区。

实际上，闽北分行刚成立，徐福元就立即动手抓纸币的印刷工作。当时，闽北分行的纸币是由设在大安东坑的石印厂承印的。在徐福元等人的努力下，

1932 年 1 月，第一批纸币就开始在闽北苏区发行了，纸币的票面分别是壹元、伍角、贰角和壹角。然而发行之初，群众中仍有许多人习惯用银圆，不愿意用纸币。徐福元看到这一状况，立即提出采取流动兑换的办法。由于进行了广泛的宣传教育，加上各级苏维埃政府对破坏纸币流通的行为进行了严厉的制裁，因此在整个闽北苏区，纸币的信用得到大幅度提升。

同年 3 月，徐福元根据闽北红色政权的决定，组织闽北分行发行面额分别为 50 元和 100 元的兑换票，从而进一步疏通了与白区的贸易渠道。随着革命的迅速发展，闽北苏区对银圆的需求量越来越大了。为了解决银圆的来源问题，9 月，徐福元到建阳的杜潭，亲自动员七位银圆铸造工人来到崇安的大南坑，创办了闽北铸币厂，月产银圆 4000 多块，有大人头、小人头、红洋和龙番等 4 种规格。当时，闽北苏区里从事经济工作的人不多，随着革命的发展和银行机构的扩大，人员缺乏问题更加突出。于是徐福元十分注意挑选和培训财会技术业务人员，制定了严格的管理制度，使根据地的金融工作更好地适应了战争环境和经济建设的需要。

1932 年 9 月，方志敏率红十军再次入闽，徐福元积极配合，攻打崇安县重镇赤石和星村。他运筹帷幄，一身雄威，胆气过人，屡立战功。在红十军乘胜攻打浦城的战斗中，徐福元派遣战士 1000 多人参战。敌人以密集队形向我方阵地反击，没想到突然遭到连珠炮似的手榴弹轰击，慌忙退回城中。徐福元见状，立即在前头高声喊道："共产党员跟我冲啊！"带领大家跃出壕沟，一番激战后发现，浦城县城墙高二丈余，因缺乏攻城装备，两次强攻都未能奏效。见此情形，他与指挥者们当即决定：赤卫连战士兵分两队，一队替红十军搭茅棚 80 多个；另一队上山砍大毛竹，抢做了 1000 多架竹梯。红十军组织敢死队，在漫天遍地的喊杀声中，乘着夜色爬梯攻城，几番激战，终于将红旗插到浦城县城楼上。

正当革命向前发展，赤卫军在战斗中成长壮大的时候，王明"左"倾冒险主义在闽浙赣革命根据地肆意蔓延。"肃反"扩大化波及了赤卫军内，终使闽北革命根据地主要创建人之一的徐福元也难以幸免。

关于这段历史，武夷山市研究党史的彭泽有过简洁、沉痛的叙述：

"……早从 1932 年开始,中央代表曾洪易在整个闽浙赣苏区就卖力地推行王明'左'倾冒险主义,掀起了'肃反'扩大化的恶浪,给革命事业造成了危害。平素性情耿直的徐福元,对乱捕滥杀闽北及崇安的一些地方和红军领导人的做法公开表示不满,徐福元的一言一行,在'左倾'错误恶性膨胀、党内生活趋于反常的当时,不可避免地留下了祸根。

"1933 年春,'肃反'扩大化的灾难终于降临到了徐福元的头上。有一次,徐福元带领一个营的红军和赤卫军战士开往浦城作战。他那当反动民团团总的舅子劝他率部投降,遭到徐福元的淋漓痛骂和严词拒绝。反动民团见劝降不成,顿起伏兵,把徐福元部团团围住。徐福元沉着地指挥突围,避免了损失。但他刚回到崇安,还没踏进家门就被捕了,罪名是'反革命',罪证只有一条,就是在回师中有位红军战士在路上捡到一封敌人写的信,信上说:'徐福元,你不是答应把队伍带过来吗?定个日期,我们好去接。'这分明是敌人惯用的卑鄙的反间伎俩,却被'左'倾错误歪风吹昏了头脑的'肃反'机构当作罪证,铸成了闽北革命斗争史上极其惨痛的损失……"

1933 年 5 月 1 日,徐福元和其他 30 余名被诬为"改组派",在崇安县红场被无辜杀害,时年 36 岁。

血溅杜鹃映岚谷,泪垂青冢仁西风。

直至 1965 年,徐福元才得以平反昭雪,追认为革命烈士。

四

新中国成立后,徐福元的女儿在给孩子们讲方志敏等人以及亲人们的革命故事,每次总强调一句话:我们一定不能忘本,今天的生活是无数先烈鲜血和牺牲换来的。这些话,深深地吸纳进孩子们的内心。时间一晃,讲故事的人去了,听故事的人,不仅从小就在心里埋下了红色种子,至今初心不改,他们表示:纵然未必成长为英雄,但报国之志始终满怀。

写到这里,我又想起这次采访,幸而得到徐福元的外孙吴成钢以及武夷山党史办彭泽、罗永胜等人热情为我提供的资料、文字和讲述的故事，徐福元革命的一生和光辉的形象，在我心中也愈加清晰起来。此文编成当晚，我依稀做了一个梦。梦中，我见到岚谷翠绿的山林间，有一支红军队伍又向前方开拔了；其间，我似看到了两张亲切、难忘的面孔，一个是徐福元，一个是他女儿徐莲娇。我有些急切地想要上前看清楚，可转眼间他们就走远了，只有一晃一晃的背影，在我的心中闪闪发光……

寻访陆如碧

景　艳

2020 年 12 月 7 日，节气大雪。齐云峰下、九曲溪畔依旧是秋天的景象。略显清冷的空气流连于山峦叠翠之中，仿佛给这沿路的风景蒙上了一层时光的滤镜，光影之下真实却不够真切的物事，让人忍不住想一探究竟。车子驶向星村，我要寻访的是一位 70 年前的故人——陆如碧。她 1913 年出生，1930 年 5 月 13 日参加革命，1931 年春加入中国共产党，历任司号兵、警卫连指导员、特务连指导员、闽北独立团机炮营政治委员，1932 年 10 月在闽北"肃反"扩大化中横遭残害，1966 年平反。俯仰暗度，雪爪鸿泥。沿着她年仅 19 岁的人生足迹回溯，星村，是她出生的地方，也是这位闽北女红军威名远播的发端。

一

这是迄今能找到的关于陆如碧的唯一影像。那是一张黑白画像，浓眉大眼，长方脸，齐耳短发，下颌微抬，目光炯炯，直视正前，穿着红军服的陆如碧用"飒爽英姿"这 4 个字来形容是再合适不过了。"她是那种很健康的模样，身体很结实，个子高高的，有一米六五以上的样子，站在一群农村姑娘中，出类拔萃，性格中既有男人的豪爽，又有女性的温柔。"现年 84 岁的原中共武夷山市委党史研究室主任张金锭先生告诉我："这是画像不是照片，但经过熟悉她的人确认过的，说是很像。"

按图索骥。想象中，有着"双枪常胜女将"赫赫威名的陆如碧是家乡的骄傲，她在这里生活工作了近17年，星村一定会流传着许多关于她的传说。然而，始料未及的是，我们采访了多位八九十岁以上的老人，他们并不知道陆如碧，更不要说认识她的画像了，连负责给老红军及其家属发放抚恤金的民政部门的工作人员也不知情。陪同采访的星村文化馆馆长刘威解释说："早年和她一起干革命的人大都不在了，她牺牲的时候那么年轻，又卷进了政治风波，恐怕熟悉的人都讳莫如深，再加上星村早年的流动性很大，很多人不知道很正常。"

"那些革命者东征西战，很难长时间待在某一个地方，陆如碧真正参加革命之后就很少待在星村了，待在大安的时间会更多。但是，现在即便是在大安，知道陆如碧的人也不多，建议你还是到党史办、档案馆去查查看。"在宣传部门的协调之下，我来到了武夷山党史办档案馆，在一堆牛皮纸封面的卷宗中，找到了一篇较为详细地介绍陆如碧的文章，通过署名找到了文章的作者，令我大喜过望的，正是张金锭。他在20世纪50年代初采访了老红军干部彭政莲，也就是带陆如碧走上革命道路的原闽北妇女部长以及一些老地下党员、老游击队员、老交通员、老接头户、老苏区乡干部，获得了大量的一手信息，通过他们零散的回忆，逐渐拼起了一个相对完整的陆如碧。

陆如碧，别名陆牵仔。1913年出生于星村一个贫穷的农民家庭，家中有祖母、父母和一个弟弟。据介绍，"牵仔"在当地有"招弟""带弟"的意思，可见当时重男轻女的社会氛围，但父亲陆松林算是开明的，不仅没有让她缠足，还在她13岁时将她送入了私塾读书，虽然两年后，因没钱交学费被迫辍学，但在跟随父亲下田劳作、烧火砍柴挑水的过程中，陆如碧培养起了为家庭分担生活压力的责任感。艰苦，磨炼了她强健的体魄，也培育了她刚强的性格。"她从小对自己的要求就是男孩能做的她也能做，男孩做不到的她也能做。"

1927年3月，在国民革命军北伐形势的推动下，崇安县农民协会、工会和妇女协会相继成立，一场场农运风潮席卷着整个崇安城，革命的火焰燃遍武夷山麓的百里乡村，封建统治机器受到了强烈的冲击，套在妇女脖子上的精神枷锁也受到了有力的挑战。陆如碧感受到周遭翻天覆地的变革以及受压迫妇女们的觉醒，她的内心激起了阵阵涟漪，她渴望着像他们一样去拼搏、去战斗，像一只蓄势振翅的雏鹰，等待着苍穹的召唤。

这一天很快来到了。1930 年 5 月 13 日，崇安县苏维埃政府执政委员、赤卫连总指挥徐福元带领县赤卫队攻克敌营，解放了星村。在父母的支持下，陆如碧毅然走出家门，自告奋勇地参加了革命工作，成了闽北妇女部长彭政莲的助手，她的任务就是配合彭政莲把星村区的妇女组织起来、发动起来。在她们的走访动员之下，星村区很快就成立了妇女解放委员会。许多妇女同胞不顾父母的阻拦、夫权的责难，剪去了发辫，放开了裹脚，积极投身革命活动。7 月，县苏维埃政府派陆如碧跟随彭政莲到黎源乡开展慰劳赤卫队和妇女解放的工作，她愉快地接受了任务。

黎源乡时属崇安县第四区，距离星村区 40 多里，大多是高山峻岭，自然村也很分散，那时还没有公路，交通很不方便，下乡全靠两条腿。由于地处偏僻山区，根深蒂固的封建桎梏将当地妇女束缚得喘不过气来，大多是裹着长长的缠脚布，大门不出、二门不迈，低眉顺眼，围着丈夫孩子锅台转。陆如碧一行的到来，不管是装扮、做派，在这保守的山区，都惊世骇俗般地掀起了轩然大波。老年人对她指指点点，中年妇女不愿接近，年轻的女性则因为她被父母严加看管，心存向往却不敢与她往来。陆如碧感受到前所未有的孤独和艰难。然而，即使如此，她也没有因此失去信心。在彭政莲的指导下，她一心扑在农运和妇运工作上，用革命道理启发妇女觉悟，以实际行动帮助妇女摆脱封建束缚。经过她的辛勤奔波、忘我工作、热情宣传，乡里的妇女，特别是青少年妇女，很快就提高了觉悟，大胆走出家门，踊跃参加妇女组织开展的各种活动，有动员亲属参加红军的，有自愿参加慰劳赤卫队工作的，还有直接投身革命工作的。陆如碧出色地完成了上级交给她的各项工作任务。

1930 年 8 月 1 日，为庆祝南昌起义三周年，全县四五万人分四个点召开武装示威大会。南乡的星村集中了一两万人，是全县参加示威大会人数最多的一个点。陆如碧作为一名青年女干部，也带领部分妇女群众参加了这次活动，广大群众纷纷投来了钦佩、羡慕的目光。在党的领导下，妇女运动更加如火如荼地开展起来。

风展红旗

红色文化

二

　　这是一张征集而来的实物照片，上面标注的是"陆如碧使用的军号"，让相当长时间中陷于无法找到和陆如碧直接相关实物的我喜出望外，倍受鼓舞。那是一把锈迹斑斑的金属军号，号嘴完好，但喇叭口已凹凸变形，和之前看到的闽北红军使用的标准款单圈军号不同的是，它是双圈管，号身相对短些，号筒宽一点。据了解，单圈管号声音洪亮，但吹奏较费力；双圈管号声音清脆，空气柱短，振动快，音调高，吹奏较省力，显然更适合女性使用。圈管上的红绸已经破旧不堪，但仍像一团火燃烧着。

　　由于在保卫星村的战斗中表现突出，陆如碧被调到 55 团当上了红军战士。没几天，又被调到团部学起了吹军号。

　　在那个年代，当个司号兵是很令人羡慕的，首先因为重要，军号是军内较远距离传达命令、沟通信息、报告、报时的主要方式；其次是金贵，由于谱系复杂，培养一个司号兵非常不容易。司号兵有许多明确要求，比如，口型要适于吹奏，要懂点音律，记忆力要好，悟性要高，还得勤奋勇敢。为了方便号声传播，号手在吹奏的时候要站在容易暴露的比较突出的位置，因此常常成为敌人射杀的目标，没有点胆气是干不了的。

面对严格的司号训练，陆如碧坚持早起晚睡，从最低音的拔音训练开始，不厌其烦地苦练吹号基本功。喉咙肿了，嘴唇破了，嗓子哑了，唾沫带着血丝，她仍然毫不懈怠。一般人需要半年多的训练，她只花了两个月的时间就较好地掌握了吹军号的要领，终于成了崇安和闽北红军中第一个女司号兵。

当上了红军司号兵，陆如碧的心情格外高兴。她穿上崭新的黄军装，背着锃亮的军号，处处以军人姿态严格要求自己，服从命令听指挥，作战勇敢灵活，夜行军不掉队，胜过一般的男同志。1930 年 10 月，在赣东北特委的指令下，红军 55 团和教导团除留下少量武装外，由团长李克敌、参谋长李静愚率领，于 10 月 8 日到达弋阳，编入红十军。陆如碧随 55 团一道，跨省出征江西。从此，在部队的大熔炉里开始了正规军人的战斗生活。

崇安红军 55 团和教导团开往赣东北后，崇安苏区遭受到福建、江西敌人的大举进攻。由于敌我力量悬殊，闽北苏区大部分沦入敌手，形势十分吃紧。不久，六届三中全会精神传达到赣东北，赣东北省委纠正了"左倾"冒险路线的错误，决定整编充实红十军，成立红军独立团，重返崇安苏区投入反"围剿"斗争。

1931 年 2 月，陆如碧作为独立团的一员，在团长谢春篯的率领下，从江西返回崇安。部队到达江西铅山杨村时，正是夜间，遭到了国民党部队的突然阻击。初上战场的陆如碧，身背军号，紧紧跟着谢团长冲锋，全然不顾子弹从头顶上飞过。这一仗，从下半夜 3 点打到凌晨 5 点，敌人不断地进攻，冲散了红军的队伍。天快亮时，谢团长发现敌人展开队形往山头上冲锋，企图抢占有利地势，继续阻击我方部队。眼看敌人已步步逼近山顶，红军有被阻断打垮的危险，谢团长立即下令吹响集合号收拢兵力。陆如碧听到命令，迅速拿起军号。令人惊讶的是，她并没有吹出集合号音，反而吹出了激越急促的冲锋号。瞬间，嘹亮、高昂的号声响彻了整个山谷，在回音的作用下，仿佛千军万马横空出世。在她身旁的谢团长听她突然吹起了冲锋号，着急地问她说："我们身边只有几个战士，谁去冲啊？"没想到，陆如碧不为所动，还是一个劲地吹冲锋号，声音越来越大，情绪越来越激昂。敌人闻声大惊，以为红军的增援部队赶到，生怕被红军"包了饺子"，立即仓皇撤退，红军乘势而出，化险为夷，继续向苏区挺进。

经过几场出色的战斗，谢春筬看出了陆如碧不但作战勇敢、聪明灵活，还善于做宣传鼓动工作，就分配她在团部兼搞宣传工作。这期间，根据她的表现，谢团长介绍她光荣加入了中国共产主义青年团。随后，谢团长带领这支队伍打程坊，缴枪 20 多支，俘敌 20 多人，打死 10 多人。战斗胜利结束后，陆如碧被提升为警卫连政治指导员。接着，她单独带领连队乘胜攻打吴坊、大王等地，与白军连续作战，仗仗皆胜，陆如碧的名字开始在闽北红军和苏区人民中流传。

三

大安，是陆如碧政治生命最辉煌的一段历程，也是她人生旅程中的最后一站。徜徉于位于大安街 53 号的闽北分区委党校的旧址，走过周遭的巷子、民居和党校的卧室，望着那白墙乌瓦、天井大堂，试图在脑海里还原昔日百余学员在这里上课的样子，想象着当年的陆如碧如何意气风发、孜孜以求。洋庄老区学校大安教学点的教师张珍秀是当地的名人，矢志研究、传承红色经典数十年，她向我讲述了陆如碧从这里开启的另一段新生活。

1931 年 3 月，为了加强青年团工作，闽北分区委将陆如碧从星村区调到闽北分区团委工作，也就在这期间，陆如碧被批准加入中国共产党。陆如碧实现了自己梦寐以求的愿望，更加努力，工作学习训练，处处走在前面。同年 7 月，党组织为了加强对女干部的培养，把陆如碧到闽北分区委党校学习了 4 个月。那时候，能选送到党校学习的都是区以上的优秀青年党员，由闽北党政军领导同志教授政治、军事、文化等课程。陆如碧如饥似渴地学习，政治思想、理论水平有了很大的飞跃。

学习结业之后，陆如碧被留在了大安，被任命为闽北独立团特务连任指导员。由于多次率领特务连在江西石塘等地打胜仗，被誉为"常胜女将"。经过实战的锻炼和考验，陆如碧的政治素质和军事指挥得到了很好的发挥。1932年初，她被提拔到闽北独立团机炮营任政治委员，肩上的担子更重了。为了适应斗争形势需要，完成党赋予的重任，陆如碧坚持每天晚上看书、写笔记、学文化，提升综合素质。军事上，积极钻研，艰苦锻炼；生活中，身先士卒，关心下属，和干部战士紧密地团结在一起。机炮营增加了一位训练有素，既能打仗又善于鼓动斗志的指挥员，如虎添翼，全营的战斗力大大提高。陆如碧也迅速成长为一位颇有名气的军事指挥员。

陆如碧给自己立了3个目标：一会双手举枪射击，二能骑马驰骋疆场；三有一双神行飞腿。为了实现这3条自己立下的"军令状"，她每天起早摸黑苦练射击、骑马、跑步等基本功。一次学习骑马跌伤了，腿部皮肉青一块、紫一块。医生劝她休息治疗，停止练习骑术，但她想的是早日学会驾驭战马，上前线就能多消灭敌人。于是，她强忍着疼痛，坚持不懈，顽强的练武精神大大激发了全营干部战士的练兵热忱。

功夫不负有心人，经过一段时间的刻苦训练，陆如碧很快就成了一名优秀的双枪射击手，能在奔驰的战马上自由地滚鞍腾越、飞骑反身射击，命中目标。她还练就了一双飞毛腿，干部战士用方言夸她"跑得狗赢"。一次，陆如碧带领特务连一部分队伍去攻打广丰二十四都的敌人。敌方有了准备，从外地调兵前来增援，特务连一时被敌人包围，战势十分不利。陆如碧不慌不忙，沉着应战，采用灵活战术，迅速指挥战士占领有利地形，强攻敌人火力较弱的一点，猛打猛冲，突破了敌人的包围圈。紧接着选好点位，杀了个回马枪，打得敌军晕头转向，溃散而逃。这一役，特务连缴获步枪9支、机枪2挺和子弹1箱，还有手榴弹等军用物品。陆如碧完成任务出色，三年接连升了三级。

然而，令人万万没有想到的是，这样一位在党的教育培养下成长起来的优秀红军干部，最后不是血洒在英勇杀敌的战场上，而是倒在了"左倾"机会主义者的刀口下。1931年7月，曾洪易被王明任命为"中央代表"，进入赣东北苏区（后发展为闽浙赣苏区），他是王明"左倾"错误路线的忠实推行者。1932年3月，提出"以肃反胜利争取红军胜利的口号"。在这个口号的引领下，闽浙皖赣"肃反"运动迅速朝向简单化与扩大化方向发展。从党内到军队，从城市到农村，从机关到基层大抓"AB 团""改组派"和"第三党"，许多县委书记、县苏维埃政府主席和区、乡、村干部，包括红军中从士兵直到连、营甚至团级以上的领导干部都以"AB 团""改组派"的罪名被逮捕、杀害。

陆如碧，这位深受干部战士拥护和爱戴的女指挥员，也没能幸免。她在错误的"肃反"扩大化中首先遭遇横祸。1932 年 10 月 15 日，闽北分区苏维埃裁判部在大安召开审判大会，按照闽北分区委政治保卫局的通知，闽北分区委、苏维埃机关的全体工作人员，各乡苏维埃代表以及当地群众都按要求前来参加，现场宣布处决第一批"改组派"，陆如碧以及其他红军和地方单位的领导者 30 余人一同赴难。这位英勇善战的女指挥员含冤蒙难时年仅 19 岁。"在人们不知道她是被冤枉之前，那是一件很耻辱的事情，连家里人都会讳莫如深。这恐怕也是陆如碧的事迹不广为人知的原因之一吧。"武夷山市文联主席王小华先生如是说。1966 年，陆如碧终于迎来了平反昭雪的一天，她被追认为革命烈士。红旗漫卷、鸣镝声起之时，不知道英烈的魂魄是否归来盘桓？

弹指一挥间，武夷山下硝烟散尽，九曲溪水平静如镜。踟蹰于大安分区委党校的围墙之下。旧时的门墙，在粉刷修整之后，已经看不到曾经的弹孔斑驳、剥蚀风化。然而，历史的厚重仍似挥毫泼墨，力透纸背。寻访故人，如同岁月回握，悬丝号脉。记住一个名字，就像记住一段历史。

徐履峻飞身一跃

李 雷

在武夷山，几乎随处可见溪水，就像随处可见山之葱茏云之变幻一样。它们或宽或窄，或深或浅，宽如大河，细如白练，深时沉静如肩挑重担的父兄，浅时活跃如朝气蓬勃的孩童。溪水滋润了武夷山的青翠和秀丽，正如月华之于月光，美态之于美色。透过车窗，看到绿树掩映着的宽阔溪水时，主人介绍说："这就是梅溪，下梅、上梅就是以这条溪水而得名的。下梅是'万里茶道'第一站，而上梅1928年的暴动，是闽北农民暴动的第一枪。"

是的，此行正是要去上梅，访问上梅暴动旧址。而我本人，最感兴趣的是徐履峻烈士——他是第一次上梅暴动的发起人，也是当时的中共崇安县委书记。我对他感兴趣，是因为刚到武夷的时候，市委宣传部的同志就给我讲了这位传奇人物的故事，说他是一个武功高手，能飞檐走壁，牺牲的时候，先跳到墙上，又跳到房顶饮弹自尽的。之前，他还用手枪射杀了4个敌人。一个飞身上墙，又辗转跳到房顶的侠客形象，立即就在我的脑海里呈现了出来。然后，我就开始阅读与徐履峻相关的历史资料。

但是，资料显示，徐履峻并非一个侠客，而是一个书生。出生在大埠头村的他，先是在私塾读了几年，因为很有长进，家里便依着私塾先生的意见，送他到赤石镇小学堂继续读书。再之后，他辗转崇安、邵武、浦城求学，1922年入金陵大学。1926年10月，他返回福建，来到福州。当时的南京作为首都，正是繁华之地，徐履峻为什么要离开？他为什么没有在南京找一个稳妥的工作，或是钻营巴结升官发财？相关资料都记载，他自幼就"痛恨以富压贫、仗势欺人"的人，而不断求学的过程中，他又接触了更多的先进思想，逐步认识到共产主义对解放中国人民的意义。他要回到福州，正是因为轰轰烈烈的大革命当时正从广东推向东南各省，北伐军入闽，福建工农群众运动高涨。一句话，徐履峻从"首都"的"撤退"，是向其救国救民理想的一次决定性进步。"侠之大者，为国为民。"从这个意义来说，徐履峻就是侠之大者，当时无数心怀家国的革命者，都是侠之大者。到福州后，徐履峻结识了《国民日报》副编辑董涵球和校对袁至纯，在这两位共产党员的启发教育下，他很快就加入了中国共产党。

目的地是徐履峻牺牲处旧址——上梅乡后坂村。我们在暴动纪念馆下车，纪念馆右边就是一个刚刚修建好的停车场，往前走，路两边都是烟田，烟叶肥硕。通往村子的路干净整齐，有小块的水田，田里是正在培育的秧苗。再往前，是几株老树，它们纠缠在一起，形成巨大的树荫，遮天蔽日。树下，是一个亭子，亭子中间立着上梅暴动纪念碑。亭子再往前，是一个红旗造型的纪念墙，墙上镌刻着当年参加暴动的牺牲者的姓名。当时，我意识到自己走进了一幅画中，这幅画的标题叫《前人栽树后人乘凉》实在是再合适不过了。当年的暴动者，无疑就是想画上这么一幅富足恬淡的画卷，因为他们受到了太多的压迫，吃了太多的苦头：在日商资本家的剥削下，造纸工人每天工作 12 至 14 小时，收入仅 2 角钱。即便这样，他们还以各种方法来克扣工人菲薄的工资，不按市场浮动价兑付银洋，当时一般 15 至 20 角兑 1 元，而资本家只按

上梅暴动陈列馆

10 角兑 1 元付给。他们还把用水浸过一夜的米，按干米称给工人……

1926 年 10 月下旬，徐履峻回到崇安，之后他就在国民党左派组织的县农民协会工作，从"认亲攀戚"开始，他日夜奔走，组织农会。1927 年，蒋介石在上海发动"四一二"反革命政变，福建的反革命活动更是变本加厉，党的地方组织和革命力量被严重摧残。受到追捕的徐履峻只得秘密转移到武汉，向党中央汇报相关情况。7 月下旬，党中央派徐履峻随同党中央秘书陈昭礼及其战友（后成其爱人）潘超人返回福建，重新建立党的组织。三人辗转回到崇安时，恐怖气氛依旧。但徐履峻明知山有虎，偏向虎山行，安置好同行同志后，他立即进行紧张的秘密活动。7 月底，中共崇安特别支部成立，徐履峻被选为特支书记。会后，他又派人护送陈昭礼、潘超人至建瓯，建立了以陈昭礼为书记的中共闽北临时委员会，直属党中央领导。

党的工作要如何开展？工农革命运动要如何展开？徐履峻决定首先恢复和改造崇安农民协会。而要搞好农会工作，就要培养积极分子，要他们都能主动地提高觉悟。为此，徐履峻变卖了自家的田地、茶山，筹集经费，然后派人到汕头、福州等地购买了几百本比较通俗的进步书籍以及许多学习文具，在兴田、枫坡、枫林、南岸、大际、大埠头办了 6 所农民夜校……老子说，仁者无敌。鬼谷子说，仁者轻货。徐履峻作为一个共产党人，其所为仁，或当超越二者之说。

革命形势总是在不断变化之中。1928 年初，因为苛捐杂税的沉重压迫，崇安开始出现反对豪绅、捐棍的斗争，并酿成冲突。3 月，反动政府解散各地农会。4 月，已担任福建省委常委、组织部部长的陈昭礼秘密巡视崇安，在县委扩大会上，他传达了中央关于"在闽南闽北布置一个由日常斗争而达到工农暴动的割据局面"的指示。徐履峻以此为契机，决定用"民众会"的名称代替农会，同时积极筹备武器，准备举行暴动。

就是在准备暴动期间，有一次，徐履峻和农民袁赤肝等人聊天，他问到几个土豪的事，这些农民都表示，对方与官府、日商资本家勾结太深，他们曾到官府告过，结果，不但没有告成，告状的人中还有几个遭到了毒打。徐履峻就说，你们过去也是反抗过土豪的，为什么这次不敢了？"他们是挑来的水（指外地人），我们是透来的水（指本地人），只要大家团结在一起打，还怕什么？"袁赤肝等人马上说："怎么不敢打？就是没人带头！"

"你们敢打，我敢带头。"徐履峻说。

古往今来，有无数战前动员让人心潮澎湃血脉偾张，但毫无文采的"我敢带头"4个字，即便是和恺撒、巴顿等人的讲演相比，也不遑多让，因为它最为生动地展现了一个政党的担当、一个共产党人的担当。

车行武夷山中，时时可以看见有细流从山上涓涓而下，汇入梅溪，汇入崇阳溪，汇入九曲溪，形成静静的深潭、滚滚的波涛，滋润良田、茶山，托起竹排，开启"万里茶道"，同时又奔腾不息，最终汇入大海大洋。那些细流，就是向往新生活的农民，而徐履峻们，就是宽广的溪水，汇集众人的力量，带领着他们一路向前，终成滔滔之势。

当然，也有巨石挡道。徐履峻最终就因为叛徒出卖而遭包围。在他的牺牲处旧址，我看到了一座小山，山上毛竹修长，毛竹下面杂草丛生，不要说是隐藏一个人，就是隐藏一个团，也很难见到半点踪影。1928年11月7日，福建省委在关于崇安农民斗争失败情况写给中央的报告中说："徐（履峻）同志是党内很积极的干部，此次因斗争而牺牲，实是福建党内的重大损失……"可是，徐履峻为什么没有逃到山上？得知被包围之后，他先是跃上阁楼，然后又跳到围墙上，继而又跳到人家的谷仓，他有太多的机会可以逃走了。但是，他选择了回来，选择了飞身跃上围墙，再辗转跃上房顶。因为敌人在用平民威胁他：他若逃走，便处决平民。

徐履峻连续地向上飞跃，以及此后对敌人的精准射击，表面虽是一个技艺高超的侠客形象，但内里却是一个共产党人杀身成仁的生动写照。

从上梅返回市区，我几乎没有再说话，只是尽力想再多看一眼梅溪，尽力多听它的水声。我总觉得，也许我能看到徐履峻当年做群众工作时跋涉的身影，能看到他在溪边和农民交谈时的热情。我总在猜想，今日的溪水里，还有群众当年的惋惜之泪；今日的水声中，还有群众当年心底的呐喊。

红军少年　智斗顽敌

——黄知真与大洲谈判

楚　欣

　　武夷山市，即原崇安县，既有独特的奇山秀水，又有丰厚的人文历史，还是著名的革命根据地。三者合一，极为罕见。

　　1930 年，崇安苏维埃政府成立，以崇安为中心的闽北革命根据地开始形成。同年，毛泽东率领红四军一部分人马从上杭的古田镇出发，向北经连城以东的宁化、清流、归化等地，越过武夷山，向江西转移。途中，领军人诗兴大发，写下了《如梦令·元旦》："宁化、清流、归化。路隘林深苔滑。今日向何方？直指武夷山下。山下山下，风展红旗如画。"生动描述了红军长途征战的路线、方向和目的，展示了红军战士的英勇形象和革命乐观主义精神。

　　2020 年，恰逢崇安苏维埃政府成立 90 周年，也是毛泽东《如梦令·元旦》创作 90 周年。武夷山市组织"今日向何方？直指武夷山下"的采风活动。笔者有幸参加，受到红色文化的深刻教育。其中，全面抗战初期国共双方在大洲谈判，中共代表黄知真的表现给人留下难忘的印象。

　　黄知真，1920 年生于江西横峰。其父黄道，1923 年在北京师范大学读书时参加中国社会主义青年团，第二年转入中国共产党。因积极投身"三一八"学生运动遭北洋军阀政府的通缉，返回江西。1927 年参加南昌起义。之后，与方志敏、邵式平等发动弋阳横峰起义，创建闽浙赣革命根据地。

　　黄知真自小聪明机智，7 岁时，每当父亲黄道与方志敏、方志纯、吴先民、邹琦、邹秀峰等人串联或开会时，他都会主动站岗放哨。方志敏夸赞他，称之为"红色小警卫员"。

弋横暴动后，闽浙赣革命根据地扩大到整个信江流域，黄道将黄知真送到根据地列宁小学就读（后转入师范）。1931年，因调闽北根据地工作，即请战友方志敏照管黄知真。春后，黄知真从列宁师范毕业，分配到赣东北工农剧团。1932年，调闽浙赣省儿童局任巡视员。方志敏认为，这个少年人政治素质和工作能力，都大大超出实际年龄所具有的水平，有必要放在更加艰苦复杂的环境中锻炼。

1933年7月，黄道任中共闽北分区委书记。1933年冬，方志敏派人将黄知真送到闽北苏区首府大安。此时的黄知真已是共青团员，中共闽北分区委任命他为共青团闽北分区委常委、宣传部副部长，兼闽北特区儿童局书记。共青团闽北分区委的书记是曾镜冰，组织部部长是左丰美，黄知真很好地和他们共事，领导闽北少年儿童工作，发展儿童团、共青团组织，配合苏区中心任务，开展拥红扩红运动，取得很大成绩。1934年冬，黄知真调闽北军分区政治部，任宣传部副部长。1935年转为中共党员。

1935年2月，闽北红军撤离首府大安，进入艰苦卓绝的三年游击战争时期。由于军分区司令员李德胜叛变，敌人追击，红军游击队的处境极端困难。为了消除李德胜叛变所带来的恶劣影响，黄道编写了《骂李德胜歌》，指令黄知真到部队教唱。黄知真带着宣传队，深入机关、连队，教唱这首歌，揭露李德胜叛变革命的罪行，收到很好的效果。后人称此歌是土地革命时期闽北红军中普及广泛的荣辱歌。

闽北三年游击战争期间，黄知真作为闽北分区党委负责人黄道的儿子，处处以身作则。打赤脚，饿肚子，是常有的事，干活又比别人多，且从不叫苦叫累。战士们都把他当成榜样，努力克服困难，战胜各种艰难险阻，不断前进。

1936年6月，黄道主持闽赣省委全面工作。1937年3月，出任中华苏维埃共和国闽赣省军政委员会主席。抗日战争全面爆发后，日本军国主义野蛮侵华与中国人民奋起抵抗，上升为中国社会的主要矛盾。在党中央指导下，黄道与闽赣省委的另一位负责人曾镜冰联名致函南京国民政府，提出建立南方抗日

岚谷横源村

民族统一战线的建议。接着，又派专人致信江西省政府主席熊式辉，再次提出地方国共合作的主张。

收到熊式辉同意国共合作的信函后，闽赣省委迅即决定与国民党地方当局举行谈判，时间定于 1937 年 9 月底 10 月初，地点在光泽县霞洋乡大洲村。

与国民党谈判，是项艰巨的任务，派谁为谈判代表，事关重大。闽赣省委经过慎重考虑，指定了两个人。一是闽北分区教导队大队长邱子明，另一为黄知真。

黄道是闽赣省委的主要负责人，派自己的儿子为谈判代表，许多人既感到意外，也不赞同。因为黄道的夫人和另外几个子女第四次反"围剿"时失散，至今下落不明，黄知真是他身边唯一的亲人，参加谈判又有危险，这怎么行呢？对此，黄道做了解释，他认为，派自己的儿子为谈判代表，既可向对方表示诚意，又可避免其他同志冒此风险，而他对黄知真的能力则充满信心。经过一番动情的劝说后，他的意见终于得到了大家的认可。

大洲谈判，国民党当局派出的代表也是两个，一是江西省第七区保安副司令周中诚，另一为光泽县县长高楚衡，都是老奸巨猾的家伙。可以说，这是一场比意志、比智慧、比技巧的斗争，也是对身负重任的黄知真的考验。

谈判按我方提出的三个条件（停止内战，一致对外；释放政治犯；划出我军驻防地，解决军需供应）进行。

（一）关于释放"政治犯"问题。

高楚衡、周中诚原则上同意，却又节外生枝，说"政治犯"是哪些人要查清楚，且有些人关押的监狱不属江西管辖，他俩难以顾及。这个说法实际上是在耍赖。黄知真洞若观火，针锋相对地指出，所谓"政治犯"，含义很清楚，即那些被捕的共产党员、红军战士、苏区群众，以及主张抗日的人士，既然国共双方都同意合作抗日，就没有理由不释放他们。至于关押的地方在哪里并不是问题。高楚衡、周中诚听了，哑口无言，只得同意释放在押的闽赣两省的"政治犯"。

（二）关于红军驻防地点问题。

谈判前，闽赣省委内定的地点，一是崇安，二是铅山，因为这两个地方都是老苏区，群众基础好，可以保障红军的安全，不让土地革命成果受损。谈判时，我方首先提出崇安，国民党方面觉得，花了九牛二虎之力才将红军逼出崇安，怎么能让红军再来？于是坚决反对。这个情况黄知真早就料到，他因势利导，以退为进，淡淡地说道：既然崇安让二位如此为难，那就不勉强，改为铅山吧。这一改，高楚衡、周中诚不再反对，我方却轻而易举地实现预先所设定的第二方案。

（三）关于红军粮饷和军需供给。

国民党方面说，闽北红军不属于江西的部队，由江西提供粮饷和物资有困难，企图把我军编入江西保安团。黄知真听了并没有驳斥，而是向对方做了解释：就红军而言，粮饷、军需本不存在问题，只是由于我方已做出不再打土豪分田地的决定了，因此才需要政府提供。周中诚、高楚衡听出这个解释的弦外之音，即国民党政府若不提供粮饷、军需，红军只好再打土豪了，便改口答应我方的要求。

大洲谈判，我方两位代表圆满完成了闽赣省委交给的任务。尤其是年仅

17 岁的黄知真，以超人的胆略、雄辩的口才，制服了骄横的对手，表现得相当出色，受到一致称赞。

大洲谈判后，闽北红军游击队从大山中走出，在坑口长洞源集中，结束了三年的游击战争。1938 年 2 月，根据中共中央和东南分局的指示，闽北红军游击队改编为新四军第三支队第五团，奔赴抗日战争第一线。

有关黄知真与大洲谈判的事，笔者之前曾读过一篇文章。内中写道，1961 年 8 月，毛主席见到黄知真时，说的第一句话是："啊，知道真理的人来了！"乍看像戏言，但撰稿人认为，主席用知真的名字称赞他，是对黄知真革命睿智的肯定与称赞。这个见解很有道理，一个未满 17 岁的人，能够做出那样了不起的贡献，确实令人赞叹。

新中国成立后，黄知真担任过中共江西省委书记、中共湖北省委书记、湖北省省长等重要职务，当选过中共中央委员。他对武夷山革命老区怀有深厚的感情，多次到这里参加活动。每次都要去看望老红军、老党员、老苏区干部、老游击队员、老接头户，还要到闽赣省委驻地以及他父亲黄道的墓地瞻仰。1985 年 7 月，他参加闽北苏区创建 55 周年纪年大会，应邀在会上做革命传统教育的专题报告，受到热烈欢迎，会场上不时响起阵阵的掌声。

1993 年，黄知真逝世。2020 年，是他诞生 100 周年纪念。笔者谨以此文与小诗一首献给这位"少年老革命家"：

黄氏少年知真理，心红志坚斗顽敌。

赢得大洲谈判事，闻者无不称神奇。

四、土地诗篇

武夷山麓一面不倒的红旗

——闽北红色首府大安烽火岁月回眸

林思翔

初冬时节，我们走进武夷山市的大安村。这个在土地革命时期被誉为闽北红色首府的村落，坐落在武夷山脉的南麓，北与江西铅山接壤，南连南平市区。虽说只有数百户人家，却有着174平方公里的广袤山地。时届冬令，满山遍野仍是一片葱绿。四围山色，绿树掩映。发源于八闽最高峰黄岗山的西溪穿境而过，宁上高速、福峰铁路如两条巨龙在林野飞驰，把闽赣两省紧紧连接起来。村里新楼旧厝杂然相处，坊巷整洁有序，环境清新幽美，荣膺"全国生态文明村"称号。

大安远近闻名。大安的出名不仅在"绿"，生态好；而且在"红"，红色资源丰富。自1931年9月至1935年1月，在长达三年半时间里，大安均是闽北分区党政军机关驻地。全盛时期，统管着福建崇安、浦城、建阳、建瓯、邵武、光泽、松溪、政和、东方，江西上饶、铅山、广丰、金溪、资溪、紫溪，浙江江山、庆元、龙泉3省18个县，纵横300余里，人口五六十万的大地。领导着这片土地上的革命活动，使这片土地成为闽浙赣革命根据地的重要组成部分。这里的工作，曾受到中华苏维埃共和国临时中央政府主席毛泽东同志的称赞。

如今战火硝烟已然过去，作为当年闽北革命斗争策源地之一的大安，至今尚存许多当年革命活动的旧址。大安街上，那石门高墙的闽北分区苏维埃政府旧址及屋内的天窗、地下通道依然保留完好。还有中华苏维埃共和国闽北分区政府礼堂、闽北分区苏维埃政府政治保卫局、闽北军分区司令部、无线电队、闽北分区委、闽北分区委组织部、闽北分区委宣传部、共青团闽北分区委员会、闽北分区苏维埃妇女解放委员会以及红军医院、闽北分区列宁师范学校、列宁小学等遗（旧）址也都保存完好。这一座座、一处处革命遗（旧）址和村里的革命史陈列馆，在默默地向人们讲述着 80 多年前发生在闽北大地风起云涌、波澜壮阔的革命斗争史实，讲述着闽浙赣人民不怕牺牲、前仆后继的大无畏精神，讲述着大安老区的奉献、壮烈与辉煌。

早在 1928 年，大安就开始秘密组织地下活动，成立了民众队组织，反抗反动势力。上梅暴动后，大安民众队在分水关一带组织贫苦农民发动暴动，他们与国民党反动派军队周旋，革命势力一度扩大到江西东盘。不久，大安民众队员又夺取反动派 30 余支枪，没收了地主财产，进行分田地。1929 年 11 月，上梅暴动领导者之一徐福元，亲率西乡红军和民众队 1000 余人，从大安出发，出分水关，同拥有洋枪的任家保卫团展开激战，烧毁了他们巢穴，打击了敌人嚣张气焰。徐福元还在大安指导工作，帮助大安建立乡苏政权，组织赤卫队。1930 年

闽北苏区纪念碑

闽北革命烈士纪念塔

初，大安乡苏维埃政权成立，同年 3 月成立中共大安区委，7 月大安区苏维埃政权宣告成立。从此，大安人民在党的领导下，积极开展有组织的革命斗争。

1930 年冬，国民党派遣别动队和各路杂牌兵，以数倍于我的兵力包围闽北，封锁交通，用残酷手段迫害苏区人民。应闽北方面请求，代政委方志敏、军长周建屏于 1931 年 4 月下旬率领红十军，从江西横峰铺前街出发南下，4 月 28 日在崇安坑口附近与闽北党政机关及红军独立团会合，独立团配合红十军作战，先后消灭长涧源、赤石守敌，缴获了敌军的大批枪支弹药及军用物资，还筹集了一批银圆、黄金，解决了部队的给养问题。方志敏在坑口亲书的"中国红军万岁"6 个大字，至今仍在高墙粉壁上熠熠闪光。1932 年 9 月上旬，在方志敏、周建屏率领下，红十军第二次入闽，独立团配合，攻打赤石、星村，共俘敌 600 多人，缴获大量军用物资。红十军两次进入闽北作战，共打 11 仗，消耗了敌人大量有生力量，稳定了闽北苏区局势，为闽北革命根据地开辟了大片新区，同时又为我军补充了给养。

以崇安（今武夷山）为中心的闽北革命根据地，被毛泽东同志誉为"方志敏式"的革命根据地。其特点是，依靠农民武装起义建立根据地，然后再创建正式红军来巩固革命根据地。

1931 年 9 月，闽北分区党政军机关从坑口的洪溪迁往大安街，黄道任分区委书记。从此，大安成了闽北红色首府，成为闽北苏区军事、政治、经济、文化的中心。

到大安才一个月，闽北区委就在大安召开闽北党的第一次代表大会，100 余人与会。黄道同志做了闽北党和苏维埃运动以来的工作总结报告，肯定成绩，指出问题。会议决定把扩大红军和"打通赣东北、闽北、中央苏区"作为中心任务。会议选举了由 21 名执委、9 名常委组成的闽北党组织领导。

过了两个月，即 12 月，又在大安召开闽北分区第二次工农兵代表大会，到会代表 100 余人，除闽北代表外，还有来自闽东、赣东北和白区参观团 200 多名代表也参会。会议贯彻赣东北省第一次党代会精神，提出加强白区工作，发展苏区的各项政策和措施。选举产生了洪全生、陈顺昌、邹奇、薛子正等 29 名分区苏维埃政府执行委员。

两次大会的成功召开，极大地鼓舞了闽北苏区和大安人民的革命斗志，增强对敌斗争的信念，坚定了"为广大的贫苦工农群众起来巩固苏维埃，扩大苏维埃区域，为苏维埃政权而拼命斗争"的意志，革命进入了一个新时期。

当时的大安，处处洋溢着民主、自由的风气和勤奋好学的氛围。分区委机关在大安创办了《红旗周报》《党的建设》等 6 种刊物，创办了列宁师范、列宁小学等教育机构，还在大安开辟了一个容纳万人的运动场，供举办军事比赛和体育运动会之用。还设有红军医院。分区机关有一个红色剧团，经常编演反映打土豪、分田地、反压迫、争自由，反映战斗生活的节目，还深入周围区、乡流动演出。红色剧团的节目虽然粗糙，但散发着泥土的芳香，有着鲜明的爱憎和充满火辣辣的战斗气息，激励着人们为保卫苏维埃政权去斗争。

当年机关的列宁室，是军分区机关最大的文化活动中心，是红军干部、战士以及苏维埃群众学习娱乐的场所。里面有各种油印、手抄的马克思、列宁的理论书籍、画册子，有学习文化课本、认字牌，还有闽北苏区革命斗争史，各区县、各部队的战史、资料、战绩统计以及英模人物事迹介绍等。同志们一有空就到这里学习，吸取知识和力量，寻求思想的启迪。当年的大安恋爱也是自由的，几千年的包办婚姻制度在这里被扫进历史垃圾堆。

大安周围的各个山头还分布着兵工厂、榨油厂、被服厂、印刷厂、硝厂、铸币厂等，拥有 1000 多名工人。大安还设有苏区的银行和供销社，有许多小商铺和旅馆，买卖和住宿都相当方便。大安成了山沟里一个经济繁荣的小集市。

随着闽北苏区的恢复巩固和扩大，闽北党组织从 1931 年下半年开始，领导苏区群众继续开展轰轰烈烈的分田运动。贫苦农民分到了土地，苏区人民在政治上、经济上翻了身，过着自由、民主的新生活。苏区青壮年争先恐后踊跃报名参军，出现了兄弟双双加入红军，母送子、妻送夫参军的动人场面。

1933 年 5 月，崇安被列入中央苏区闽赣省范围。此时崇安接到的第一个任务就是动员和组织青少年参加少共国际师。大安半源村 19 岁的刘太古，带动大安村共青团员和青少年踊跃报名应征。几天内，崇安苏区就有 300 多名团员和青少年报名参加少共国际师（其中大安 40 人左右），不久奔赴江西博生（今宁都），参加少共国际师成立大会，少共师成了工农红军的组成部分。

与此同时，根据中央组编中国工农红军第 7 军团的决定，崇安选送了一批最优秀干部战士到 7 军团"崇安营"。后闽北分区以崇安、铅山、广丰独立团为基础，扩建闽北独立团，崇安指战员成为独立团第一营，崇安徐日荣任独立团团长。

苏区的发展，工农武装的壮大，引起敌人的恐慌和仇恨。1933 年 9 月，蒋介石对中央苏区发动第五次"围剿"的同时，以 10 万兵力部署在崇安周围，步步紧逼，蚕食崇安苏区。10 月，向闽北苏区党政军机关所在地崇安县城发起进攻。面对数倍于我的强大攻势，由于军分区军事指挥员"左倾"错误的指挥，红军处处被动，刚离开大安不久的分区党政军机关只好又撤回大安。

12 月 21 日，崇安县城失守，在闽北分区委的领导下，崇安红军在四渡桥和五渡桥加修工事，抵御敌军，保卫大安。年底，以崇安为中心的闽北苏区革命形势急转直下。

在这严峻形势下，以黄道、曾昭铭、曾镜冰等组成的闽赣省委工作团，在 58 团团长黄立贵、政委陈一率领部队护卫下来到大安。黄道再度出任闽北分区委书记，在黄道同志的正确领导下，纠正了分区委个别领导人对形势的错误估计，开展了扩大红军、加紧备战以粉碎敌人围攻的工作，闽北苏区又迎来了晴朗的天空，大安又成为闽北苏区的指挥中心。1934 年 1 月，在中华苏维埃共和国第二次工农兵代表大会上，毛泽东同志表扬了闽浙赣苏区工作，黄道、祝维恒当选为中华苏维埃政府执委，黄富武当选候补执委。

1934 年 10 月，中央主力红军北上抗日后，各根据地失去主力红军的依托，敌我力量对比发生根本性变化。崇安苏区陷入革命低潮。11 月，国民党调集 10 万兵力全面向闽北苏区首府大安境内压来，大安处于敌人四面包围之中。我军与敌军在大安前哨阵地四渡桥展开惨烈的阻击战。我军浴血奋战 8 天 8 夜，给敌人以沉重打击，终因力量悬殊，不得不撤出阵地。

在这决定闽北苏区命运的关键时刻，1935 年 1 月初，闽北分区委书记黄道在大安主持召开闽北具有历史意义的分区委会议。会议分析了斗争形势，认为在当前敌强我弱的形势下，闽北苏区以 5000 兵力对 10 万强敌，力不从心，与其与敌争夺大安，白白消耗有生力量，不如主动撤出大安，保存现有力量，以游击战争与敌做长期周旋，图生存，求发展。会议否决了以闽北军分区司令员李德胜为代表的少数人"与敌决战、死守大安"拼消耗的错误主张。会议决定闽北党政领导机关及直属单位随军分区分批撤出大安，在原苏区地盘的山区坚持游击战争。

2月中旬，闽北军分区所属部队在坑口长涧源集中整编，重建闽北独立师，黄立贵任师长，卢文卿任政委，张燕珍任参谋长，全师共2000余人，机动灵活地开展游击战争。敌人为了对付红军游击队，在苏区先是搞"三光"政策，继而大规模"移民并村"并采取"一人通共，四邻遭殃"的连坐法，不让群众与红军接触，还抢走群众粮食，采取"计口售粮""计口售盐"等手段，妄图"困死敌军、饿死红军、淡死红军"。许多群众被杀害，被饿死。尽管这样，人民群众还是冒着危险采取多种办法，从各方面支持红军游击队渡过难关。

1936年4月，黄道书记与闽东独立师师长叶飞在政和洞宫山仰头村召开闽北、闽东党委联席会议，两块根据地联结在一起。随后成立了以黄道为书记的闽赣省委，以坑口为大本营，在闽北、闽中、抚东、闽东北4个分区26县范围内开展游击战争，在与党中央隔绝的情况下，完成了保持革命阵地，保持革命武装，保持革命组织的光荣任务，赢得了三年游击战争的胜利，成为南方八省三年游击战争中建立的15块游击根据地之一，而载入史册。

1937年"七七"事变后，闽赣省委领导与国民党江西省当局代表在光泽大洲村举行谈判，达成国共合作协议。可国民党当局不信守协议，继续在崇安一带实行封锁，并不断向崇安地区进行军事挑衅。在我军政领导多次催促下，当年12月崇安县党的领导人与国民党崇安县商会会长周钟祥在大安举行谈判，双方以"大洲谈判"条件为基础，达成了崇安地区联合抗日的协议。"大安谈判"的成功，促成了崇安地区国共合作局面的形成。

1938年2月，以崇安红军为主的闽北红军游击队，在江西铅山县石塘整编为新四军第3支队第5团，共1500多人，在团长饶守坤、副团长曾昭明、政治部主任刘文学的率领下，于2月25日奔赴皖南抗日前线。取得了5次繁昌保卫战大捷，歼灭日军1000余人，并缴获大批战略物资。这支来自闽北的部队，因英勇善战，不久成为叶挺军长军部的警卫团。在皖南事变中，这支部队子弹打光了，就与敌人拼刺刀；刺刀戳弯了，就用牙齿咬。场面之壮烈，泣惊鬼神。在"为了抗日，为了保卫新四军军部，冲啊"的冲杀声中，指战员们奋不顾身，与敌作战，终因寡不敌众，除少数人冲出外，几乎全团阵亡。这支以崇安为主的红军队伍，用顽强的革命精神和血肉之躯，谱写了一曲武夷儿女壮烈而辉煌的历史篇章。

1942 年 5 月，日寇侵犯浙赣线，皖南事变中被俘关押在上饶集中营的新四军指战员，被起程转往闽北。集中营第 6 中队密议在途中举行暴动。6 月 16 日，队伍翻越分水关进入崇安，当晚驻扎大安村的徐仙公庙。在这里密议成立了越狱暴动领导核心，决定翌日寻机举事。还讨论了暴动的具体事宜。并迅速通知各位难友。这次大安之夜的秘密会议，为第二天的赤石暴动作了必要的思想和组织准备。与此同时，第 6 中队秘密党支部书记沈韬及周奎麟、汤定波、黄刚培、王铁夫等 5 位同志，惨遭敌人严刑拷打，坚守秘密，宁死不屈，被国民党顽固派用马刀砍死在大安鸿家溪洲，为暴动胜利献出了年轻生命。

1949 年 5 月初，秦基伟军长统率的人民解放军第二野战军第 4 兵团 15 军抵达赣东北地区，闽北游击队司令兼政委王文波率领队伍在上饶县花厅与其会师。5 月 9 日中午，解放军第 3 路到达大安。大安街头的桥被大水冲毁，大安老百姓手拉手帮忙部队过河，并帮助带路，追赶国民党逃兵。9 日夜间，解放军在闽北游击队配合下，攻进崇安县城，崇安县宣告解放，成了福建解放的第一城。大安也赢得了"红旗不倒"的赞誉。

往事历历，犹在眼前。在长达 20 多年里，大安人民为祖国的解放与民族的独立付出了巨大的代价。据统计，大安的优秀儿女在战场上英勇牺牲 270 多人，惨遭国民党反动派杀害达 272 人，被国民党残害至伤 180 多人，被国民党抓壮丁和挑夫的 90 多人。遭国民党焚毁村庄达 31 个（占自然村总数的 50% 以上），被烧毁民房 896 栋，224 户人家成为绝户，农田荒芜 2000 余亩。自然灾害、饿死和病瘟又夺去了不下 300 人。许多村庄化为废墟。当年青山成了焦土，西溪成了血河，满目疮痍，一片萧条衰败景象。

风展红旗，换了人间。80 多年过去了，如今的大安，处处新楼林立，百姓安居乐业，一派欣欣向荣景象。500 多户人家，户户奔小康，2018 年人均纯

大安村闽北红色首府

收入达 11494 元。村里正以"一红一绿"为底色，弘扬红色文化，展示美丽生态，发展旅游业，让人"观红色，游生态"。特别是充分利用革命遗址、旧址等丰富红色资源，向广大青少年进行爱国主义和革命传统教育，使子孙后代了解大安的光荣历史，不忘革命先辈的牺牲与贡献。如今，大安已被列入 100 个《全国红色旅游经典景区》，成为第 18 条全国红色旅游精品线路上的一个旅游点。

在清溪流淌、绿荫浓郁的大安村头，闽北革命苏区纪念碑和革命烈士纪念塔高高耸立。这碑、这塔，昭示着曾经发生在这块土地上的惨烈与辉煌，也承载着人民对革命先烈的景仰与崇敬。这块红色土地将永远为人们所铭记，为革命牺牲的先烈将永远活在人民心中！大安，这座当年的闽北红色首府将载入史册，光耀千秋！

历史是扇沉重的门

冉炜君

6 月，武夷山已进入雨季。我和大安革命斗争历史陈列室的义务讲解员张珍秀站在展室过道，大雨从天井的屋檐上像瀑布一样倾泻而下，在地池中打个漩，急急忙忙汇入奔向大安溪的水流。张珍秀是大安小学的语文老师，一次有位学生向她提了一个问题："老师，什么是'革命'？"张珍秀愣住了，她也用同样的问题问自己"什么是'革命'"？作为一名语文老师，在词意上她很容易回答，但身为红军后代的她，就是觉得所有回答都是对学生的搪塞。1996 年，她带着"什么是'革命'"的问题加入义务讲解员的队伍，一讲就是 23 年。

我把武夷山水和在根据地遗址的见闻，打包到手机，带着一包茶、两个字回到北京。一包茶是正岩大红袍，两个字是"革命"。可是，我究竟想从这两个字中找到什么？我能找到什么？

武夷山市在福建北部俗称"闽北"的地方，原名"崇安"。这段红色革命史从 1927 年崇安成立第一个中共党支部算起，如今，那个年代的人陆续离世，他们关上一扇又一扇生命之门的同时，也增加了我们打开历史之门的难度。

"并非是我看见的让我停住了脚步，而是我所看不见的。"这是从我电脑屏保上跳出的一句话，它来自《海上钢琴师》。如果，我看见的有限，那么什么是我看不见的？正当我漫无目的地在资料中徘徊，一组充满血腥的数字震动了我。"崇安苏区建立前，全县人口 14.4 万人，到新中国成立前仅剩 6.9 万人。其中半数人口被国民党杀害。"是什么力量集合起这么多不要命的人，他们明明知道当红军会死，为红军办事会死，却义无反顾地投身到革命事业中，拼死也要开创一个新的社会制度。

我打定主意寻找牺牲者的故事。这看起来很残忍，但是，只有用生命才能对"革命"做出终极解释。我发微信向大安的张珍秀老师、坑口村党支部吴华祥书记说了我的想法，他们很快就发来回忆录。那些亲历者的回忆生动、具体，代替了我的眼睛，把我送到那个火热而残酷的闽北红色根据地。

在五府岗下的坑口村有一片荒地，过去有人在这里种过菜。自从菜农从地下挖出十几个金戒指后就不再种这片地了。任由它像过去几十年一样，疯长着开白色花朵的一年蓬和寓意金鸡报晓的黄色金鸡菊，使它看起来像片花圃。雨后路过这里，可见缕缕白雾从长满花草的地底升起，先是婀娜地散着步，轻轻抚摸这里每一寸土地上的每一朵小花、每一棵小草。然后，随着升起的阳光向肩并肩耸立的武夷山脉集结而去。它既轻盈又壮观，让你不得不驻足瞭望良久。多少人欣赏过它的美景，却很少有人知道这里发生过什么。

88年前，坑口地区经过徐福元等革命者大量艰苦细致的工作，发展共产党员、扩充红军、建立苏维埃政权。特别是土地革命分田分地，取消一切苛捐杂税，使身处贫困山区的坑口人民对生活产生了从未有过的美好憧憬，生命价值观也开始觉醒。他们怀着使命和敬畏之心投入到对人类新秩序的拓荒，并且为此感到荣耀。

"革命"是天道，是历史发展的动力。共产党的胜利就是顺应了天道，从时下最劳苦的民众中获取力量。如臧克家所言：他们"人人都渺小，然而当把渺小扩大到极致的时候，人人都可以成为英雄——新的英雄"。

1931年1月，中共闽北分区委和分区革命委员会在坑口村成立，革命者从四面八方汇集到坑口一带。当年2月，国民党对闽北苏区发动了第二次军事"围剿"，派出大批敌人进攻坑口，烧掉了坑口附近车盆坑、宿军塘等村庄的民房。来不及转移的坑口村民和分区委党政机关人员被敌人集中在一起。起初，是拉出人来逼问谁是共产党，不说就用砍刀杀。一刀一颗人头，一刀一条人命。面对生命的不归之路，几百号人宁死不屈，硬是没有一个人指认。后来，敌人把所有抓到的人关进一个大院，逼着每一个人说出自己和亲属的名字，说

坑口村

坑口之路

不出的格杀勿论。大屠杀进行了一整天，300多具尸体堆满一座木房。几天后，这座房子轰然倒塌，300多烈士的骸骨永远埋在了这里。

如果，你好奇那位菜农怎么刨出那么多金戒指？吴华祥书记说："当时，出来参加革命的人就没再打算回去，他们把贵重的家当都带在身上。"

我问吴书记："这些烈士的姓名有记载吗？"

他深深吸了一口气，说："没有，外地来到这里牺牲的基本没留下姓名。就像我的曾祖父吴春合从坑口出去参加红军，1933年在建阳黄坑战斗中牺牲，老人家的尸体也没找到。这样的人很多很多……"

据不完全统计，在苏维埃时期，坑口原有3900多人，到新中国成立时，被杀死、饿死2900余人。原有66个自然村被烧毁57个，原有4345间房屋被烧毁3655间。其中车盆坑村先后被烧7次，使664户成了绝户。

她没有留下自己的名字，人们叫她方嫂。方嫂一家是根据地的老"接头户"。方嫂有五个孩子，大的七八岁，小的才一岁多，肚子里还怀着八个月的身孕。1937年5月，方嫂的丈夫为红军买好东西，正打算给山上的游击队送去，不料被敌人发现。夫妻俩被押到县城监狱，敌人逼他们招出村里的共产党员。方嫂夫妻虽然都不是党员，但他们知道谁是，却不肯说出。方嫂的丈夫被敌人活活打死。为了撬开方嫂的嘴，方嫂受的酷刑，一次比一次厉害。他们把方嫂绑成十字形，毒打、逼供。她的手腕被打断，肚子里的孩子流产下来。一天，方嫂又被叫去审讯。她走进审讯室看到的却是日思夜想的五个孩子，天真的孩子们喜悦地笑着叫着扑向妈妈。敌人把孩子一个个从方嫂的怀里拉过去，五把刺刀架在五个孩子稚嫩的脖子上，指着孩子们威胁方嫂："不说出共产党的名字，就杀掉你的孩子！"

看着刺刀下哭喊颤抖的孩子，作为母亲的方嫂，心岂止是碎了。此时，她只求一死，用自己的命换孩子们的命。

敌人把最小的孩子用刺刀挑起，逼迫方嫂招供。方嫂知道只要自己开口就不知有多少革命干部、多少个家庭要惨遭杀害。敌人见方嫂不肯开口就活活剖开了幼儿的胸膛。一口鲜血从方嫂口里喷出，她终于开口了，那是怒吼，穿越监狱，刺破苍穹的怒吼，惊天地，泣鬼神……

又一个孩子被拉出来，方嫂还是不招供，只是撕心裂肺地吼叫……

气急败坏的刽子手们，竟然把方嫂的孩子一个又一个全部剖腹杀害。

在闽北革命历史纪念馆，我看着一件件带着历史痕迹的革命文物，听着讲解员饱含激情的讲述，心里充满对这块红色土地的敬意。参观完毕，我又返回头，再一次走到介绍"打响闽北武装革命第一枪"的展区。我要记住那些根据地开创者的名字，从他们的照片或画像上感觉那些高贵生命的温度。徐履峻、陈昭礼、杨峻德、黄道、陈耿、徐福元……一张张年轻、英俊的脸庞从我面前闪过，这些朝气蓬勃的革命先驱者，没有一个享受到革命的胜利成果，他们的生命早早定格在二三十岁的年纪。他们有的在战斗中壮烈牺牲，有的被敌人残忍杀害。但令我困惑的是，陈耿、徐福元等一批为数不少的革命开创者，却死于共产党内部肃反中的"错杀"。

可是，他们何罪之有？敌人花几千大洋买不来的人头，却被"自己人"砍了。

这就是革命。

在革命的征途上，生命弥足珍贵。因为斗争是人与人生命质量的肉搏。"为有牺牲多壮志，敢教日月换新天。"毛泽东赋诗曰。

在革命的征途上，生命平凡铺张。"一场革命，人民群众的牺牲是巨大的。不仅对敌斗争要付出血的代价，在党的路线发生错误时，同样会付出血的代价……"徐向前元帅的夫人程训宣也在"肃反"中被杀，他在回忆录中如是说。

而我想说的是，历史发生的一切已经做出回答，迟到的只是提问的时机。

记忆洋庄

蔡天初

数不清到过武夷山多少次了。庚子年冬，我到武夷山参加崇安苏区建立90周年活动，回来印象最深的是四渡桥阻击战纪念亭。

纪念亭坐落在洋庄乡通往大安的国道G237处，距离城关约6公里。纪念亭为四角仿古建筑，亭内立块四渡桥阻击战纪念碑，上面刻写着："四渡桥是通往闽北苏区首府大安的咽喉。1934年为反对国民党反动派第5次'围剿'，闽北红军以四渡桥火鹰山主峰与四渡桥为一线，阻击敌军，歼敌2000余人。"

伫立纪念亭，凝望两旁的松柏苍翠葱郁，一种至纯至真的信赖和感动，从心底油然而生。仿若当年"洋庄战役"的历史画面，铭刻着国家和民族的永恒记忆，一下子都展现在我眼前，震撼人心，框入心底。

习近平总书记强调，对一切为国家、为民族、为和平付出宝贵生命的人们，不管时代怎么变化，我们都要永远铭记他们的牺牲和奉献。

纪念，是为了更好地前行。不忘初心、牢记使命，我带走了洋庄今生过往的故事。

战略要地

打开一份武夷山地图，你会发现，洋庄乡境内最高峰黄岗山，海拔2158

米，为武夷山脉最高峰。闽赣两省边境的武夷山脉，其流水由北向西构造线切割，发育着许多沿西北方向延伸与山体斜交的隘口，由东向西依次有岚谷岭阳村岭阳关，吴屯上村村焦岭关，洋庄坑口村寮竹关、温林关，洋庄大安村观音关、分水关、童子关，星村桐木村桐木关。"洋庄的分水关，像扁担，一头挑江西，一头挑崇安"。

洋庄主要溪流为大安溪，发源黄岗山，与坑口溪会合于四渡村，注入西溪河，流入崇阳溪。你还可发现，这西溪的上游位于黄连坑，发源于黄岗山北段的分水关，往南流入黄连坑，形成溪流后，与发源于黄岗山主峰的大安源溪流，在禾尚丘汇合，流经大安、洋庄、五渡、四渡、三渡、二渡、一渡，与东溪交汇，成为崇阳溪的上游。西溪上的 5 个渡口，都为咽喉之地，通往江西铅山、浦城的古道，都从这里的渡口成扇形状辐射出去，分别到大安、坑口、廓前、岚谷等地。从下梅村出发的"万里茶道"就经过洋庄。

那天清晨，我们进入洋庄，陪同我的洋庄同志介绍：洋庄名字里含"渡"的村落，都是溪流养育出来的，人们以其所处溪流段落位置的顺序为标志，这里是县城通往西溪的第 4 个渡口，故取名"四渡"。

我拿着地图，按图索骥。如今的四渡，还是那样狭长，古道上的黄石街依然穿村而过，街上有些旧木屋土房，虽早已坍塌，但仍可辨出原貌，旧店铺门上的"昌荣药材""昌大洋货""盛冬京果栈"招牌字样依稀可见，印证着历史痕迹，让人感受到这里曾经的繁华。据介绍，昔日这条蜿蜒通往江西省的古道，是县城通往大安的交通要冲，商旅不绝，商铺林立，它还有着特殊的红色历史。

而今的道路改在西岸，村口上的四渡木桥早已被如今的石拱大桥所代替，群众称为"利群桥"，在下游三渡又新建一座茶亭桥。村里低矮的土坯房已被鳞次栉比分布在街道两旁的小高楼所替代，坑洼的泥路变成了宽大、平坦的水泥路，横南铁路、宁武高速贯穿境内。

绕村一周，看得出，这里三面环山，中间是块小盆地，向前望去，令人称奇的是，这儿的山果真和别处不同，盆地北面有一片山林，东面有一个突出的小高地，当地人称"火鹰山"，其实，远看大家都说更像一头蹲伏着的雄狮，地势险峻，易守难攻，是县城通往"闽北红色音符"的必经之路，形成对大安、坑口的屏障。当年的四渡桥阻击战场就发生在三渡、黄石街和五渡桥中间这块盆地区域。

因为火鹰山处于交通中心位置，地理位置十分重要，所以兵家必争。从1931年起，红军便在火鹰山上构筑了一个碉堡阵地，阵地的中央制高点是一个炮台。炮台南面可看到四渡村，西北方向可望见五渡桥，大有"一夫当关，万夫莫开"之势。到了这里，也许对"雄关漫道"这句话体会更深刻些。

四渡激战

那天，四渡村支书张德福和村主任张顶亮知道我来，一早就在村口的桥上等待。他俩带我直奔火鹰山炮台遗址，登上炮台阵地，参观了炮台防务体系的战壕、暗堡工事。走进茶亭村，踏上鹅卵石铺就的古道，遥望近在眼前的三渡、五渡的渡口码头。

一路上，听取了两位村干部对四渡桥阻击战的详细介绍。其实，张顶亮村主任的奶奶就是老交通员，爷爷是开豆腐店的老接头户。村支书张德福的叔公和姑婆祖辈几家都是老红军户，他们传承着红色基因，从小听着洋庄红色故事，接受红色教育成长起来，说是，四渡村家家户户是老红军、老革命的"光荣之家"，令我由衷赞叹。

四渡，因水陆交通发达和地理区位优势明显，是"红色首府"大安的重要门户、战略要地。红军早便在四渡桥的火鹰山上筑起了碉堡群，在五渡桥山顶，山下也各筑起一座，这三座碉堡群均可屯集三个排的兵力，炮台内存放着许多炸药，粮草和各种日用品，全由洋庄一带军民供应，平时由游击队员看守。

自从国民党向中央苏区发动第一次军事"围剿"，进攻闽北苏区，苏区人民提出了"保卫四渡桥，就是保卫红色国土"的口号，沿途构筑好阵地工事，严阵以待。

1934 年初，国民党军向中央苏区发起了第五次军事"围剿"。1934 年 10 月，中央红军长征后，国民党反动派先后纠集 10 万兵力，扑向闽北苏区首府大安。与此同时，他们还进行疯狂的"清剿"，所到之处，无不烧杀抢掠，许多村庄化为废墟，许多青山成了焦土，到处留下一片疮痍。1934 年冬，江西铅山方面国民党 21 师，南面崇安方向 45 旅和 12 师，突然加快了进攻速度，从南北方向夹击闽北党政机关和军分区的驻地大安。南面崇安方向国民党军沿古道而上占领了黄石街，向四渡桥一带逼近。

"保卫大安""保卫坑口"成为红军重中之重的战略部署。四渡桥是防守大安和坑口的南大门，闽北分区委实现统一指挥、统一行动，动员令对四渡桥和五渡桥的工事修筑一一做了具体布置，并各增派独立团一个排战士前往守卫。闽北分区委黄道书记下令让分区教导大队一中队挑选出 32 名英勇顽强的党团青年战士，由陈仁洪指导员率领，增援四渡桥；由 1、3 区队坚守以北高地，保证陈仁洪的后翼；2 区队跟上四渡桥东侧高地，与敌人展开阻击战，要求全体指战员必须在四渡桥一线坚守 7 天，待分区机关，工厂和医院安全转移后，才能撤出四渡桥。

命令下达后，陈仁洪带领增援的 32 战士，离开曹墩，冒着大雪赶到了洋庄四渡桥，依托火鹰山上的两个堡垒，利用土造石地雷、手榴弹、挨丝炮、土制武器和坚固工事，与敌军周旋，进行英勇顽强的反击，先后粉碎了敌人的数十次攻击，坚守住阵地。

几天激战之后，敌军 45 旅从南平运来钢炮，兵分三路，从火鹰山西南面、东村坂、北面开始向我方阵地发动全面进攻。陈仁洪指导员果断指挥，一声令下，动用在炮台下面早已建好的暗堡，暗堡隐蔽工事伪装得像山坡一样，上面盖有一米多厚的草根、黄土和树干等，射击孔更难被发现，当敌人在炮火的支援下，向高地密集进攻时，红军进行强有力反击，将敌军打了个措手不及，将敌进攻击溃。第八天，红军把阵地上所有的子弹、土炮、地雷全打光，圆满完成阻击任务，部队才从西边陡崖上往下滑，实现安全转移。

历史对四渡桥阻击战高度评价："四渡桥阻击战是闽北苏区有历史性意义的战例，打出了闽北红军的威风，创造了一个旷世奇功，以一个加强排的兵力，牵制了敌人的一个旅，一个保安团，以极小的代价，消灭了敌军 2000 多人，出色地完成了阻击任务。"

1935 年 1 月，闽北党政机关顺利撤出大安街，标志着崇安和闽北苏区沿着党中央指引的方向，开始进入了战火纷飞、艰苦卓绝的三年游击战争时期。

廊前战斗

在从四渡村驱车返回城关的路上，乡武装部长叶华华告诉我，廊前村附近有张山头红军墓群、闽北革命烈士纪念亭、闽北红军兵工厂旧址、红军标语"中国红军万岁"、新四军第三支队留守处办公旧址、闽北苏维埃政府旧址等红色遗址，他说是，"廊前村的革命历史也是非常丰富的，红十军在廊前的大山岭头与敌人也有几场阻击战，是廊前村革命历史上闪耀的亮点。"

廊前村地处洋庄五坑公路沿线，在洋庄乡的西北方向，北与坑门村相连，东与东村接壤，是"闽北分区党政机关""坑口福建红都"的南大门和前哨，还是中共闽北特委和中共崇安县委活动中心地与驻地，距离市区仅 17 公里，离乡政府 7 公里。在与坑口交界的大岭头，路边立一块"保卫福建省委的前哨阵地"的大宣传牌十分显眼。

叶华华部长曾上过大岭头考察，他向我述说："大岭头山顶有一个炮台，在抗战时期，福建省委就在对面的鸡公山上驻扎，炮台居高临下，视野开阔，能监视四周敌人动向，起到哨所作用。山顶可俯视坑口全境，大岭头山顶平坦，往坑口方向的山坡很陡，山顶上至今可见有一条环绕壕沟，还有一个轮廓清晰的炮台，往廊前方向的山脚边还有一条古道，古道夹在大岭头与鸡公山之间，在公路没有开通之前古道是进出坑口的必经之路。"

据介绍，廊前大岭头战斗是方志敏率领红十军入闽作战指挥的一次战斗革命遗址。我查到资料记载：1931 年 4 月，方志敏第一次率领红十军到达闽北党政首脑机关坑口村，入闽作战，首战长涧源，攻下敌炮台后，再战廊前，准备攻打赤石商业街和茶叶集散地，捣毁国民党驻军团的防区。敌人为了阻击红十军南进，从大安调来一个营增援，双方在廓前的大岭头与苦竹坑山脚下的古道相遇，红军利用炮台的优势，占据有利的地形，经过激战，一举消灭了敌人一个营，创造辉煌战绩，为红十军攻打赤石扫除了前进路上的障碍，史称"廓前战斗"。

抗战爆发后，坑口一度成为全省革命中心。1938 年 2 月，闽北红军游击队 1200 余人在长涧源集中，开赴江西铅山石塘镇参加整编。闽北红军游击队编为新四军第三支队第五团。新四军军部发布命令，在村头村成立新四军第三支队崇安留守处，主任曾镜冰，副主任汪林兴。这期间，中共闽浙赣特委、中共福建省委、福建省军事委员会等机关都在坑口，一切革命斗争和抗日救亡运动的指示、决议均从这里发往全省各地。许多重要会议也在这里召开，被誉为"红色都城"。1939 年 7 月，在村头绿村洋山上召开中共福建省委首届党员代表大会，中共东南局陈丕显到会指导，选举曾镜冰为书记。在那峥嵘的岁月里，廓前作为前哨阵地，给坑口革命工作的顺利开展，苏区建设，提供了强有力保证。

那天，我们来到廓前村 47 号，这是廓前村老接头户郑熙风的家。老人 1928 年出生，父亲曾是游击队长，当年她仅十几岁，父亲就带着她参加革命，担任接头工作，给鸡公尖山上游击队购买生活用品，并运送上山。她曾遭到敌人的严刑拷打，至今背上还留下累累伤疤。熙风老人清晰记忆，说是，鸡公岭高山密林也称"岭头山"，是苦竹坑和鸡公尖的统称，上半部村民称"鸡公尖山"，与大岭头一路之隔，在山顶几乎可俯视坑口村全境，前面有大岭头炮台，山势陡峭，仅一条小路通到山顶，遇敌情时还可退守山背后黄墩村。那是革命斗争极其艰难的年代，就是在那样恶劣环境下，郑熙风坚持战斗在游击队交通运输线上。

大岭头山上炮台坚守四年，为保卫福建省委机关的安全运行、中共福建第一次党代会的胜利召开、武夷干校的如期创办、出席党的七大代表平安离开坑口奔赴延安，在政治上、军事上都发挥了重要作用，做出历史性的贡献。

这里是游击队驻地，也曾经是崇安县委、闽北特委、福建省委三级党组织的驻地，这在武夷山革命史上是不多见的。在村委会的座谈会上，郑熙风的二儿子占木清让我清楚了解当年形势，形象地称距洋庄乡 3.5 公里的东村为"白区"、廊前为"红区"。廊前被誉为保卫坑口福建省委可靠的前哨阵地，"闽赣红色屏障"的前哨。

郑熙凤的大儿子占清泉，退休后回家照顾老人并收集红色历史。他很认真地在我笔记本上画出当年闽北苏区根据地的态势图，并告诉我，早在 1930 年，岚谷乡自下而上建立了区乡苏维埃政府，闽北苏区根据地的工厂、商店、银行、学校、医院等同时分布在岚谷一带。

1935 年 8 月，中共闽北分区委在岚谷黄龙岩召开分区委扩大会议，会议确定分三路，朝光泽、顺昌、政和方向，打出外线作战，取得历史性转折的胜利，是岚谷革命旧址的重要组成部分。岚谷之行，让我默读闽北这块红土地有了新的收获，让我对洋庄苏区根据地"红旗不倒""四渡激战""廊前战斗"，有了更深刻、更全面的理解。

在民族解放和革命战争历程中，人民用不同方式为革命做出了贡献，付出了巨大牺牲。特别是这里的"五老"人员，在三年游击战争的艰苦年代，帮助闽北红军经受住"饥饿寒冷""疾病折磨""断粮缺盐""野菜充肠""生存死亡"等 5 个方面的考验，做出重大牺牲和重大贡献。

走近洋庄，时时提醒我们牢记"初心"和"使命"。

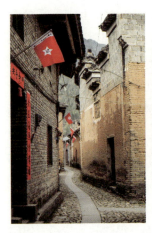 

岚谷横源村

今日洋庄

洋庄，是中国共产党最早创建的革命根据地之一，红旗不倒的革命老区。

这块红土地曾是闽北红色首府和红色都城所在地、红十军挥师入闽地、游击战争支撑地、闽北红军北上抗日出发地、三个中共省委机关驻地、党的七大代表赴延安启程地、闽北爱国游击战争主阵地、三路解放大军入闽地。遍布着多处革命遗址，多处战斗旧址。

新中国成立后，洋庄一路走来，为了缅怀革命先烈，继承革命传统，先后修建大安革命历史陈列室、中共福建省委旧址、坑口革命历史陈列馆、四渡桥阻击战纪念亭等多处革命旧址，对外开放闽北红色首府陈列馆、苏维埃政府旧址陈列馆、红军礼堂、坑口革命历史陈列馆等场馆，作为爱国主义和革命传统教育的阵地。从红色文化的保护、传承、发扬三个方面发力，打造出闽北文化红色品牌，让红色成为这片土地的经典画面和经典颜色。

这次走近洋庄，我同样惊诧于洋庄一路走来所呈现出的日新月异的风貌。

我认真仔细打量起洋庄。驱车路上，映入眼帘的是一片绿色，仿佛绿色的毯子一直铺向山巅。这里的石头似乎都是绿的，一路绿，一路的风景，让你应接不暇，让你心醉。一路随车而行，无论是茶园、茶古道抑或茶厂均遍布沿线的乡村，都让这乡村愈发生机，让我与洋庄的距离更近了。

今日洋庄，境域总面积约 480 平方公里，10 个行政村，乡党委下设 16 个党支部、1 个党总支，共有党员 565 人。洋庄人探索新常态下洋庄域经济转型升级之路。已制定了"红 + 绿""红 + 旅""红 + 创"全面推进社会主义新农村建设的总体规划。打造红色文化品牌，推动红色文化与"茶旅、文旅、体旅、康旅、展旅""大安村 + 红色 + 印记""坑口村 + 红色 + 研学""小浆村 + 红色 + 烈士墓"，做到了"计划、规划、提升"，深度融合，旅游业态、市场培育有极大提升。

乡党委、政府提出"生态立乡、产业强乡、旅游兴乡、村建亮乡"的发展战略。村党支部、村委会以科学发展观为指导，紧紧围绕"美村、富民、强经济"的要求，对照"建设小康示范村"的标准，加大投入力度，狠抓软硬件建设，整治村容、村貌，以"生态发展、生活富裕、乡风文明、村容整洁、管理民主"为目标，推进社会主义新农村建设。这构想的实现，近年，已经成形的新举措项目：保护洋庄乡境内的西溪流域生态，洋庄工业园区引进企业发展工业，建设旅游闲旅游度假村项目，并网西溪水电引水隧道发电，发展竹山、早芋、烟叶、茶叶四大优势特色农业产业，建设新农村农户住宅新区，全乡十个行政村实现村村通水泥路硬化公路、通自来水、建电子信息站，十个行政村公交车停靠亭投入使用，建垃圾中转站、垃圾池、垃圾填埋场，等等。

记忆洋庄，这一切，构成了一幅得天独厚的红色画卷，让我们共同"把红色资源利用好，把红色传统发扬好，把红色基因传承好"。

梅岭寻梅

徐志耕

　　饱览了武夷山的青山绿水，我最欣赏的是万绿丛中红色的山岩。要是没有雄奇的大王峰、峻峭的玉女峰和犀利的鹰嘴岩，这秀美的翠岭碧溪就没有了风骨。正是丹霞地貌造就的赤石红崖，给八百里群峰增添了神话和传奇，也显示了它的刚毅和豪迈。

　　我是第三次来武夷山了，主人邀我去游览大王峰东侧的百里梅岭，这是常人少去的人文胜地，那是一道别样的风景。

　　梅岭因漫山梅花而得名，岭下有长达百里的梅溪。梅溪两岸，点缀着大大小小十几个山村。虽是偏僻村落，但乡风淳厚，文脉绵长，犹以上梅村和下梅村最为闻名。我走进了梅岭，也走进了历史。

　　沿着盘山公路和蜿蜒的梅溪来到了下梅村。村口祖师桥上的古戏台展示了山村悠久的文化。小溪两岸是各式古民居。既有泥墙木板的闽北房舍，也有砖墙木柱的沿街商铺，但最引人瞩目的，是这个只有 500 多户人家的山村中，竟有几十幢石门高墙的明清建筑。每一幢建筑样式大同小异，但格局和工艺有别。石鼓门槛，砖雕门墙，深宅大院。高大宽敞的厅堂上挂有金字题匾，四壁饰有精美字画。史载，柳永、朱熹曾游学到此，这里儒学理学盛行，出过不少进士、侍读、知县、廪生等大小官员。才华横溢的乡贤江贽不愿为官，曾三拒宋徽宗赴京任职，朝廷遂赐少徽坊以表彰，今有圣旨庙供人游览。

　　若论门庭奢华气派，当数邹家莫属。明末清初，江西南丰的邹元老带着儿子来此创业，经几代人苦斗，发展成闽北著名茶商，业务通达四海，还与晋商合伙，将武夷岩茶从水路转陆路远销欧亚，开辟了一条从武夷山出发的茶马古道。邹家从此发迹，每年能赚 100 多万两银子，于是大兴土木，先后建豪宅建祠堂建码头建文昌阁共 70 余幢房屋。邹氏家祠更是气势宏阔，砖雕、木雕、石雕图案精美，花鸟人物皆有故事，是清中期的标志性建筑。最特殊的是大厅中左右两根高大立柱，每根都用四片弧形木拼接而成，这是邹元老苦心构想后留下的遗愿。他有四个儿子，为教育儿孙分家不分心，仍是一家人的团结美德，便以这四片柱传承后人，也为今人留下了家和万事兴的传统文化。

明清两代，下梅村重学兴教，生意通达，出了不少文人和商人。也许是茶商从欧洲听到了十月革命的消息，也许是外地求学的下梅人读了《新青年》杂志，辛亥革命后，思想先锋的年轻人最早接受民主自由的风气，纷纷站在反帝反封建的前列。于是，一点点耀眼的星火像红梅一般在梅岭和梅溪两岸报告了春天的信息。

就在江西城乡暴发工农革命的 1927 年，下梅村 24 岁的邹敬书参加了闽北共产党领导的革命活动，目睹民团横行，土豪黑心，他决心为穷人争平等和自由。邹敬书参加过农民暴动，担任过地下党的星村区委书记和崇安县委书记，后又参加红军任 55 团宣传部部长。为迎接红十军从江西入闽，共同粉碎敌人"围剿"，1931 年 4 月 21 日晚上，他翻山越岭，去崇安城北的鸭母洲村召集区、乡干部开会。会议开到凌晨，敌人包围了山村，邹敬书被捕后，受尽严刑拷打，他坚决不供认党组织的秘密，于当天下午被杀害。

28 岁的邹敬书又名邹福，他为穷人的幸福献出了年轻的生命。今天，下梅村有邹福烈士纪念室陈列着他的遗物和事迹，传扬他梅花一样的品格和精神。

梅岭红梅凝血开。下梅村上游的上梅村，同样有铁血浩气的英雄和翻天覆地的史诗！

村口的两棵老樟树见证了 90 年前风雷激荡的革命岁月。

那是 1928 年秋色烂漫的时节，秋阳刚从东山升起，一声枪响划破了山乡的寂静。中共崇安县委书记徐履峻遵照福建临委的指示组织农民暴动。9 月 28

日一早，他率领 20 多位精壮民众直奔日本买办建造的松木厂。他们捕捉了经理陈光盛，捣毁了松木厂办事处，并在上梅村鸣山寺召开了声势浩大的群众大会，斗争日本买办剥削山民、欺诈穷人的罪行。面对怒吼的人群，陈光盛允诺罚款 1000 块银圆，还写了保证书。大会结束，各村民众分头抓捕土豪劣绅。这是闽北农民暴动的第一声春雷。

10 月 1 日上午，中共崇安县委在上梅村召开暴动大会，全县各乡民众 4000 多人高举红旗、携带土枪土炮参加大会，徐履峻书记宣布暴动纲领，号召"工农群众武装起来，打倒国民党反动派，打倒土豪劣绅，废除反动联首的地保制度，实行平田废债"。并宣布成立崇安县民众局。"工农武装起来！""打倒土豪劣绅！"口号声像山呼海啸。大会结束，徐履峻率领民众 500 多人烧毁缴获的地契屋契和债单，撬开大地主家的粮仓，将粮食分给贫苦农民。接着，在上梅村召开了减租大会，拘捕了 10 多个劣绅，枪决了一个罪大恶极的地主。

熊熊的火焰烧毁了人吃人的压迫和剥削，火焰一样的红旗宣告了一个新时代的诞生。

英勇刚毅的上梅人有过多次打捐棍和反明笋税和竹丝税的自发的农民革命，迫使县政府在衙门口立碑：明笋、竹丝永远无税。1924 年春天，福州的日本商号南华公司派人来上梅村砍伐松木，并扎成木筏投溪漂流，使上梅村水坝撞毁，农田受淹。农民们联名上书并联合控告南华公司乱砍滥伐、破坏农田的罪行，此起彼伏的革命斗争，点燃了全县农民运动的漫山烈火。

1927 年上梅发生了"四一二"反革命事变。血的教训使中国共产党明白：必须用武装的革命反对武装的反革命。当年 7 月，中共中央为尽快恢复福建的党组织，派遣陈昭礼、徐履峻和潘超人（女）3 位同志从武汉出发，到闽北开展建党工作。徐履峻和潘超人都是闽北武夷山的老乡，陈昭礼是福州市人。他们都是在外地求学后接受了马克思主义而加入共产党的青年人。徐履峻当年 30 岁，年长陈昭礼 10 岁，陈昭礼长潘超人 2 年。共同的理想把 3 位福建同乡组成一个坚强的集体，他们将用青春之火照耀八闽山水。

上梅暴动引起了反动政府的恐慌和仇恨，他们妄图扑灭革命的烈焰。10

月31日拂晓，晨雾在山间缭绕，住在上梅村的徐履峻早早起床了，这天他要派人去福州向省委汇报敌情，他要部署保卫上梅的战斗，他还要去赣东北请红军来支援暴动……正当他要迈进民众局大门的时候，从村东和村西两个方向冲过来许多民团的团丁，反动匪首杨锡良带领大批敌人包围了民众局。上梅村的农民武装都守卫在东南山隘，徐履峻一个箭步冲上围墙，在敌人狂叫"抓活的！抓活的！"呼喊声中，一口气翻过几堵矮墙，躲进了一户人家的谷仓。

敌人包围了谷仓，并用枪托砸门。他知道无法突围了，便窜上屋顶，用手枪朝着敌人一阵猛射，几个团丁应声倒地。敌人惊恐地看着站立在屋顶上的徐履峻，匪首狂喊："抓活的呀！活捉徐履峻有重赏！"他哈哈大笑，从容地说："打死我一个，会有十个徐履峻为我报仇！"说完，举起手枪，将最后一颗子弹留给了自己。大山的儿子用青春的热血染红了梅岭。

暴动失败了。福建省委发了《告崇安同胞书》，决定再次发动上梅暴动，便派杨峻德和陈耿二人挑起这副重担。省委特派员杨峻德翻山越岭，找到了崇安县委书记陈耿。杨峻德是闽北建瓯人，他求学北京中国大学，是李大钊的学生。受党的指示，他回到福建故乡开展革命工作。他和陈耿召集各乡党代表在梅岭燕子岩山洞中确定建立武装和再次举行暴动的详细计划。20多位农运领导人杀鸡饮酒，歃血为盟：生同生，死同死，如有反意，子弹穿心！

会后，陈耿带领20多个民众队员赶到下梅村，活捉了恶霸唐锡贯。不久后的一天午夜，数百民众队员高举梭镖大刀，紧随县委书记陈耿直捣反动劣绅的老窝，抓获了围捕徐履峻烈士的刽子手杨守纪等20余人。

上梅村沸腾了！暴动大会有千余人参加。陈耿书记用洪亮的嗓音宣布：处决恶霸唐锡贯！处决劣绅杨守纪！口号声惊天动地：为徐书记报仇！打倒土豪劣绅！

上梅暴动的星星之火燎原了武夷山区。农民武装在崇山峻岭中游击杀敌，开辟了几片游击根据地，建立了以大安为中心的苏维埃政府，16支民众队改编为工农红军后整编为红55团。为了巩固和扩大闽北根据地，1931年春天，方志敏率领红十军从赣东北入闽，和闽北红军密切配合，夺长涧，打赤石，攻崇安，取得了一个又一个的胜利，巩固和扩大了闽北红色政权。今天，坑口村的土墙上还留有方志敏书写的一行红色大字：中国红军万岁！

闽北革命历史纪念馆

梅岭红梅岁岁开。领导和参加上梅暴动的陈昭礼、徐履峻、杨峻德、陈耿等共产党人为闽北的革命斗争献出了热血和生命。他们的英风浩气，留存在武夷山的青松赤石中。峻峭的红岩，是他们不朽的身姿。

武夷山的一位高级品茶师对我说："你观察过武夷岩茶泡开后的颜色吗？舒展了的每片茶叶，中间是绿的，四边是红的，我们叫它'绿叶红镶边'。有意思吗？"

我若有所思地点点头。她的话，引起了我无限的遐想和深深的思索。

救死扶伤　壮歌永恒

李治莹

张山头红军中医院

自古名气飞扬的武夷山水，那方绿色的世界，惊叹了天下游人。然而，20世纪二三十年代在武夷山这块红土地上所积淀的红色文化，因为超乎寻常的厚与重，又震撼着世人的心灵。闻知张山头上还立有一所那个年代的红军中医院，又是当年全中国多所红军医院中唯一一所中医院，在那硝烟弥漫、血雨腥风的革命战争时期，曾救治了一批又一批的伤病员。于是，在一个寒气初袭的冬日，驱车"跃上葱茏四百旋"，直仰红色故事叠起的张山头……

话说红军医院，在那如火如荼的革命岁月中，在各解放区、根据地曾立起多座。因在战火中而生、在征途中而立，大多因陋就简。当然也有别具一格的，如开国将军傅连暲任院长的中央红色医院，就非同寻常。史料称：当年傅连暲曾雇了150个挑夫，挑了足足半个月，才把整个福音医院从长汀一路挑到瑞金叶坪杨岗，正式创立了中共历史上第一个正规的医院。而张山头上的红军中医院，地处758米海拔的高山上，建于人口并不众多的小山村之中，因此不无简陋。但因为自始至终以中草药疗伤治病，把中草药的功效发挥到极致，在众多的红军医院中凸显其特点。

张山头"山"字居中，果真是山山聚涌、峰峰相叠，山之深处，古木参天、云雾缠绕。车行至村前山坡下，只见多级石阶蜿蜒而上，一步一登高。级级台阶由鹅卵石铺砌，在一代又一代行人脚步的磨砺下，早已平滑如切，光可鉴人。不少鹅卵石或许是当年伤病员滴落的鲜血所浸渍，隐约显露出一种别样的红润。似乎都留有绵长岁月的风雨，见证当年红军战士那虽然蹒跚却是不屈的脚步。山腰之中，村头之边见有木结构的房屋，屋门上悬挂的"门诊部"格外醒目，尽管房梁已经在岁月风雨的摧残下，始之破败。但透过掉落的木板间隙向上望去，仿佛看到历史的天空闪烁着几多星辰。顺着毗连的一落落、一间间的房屋步步前行，只见标明内、外科以及住院部、药房、制药厂，甚至于医务室、保卫连等职能部门的牌匾，挂于各个院落门前。虽静静然，无声却胜有声，声声如诉。

张山头，高山一村落，年深日久地贴挂在山崖上。此个原本名不见经传的小山村，却因为当年被择为红军中医院，从此名扬八方。据称：此片群山之所以称作"张山头"，是因为张姓的祖先最早在此建村。但后来因为世事风云变幻，不断外迁，最后全姓迁出。却让杨、曾两姓在此开枝散叶，瓜瓞绵绵。虽已无原张姓人氏，但张山头的地名，却是叫了个天长地久。山高了，林密了，张山头乡亲的纯真质朴，也就天然。然而，在那昏庸无道的旧中国，搜刮榨取民脂民膏已是无孔不入，张山头尽管地处一隅，但也深受被盘剥之苦。当工农红军进入武夷山时，张山头的穷苦人也揭竿为旗，踩着红军的脚印走。

上梅、赤石等各地风起云涌的暴动，让红军战士和手持大刀长矛的勇士们，在枪林弹雨中流血负伤、壮烈舍生。以战士生命至上的各级党组织，在当时崇安各地星星点点地办起多家医院收治伤病员。仅仅大安一个乡苏区的周边，就有陶观厂、陈家垄、石垄、上东坑等多个红军医院。又经八方遴选，确认张山头的父老乡亲一心向着红军队伍，"红皮红心红到骨头"，足以信赖与依靠。在此建院，天时地利人和，让伤病员在山丛林深处一治伤二疗养。恰好张山头上，曾有一户地主三兄弟，建有当时标准的大宅门，一个兄弟一扇门楼，连排三门楼。门楼内层高数尺，厅堂房间齐全。医院建起后，红军就征用了这三大宅院。又有众多乡亲腾出多栋屋宇，以数千平方米的民房村舍，联结起规模不小的医院。所幸张山头村的民房大多设有用来防匪、防盗，水灾时还可泄洪的地道，各家地道皆可藏身。伤病员上山后，为遭遇不测时所需，老乡们还在地道内储备食品。即便地道之外家家户户锅断粮、人无食，也不让伤病员困着饿着。为了防御，村中还居高临下设有三所炮台，严阵以待的中医院警卫连，让三个警卫排各自驻扎一炮台以守备。

在那艰难险阻的日子里，不少赣籍的受伤战士思念战友、几多乡愁。但闻讯红十军在闽北的十几次战役中，仗仗得胜，旗帜高扬，又激励起伤病员的满腔斗志。一天，伤病员正在翘首盼待战友与首长之时，红十军政委方志敏走上张山头，逐间病房一一探望，问候、鼓励每一位战友。说得最多的几句话就是：安心把伤病治好再上战场，待到凯旋时，我带着你们回家乡……说完，敬了个严整的军礼，给张山头留下两挺轻机枪。转个身，又奔赴新的战场……

"山下旌旗在望，山头鼓角相闻"，各路对敌作战的伤病员频频护送于张山头。先后救治了暴动队伍、中国工农红军第十军、红军北上抗日先遣队、红七军团五十八团、闽北红军独立师等各路队伍的伤病员而名垂史册。

父老乡亲

在战争年代，曾流行这么一首民谣：最后一碗米，送去做军粮；最后一尺布，送去做军衣；最后一件老棉袄，盖在担架上……这首民谣似乎也是为张山头老百姓所吟唱的。

在与敌人殊死的搏斗中，一个个战士倒下了、负伤了。以张山头村为主的各路担架队，就山一程水一程地把伤病员抬上医院。村中祖辈行医的杨振昌及周边各村医者，以及从暴动队伍中抽选出平日里以医为生的队员，聚集在张山头。无须动员，不必号召，父老乡亲把抬着、搀扶着上了山的伤病员，无论是浙、赣籍抑或是当地的乡亲，都当作自家的兄弟家人。现代京剧《沙家浜》中，只有十几位新四军伤病员，而那时高高的张山头村里，却拥有十倍八倍的"十八个伤病员"。

村头那一连排被征用过来的房子住不下，村民们就腾挪出自家的房屋。有一户村民，把一间小屋铺上旧稻草，让孩子们睡地铺，腾出一个大间住上伤病员。再不够，便清扫出一间旧牛栏，让孩子们睡牛栏，又为伤病员让出了小屋。倘若再有上山的伤病员，乡亲们就搭棚当病房，采来树木毛竹架病床，稻草做床垫。无论如何不让伤病员被雨淋着，让风吹着。

红军伤病员登上了张山头村，那就是张山头的人。村民们有粮的出粮，有菜的供菜，自家宁可挨饿，也不让伤病员断粮。有一位重伤员因流血过多而昏迷不醒，又无法进食，鲜血的流失、营养的缺失，导致生命垂危。为了拯救这位外省籍红军兄弟的生命，村中有一位分娩不久的村姑，放下怀里的孩子，挤出乳汁，让人掰开伤员的嘴巴，一汤匙一汤匙地喂下。一次又一次，一日复一日，这位伤员终于苏醒，重见了天日。

缺粮了，少菜了，还能往地里一茬接一茬地种，田地不够就山岭山坡以致房前屋后找出地来栽瓜种菜。没食盐了，可就难住了乡亲，饭菜无味事小，伤病员的枪伤刀口没法消毒，时刻都在威胁着子弟兵的生命。而在那白色恐怖的岁月中，山之外的世界已是被强制性"移民并村"，实行"保甲连坐"。有的村庄还被反动势力贴上了"匪村"的标签，受到了严厉的管控和封锁。尤是在反动势力颁布的各条禁令中，老百姓似被捆缚住手脚的同时，还时时性命堪忧。"计口购粮""计口买盐"，如此等等，名目繁多。哪家多买了，哪家就有嫌疑，动辄被殴打甚至杀戮。仍被反动势力占据的地方，不是兵丁荷枪实弹，就是民团耀武扬威。又有几多铲共团、壮丁队群魔乱舞、狼奔豕突地窜扰在各个村镇。最是卖粮卖药卖盐的地方，看得见的明哨，摸不清的暗探，幽灵一般地出没。一有风吹草动，表面上不像兵的却掏出了枪，让子弹上膛；平日里脸上装出笑容的，动辄变脸亮凶器。虽说是风雨如晦、天地昏暗，但在那有盐或者就有命，没盐就得丧命的日子里，张山头村的乡亲无法再顾及自身的安危了，心念念于那一个个几近命悬一线的伤病员，乡亲们一个接一个地走出了山外……

就一个"盐"字，曾经在张山头内外衍生出多少悲壮的故事？

为了能躲过山下那些鹰犬的眼珠子，有位乡亲用一根两头尖的小圆竹扁担（竹串），佯装挑山货走亲戚，一路机警地绕山过梁、弯道涉水，隐秘地来到一个藏有食盐的亲戚家。与亲戚躲在一处柴草间，用一尖头小铁棒捅掉那根小圆竹扁担中的竹节，把盐倒入空心竹筒中，之后在倒盐的那一头塞满布条条。一番扮装后，又挑上些货物出门，再借道欲返回张山头。不幸的是，走出亲戚家才半里地，就被 3 个团丁拦下了。那团丁厉声喝问道：往哪来？到哪去？乡亲回说：往大安呢！一问一答之间，团丁已到眼前，逼着那乡亲放下担子。其中一团丁听到竹扁担撂地下时，发出一种沉闷闷的声响，顿时起了疑心。弯身提在手上一掂量，沉得很。往里一摸索，抽出了一团布条条，往地上一挫，倒出一小堆的盐。一时间，如临大敌，尖着声扯开嗓门喊：这人是共产党！这一声喊，几个团丁都掏出了枪。那乡亲见势不妙，回身撞倒一团丁后撒腿就跑。但没跑出几步，便被身后的团丁乱枪击中，倒地身亡……

善良的张山头村人，以为男人容易引起敌人的警觉，女人进山出山或许会安全得多。于是，有位村妇在山上已经断盐的非常时日里，果敢地下山弄盐了。一番千辛万苦，终于取得了三五斤盐。如何才能把这救命盐带回村呢？苦苦地思忖后，决定以女人的独有便利，把盐一层层包裹好，紧贴在肚子上，再捆绑个结实，乔装成一个身怀六甲的孕妇回村。在那个时期，敌对势力为了把红军伤病员困死，其严酷残忍的手段已经变本加厉。除明哨暗哨之外，还在各个路口上派出了流动哨。那腹部藏盐的村妇，虽然抄小道、绕大弯，避开多个险境危情，却在一个岔路口被躲在草丛中的流动哨发现，随着一声"站住"的喝令，从草丛中跳出两个獐头鼠目的团丁。一番盘查后，心怀鬼胎的一个团丁，此时想起上司说查到偷运的盐重重有赏的话，立马上来了精神。于是倍加用计地在此女隆起的肚皮上做文章，把村妇押解到一个他们的据点细查。这个据点实际上是一个地痞的家，那天，正好地痞的老婆闲在屋内，就交由她搜身……捆缚在肚子上的盐被查出了，这位女中之秀没能活着回张山头村。

在四处乌云压抑的艰涩日子里，不屈不挠的张山头人不肯低头，盐还是要有的，伤病员的伤是一定要治的。在万般艰困的情况下，有几位村民冒险下山搞到盐后，身藏亲戚家把盐溶成盐水，脱下事先洗净的衣服浸泡在盐水里，然后穿回身上。回山后，再把盐浸泡出来给伤病员疗伤。

面对普通之至的食盐，张山头人以命换盐的故事，似乎可以编演成一台令人唏嘘不已的话剧。

偏方良药

张山头，山高林密涧深，在晨曦映照、夜露滋润下，不仅万木生长竞自由，且百草遍布皆芬芳。在那白色恐怖之时期，因为处处森严壁垒、风声鹤唳，西药无从得手，一粒难求。只能"靠山吃山"，医生们就地采摘中草药，把张山头的山山岭岭，当成一座天然的庞大"药房"。所幸村前村后山岭连天，林木稠密，良药遍地，得来不费功夫，乡亲们也就"草"尽其用了。

当年山上的名医杨振昌，少年时曾与另两位师兄弟师从当时乡间有着良好口碑的名医暨德奴。这位很有个性与主见的暨先生，先后让另外两徒弟不再从医，另谋他业，独独留下志笃力行的杨振昌。不负师望的杨振昌，终成中草药疗伤与治病的行家里手。出师后，又根据自己年复一年的行医经验，熟知千百种草药偏方，成为四城八乡的名中医。他常常对乡亲们说：但凡开红花的草药为热性，开黄花为温性，而开白花则多为凉性。山山相连、坡坡衔接的张山头，满目葱茏中，除却断肠草、腐烂草是毒草外，无草不是药。诸如秤心柴、六月雪、金银花、车前草、夏枯草、凤尾草……草草良药；茶叶、枇杷叶、南瓜叶、丝瓜叶……叶叶治病。同时，杨振昌还采取针刺放血方法除毒。在那年月，大有一根针一把草治好伤病之势。

红军伤病员上山后，杨振昌义无反顾地从外乡村回到张山头，倾力救治伤病员。面对那许多伤情各异的红军将士，一诊脉或察看伤口后，便当即知晓哪种草药适宜，哪些根叶可用。他还智慧地教会乡亲们用蚊帐布多遍洗涤，且以高温蒸煮消毒后当成纱布；经三遍洗、三道煮后的旧棉花可当药棉；食盐经加工后当作消炎药水；以蜂蜡、猪油等制成药膏；苦菜、杜鹃花、冬泡刺碾成药粉。甚至冬瓜棚上的冬瓜、田地里的芋子、坡地上的空心菜……都用以治疗各种各样的伤与病。在那药品奇缺的日子里，还以山里人普遍认同的新鲜牛粪疗伤。杨大夫认为咀嚼百草的牛，其粪不仅无毒，且对疗伤有奇效。在牛粪中掺入茶叶，千锤百捣地打烂后，实乃一剂治伤良药，既是偏方又是单方，其药效强劲。

为能有效防患有可能发生的疫情，杨大夫还领着自己的家人，并发动村里各家各户中但凡懂得医学医术的乡亲，以及暴动队伍中的行医人，采用枫果、茶叶、谷子一并撒在炭火里焚烧，之后其弥漫袅袅的烟雾，可让飞扬在空气中的有毒之病菌，当即消亡或逃遁。伤病员在相对洁净的环境中，伤口加快愈合，病痛加速消除。

一天又一天，一夜再一夜，杨大夫等医护日日都借清晨的一抹光亮、夜晚的满天星辰，走进一间间病房，细腻地诊治着每一位伤病员。一天，一位重伤在腿部的伤员被抬上了山，杨大夫用盐水消毒后，仅以一把利剪就成功地为其动了手术。之后敷以草药，不多日便痊愈了。一批又一批的伤病员，在杨大夫等医护人员的悉心诊治下，伤口痊愈了，精气神重新勃发。每每看到准备打点行装下山归队的红军战士，康复后又是斗志昂扬。杨大夫总是无比地欣慰，常常是挥手相别后，目送至看不见其背影……

但有些重伤员药虽到，恶伤却不能除。当他们含恨离去，由乡亲们抬到后山黄泥塘埋葬之时，杨大夫总是万般不舍、异常痛惜。让杨大夫铭心刻骨的是烈士潘骥之牺牲，始终不能释怀。那是一个风雨之日，红军独立团第二任团长潘骥在一次战斗中不幸被敌人的一颗子弹击中左边的腮帮子，那子弹又凶猛地从右边的腮帮子穿出。满头满脸都是鲜血的潘骥，被战友从战场上救回，后被几位村民抬上了山。杨大夫率领医术最好的外科大夫，急如星火地投入了救治。各位医生都使出了浑身解数，以最有效的手段、最能疗伤的药物，试图挽救潘团长的生命。但历经 3 个昼夜的抢救之后，终因伤势太过严重，无力回天。油干灯草尽的潘团长，身亡命殒，魂归战场。面对英烈的逝去，杨大夫等哀伤不已，心口上如同压上了一块大石，久久沉重重地无法卸下。

无法忘却的记忆

在张山头乡亲杨学文的记忆中，当年源源不断的伤病员上山了，因村小人少的张山头再也找不出房屋了。在不幸遇上痢疾传染病流行之时，为使伤病员不染此疫，乡亲们让出赖以生存的田地，在红军中医院路边再兴建一座新病房。后来中医院撤离，上山肆虐的白军一把火焚毁了此病房和多座民居。然而，野火烧不尽，春风吹又生。没有屈服的张山头人一俟恶风腥雨过后，便回乡重建。病房遗迹虽然依稀、面貌朦胧，但储存之历史没有被岁月的风雨稀释。

在张山头的山顶上，立有令人震撼的庞大坟茔群，在那挂着红飘带的坟茔行阵之中，有多少英烈是经救治后无效逝去的红军将士？早已载入闽浙赣革命史册的张山头红军中医院，虽然早已暗淡了刀光剑影，远去了伤病员们的音容笑貌，但父老乡亲与红军伤病员情逾骨肉的场景，似乎依旧飞扬在眼前；血与火之歌，仿佛犹在耳畔回荡。

旧景胜迹，还看今朝，2012年，张山头红军中医院遗址被中共中央党史研究室列入全国革命遗址名录，2016年，又被中共中央宣传部、国家发改委等14个部委列入全国红色旅游经典景区名录。从此，张山头红军中医院遗址，不仅仅是一排排房屋，却是因为有诸多的真实故事而鲜活起来。最是那不可磨灭的红色精神，当以用心地守护和弘扬。

张山头上，救死扶伤的记忆不会忘却，更有那一首首悲壮之歌永恒！

永恒的军阵

张德崇

走进武夷山革命老区，令人震撼的是张山头那方圆 1000 多亩的茂密竹林中，散落着 1000 多座无名红军坟茔。

三块青砖，一根竹竿，一条红飘带，标记着一座红军墓。没有姓名，没有番号，没有铭文，剖开的半截竹竿上是红漆标识的编号。满山遍野的红飘带迎风招展，那长眠于地下的 1343 座先烈遗存，共同站成一座永恒的军阵。

这些与青山永在的无名红军墓背后，究竟隐藏着怎样的故事？

隆冬时节，我随红色文化采风团前往拜祭张山头红军烈士墓群。

途中，随行的闽北革命历史纪念馆罗馆长沉重地告诉我："20 世纪 30 年代初，张山头有我们闽北红军中医院。第五次反'围剿'时期，当地发生多次中小规模的战役，伤病员都集中在张山头治疗，当时缺医少药，不少伤病员不治牺牲，都埋在了张山头。许多人跟随红十军入闽作战，牺牲时只有十六七岁，没有名字没有记录，家人到今天都不知道他们埋在这里。到目前为止，经普查确认的有 1343 座无名红军墓。未经确认的，还不知有多少。"

这个数字让我感到吃惊。

长久以来，我们被武夷山秀美的风光和名扬海内外的大红袍所吸引，渐渐淡忘了这片土地曾经被鲜血染红。很多土生土长的本地人，也都不知道距离市区 20 多公里的深山里，居然有如此规模的红军墓群。

张山头地处闽北深山，海拔 800 多米，但是道路非常崎岖。Z 字形道路两旁，一边是深渊，一边是山崖。当我们驱车小心翼翼过了 10 多个急拐弯之后，终于顺利到达山顶的张山头村。

下了车，往下一看，葱茏阴郁不见底。远眺对面是连墩水库，近前则有一大片平整的土坪。据说那是当年红军用过的练兵场，不打仗的时候，战士们每天都会在那里训练。

进得村来，我见到了武夷山市人大退休干部、张山头人杨学文。这位从小就生长在张山头的革命后代，今年 67 岁，身板硬朗。作为张山头红色文化宣传志愿者，杨学文一星期最少也得跑三四趟，主要是陪同和接待各路人马来张山头调研、凭吊、寻访等，一遍遍耐心回答大家提出的大同小异的相关问题，谈论曾经在这里发生过的一切往事……

我静静地听着他讲述：小时候经常到后山砍柴火，对于山上林地里那片红军墓群总是感到好奇又害怕，也经常听大人们讲关于红军墓的事情。我家的老房子曾经是红军医院的住院病房，我奶奶是红军洗衣队的队员，负责给伤员洗衣做饭。

1935 年第五次反"围剿"时，洋庄一带的深山中战事频繁惨烈，伤员最多的时候有 1000 多人，那时缺医少药，无法及时救治，很多伤员早上送来时还活着，到晚上人就没了。听我奶奶说，伤员们的衣服上都是血，洗的时候，女人们边洗边哭……

杨家奶奶经常唱起那首在当地广为流传的《红军洗衣歌》："勇敢的红军们，勇敢的红军们，你是我的哥，我是你的妹，送干菜，送香茶……"

现在的张山头，也只有寥寥几个年纪大的村民能唱出这几句词，更多的歌词，甚至连他们也不记得了。

放眼望去，张山头村挨挨挤挤大概有 10 多幢老房子，石块做的地基，黏土造的土墙，门廊高大，有简单的雕花，大多都是老一辈留下来的祖宅。年轻人都下山进城打工，山上现在只有 10 多个中老年人在留守。

100 多年前，因为地处闽赣交界处，张山头曾经很繁华，店铺林立，过路的行脚客都会在这里歇脚、吃饭。岁月沧桑，如今那些铺子都成了残垣断壁，村头至今还有一条闽赣古道，铺着溜光水滑的青石板，名谓"红军路"。

沿着石板继续上山，走不多远，眼前赫然出现一片空地，矗立着一堵石质纪念墙，上书一行红色大字："张山头红军先烈永垂不朽！"

石墙的基座上镌刻着如下铭文：

　　武夷山是原中央苏区县，张山头是第二次国内革命战争时期闽北苏区红色首府大安和福建省委所在地坑口的中心点，是方志敏式革命根据地的重要组成部分，这里曾是闽北红军中医院，中共闽北分区委和闽北红军独立团的驻地，方志敏曾在1931年5月到此看望伤病员。这里也是国民党反动派的重点进攻区域，多次发生惨烈战斗，闽北红军独立团两任团长谢春钱、潘骥，红58团政委陈一等红军指战员均在保卫张山头的战斗中牺牲。因战事艰险，环境恶劣，医疗条件差，牺牲的战士多，遗体匆忙掩埋，未留姓名。从1928年至1935年，在东坑头、瓦窑、墓坪、黄泥潭仔四大片区的千亩山林中，形成了规模庞大的墓葬群。2016年发现红军墓冢一千余座，"红军墓"碑一方。经核实，墓中人员身份为闽北红军、红十军，红军北上抗日先遣队牺牲人员，苏区干部和赤卫队员等。

　　驻足细看，纪念墙周边有战壕、炮台、瞭望哨等阵地构筑，纪念墙前后的半山坡上插了很多竹条，上面绑着红丝带随风飞舞。陪同采风的市有关领导介绍：那一根竹条，就代表一座坟茔，里面掩埋着一个甚至多个红军烈士。

　　当地村民说，那时牺牲的人多，有的墓坑里会同时埋葬好几个人。80多年风雨侵蚀，用作墓门的3块青砖有的被地下冒出的密密麻麻的竹子顶得东倒西歪，导致很多坟茔很难辨别。

　　近旁的一座坟墓前，有一只酒瓶，显然不久前刚刚有人来这里祭祀过。

　　离开纪念墙继续往深处走，一个斜坡下有一座新建的亭子，玻璃罩里面是一块80厘米高的黑色石头，粗粝的石上方刻有一个红角星，正中隐约可以看到三个字："红军墓"左下方落款："三一年立"。

　　80多年的风雨侵蚀，这些字迹模糊不清，极难辨认。

　　据说这块用作墓志铭的石头，是2016年被发现的，当时它被埋在杂草丛生的竹林里，多年来难见天日。

　　正是这一方没有任何矫饰的石碑，如今成了唯一能够证明这里曾经埋葬了

1000 多名红军烈士的铁证。

那么，这里安葬的其他无名红军先烈，他们是谁？家在哪里？有着什么样的经历？他们的后人知道先辈安葬在这里吗？

据考证，安葬在张山头附近墓群中的人员身份，可能有在医院医治无效牺牲的伤病员，也有在张山头一带战斗中牺牲的红军战士，以及"肃反"时期被错杀的红军官兵和苏区干部，等等。

其中由官方通过墓地遗物确认的，有大量方志敏率领的红十军进军崇安的伤病员和中国工农红军北上抗日先遣队送来的伤病员。

有证据表明，1934 年 9 月，寻淮洲、乐少华率领的北上抗日先遣队到达崇安东部的浦城时，由团政委洪家云率领 5 团 2 营 4 连、6 连两个连护送 100 多名伤病员到张山头红军医院治疗，其中因伤治不愈而牺牲的，不在少数。

大安村闽北红色首府

当然，外界也有人质疑这片红军墓群的真实性。

武夷山市政府在 2016 年成立了专项联合核查组，结论是肯定的：这里确定无疑是红军墓群。

首先，张山头的 10 多户居民皆为杨姓一门，属于大家族，无论谁家有人去世，墓葬形制都会严格按照习俗修造，立有墓碑，非常考究。而且坟墓布局比较分散，数量很少，几乎没有扎堆出现的。而且张山头的杨姓、曾姓、张姓都有各自的祖墓山，百年来去世的族人只能葬在祖墓山。

而红军墓群非常简陋，无名无姓无墓碑，墓群密集且排列整齐有序，数量尤其惊人，1343 座，这绝不是一个小山村的十几户村民所能形成的墓群。

第二，在实物方面，2016 年 5 月 13 日在山上发现的红军墓碑，进一步说明张山头村确实掩埋有红军将士。

第三是人证。

山下的小浆村原支部书记黄光东曾听自己的老红军爷爷黄洪进多次说过山上的张山头有红军医院，伤员都是从小浆村的桥头抬到山上治病的。有一年医院暴发传染病，死了很多伤病员。

小浆连墩村的廖正忠的父亲和爷爷当年都往张山头抬过伤员，也抬过牺牲者。他们说伤员有很多排以上的干部，大多来自红四军、闽北独立师、方志敏的部队、黄立贵的部队、军分区独立营等部队。

张山头人、现住洋庄的杨大北曾听母亲多次讲起去红军医院帮伤员洗衣服洗绷带的往事："用来洗衣服的石板都洗凹下去一块，溪水都被染红了，用这溪水灌溉的农田都绝收了。"

大安村书记暨功明的父亲是老红军，他记得 1978 年江西省军区司令员谢锐曾经到过大安，提到过张山头是红军休养所，排以上干部会被送到张山头休养。

张山头红军医院规模并不大，只有八九个医生，起初病人只有 100 多号。可后来战事吃紧，越来越多的伤员络绎不绝被抬上山，亟须救治。可是局势危急时期，医院连药都没有，根本无法救人。

小浆罗墩村老村长黄声春听父亲说起过张山头伤病员很多，没有药，病人很痛苦，死的起码有 1000 余人。

罗墩村老党员尤长孙的外公黄鸿清当年在张山头参加红军，在此参加过战斗，曾说张山头上面部队有 1000 多人，牺牲的人都埋在后山。

罗墩村民尤高辉的父亲尤庭章参加了红军，母亲参加了妇女洗衣队。他曾听父母说当年死在张山头的红军有 1000 多人，有受伤不治走的，有生病死的，有被误判错杀掉的，死的人太多了，棺材都做不过来，都在后山挖坑掩埋了。

村民杨朝富的奶奶也是妇女洗衣队的成员，老人曾说："战士就那一身衣服，没的换，衣服都很臭，很不好洗。刚开始有棺材，后来人多了，就简易用板材钉一下，再后来（更多了）就一起（挖坑）埋了。"

张山头村民杨朝福的奶奶吴容珠是红军医院洗衣班的班长，经常能见到黄立贵和黄道。"他俩个子都很高大。"吴奶奶在世时还说过，"十几年前有江西人来这里，寻找当年参加红军在这一带作战的先人的墓，没找到。"

老人们还说，张山头这块英雄的土地上，发生过许多次十分惨烈的战斗。

1931 年 2 月初，为保卫党政机关坑口的安全，闽北红军独立团在这里与福建省防军钱玉光旅作战，红军独立团第一任团长谢春钱不幸牺牲。

1931 年 5 月，继任的独立团团长潘骥又在保卫张山头的沙枭洋战斗中负伤牺牲。

1935 年 1 月，国民党张銮基 45 旅分兵进攻大安，团长黄立贵和团政委陈一率领红军 58 团在张山头一带阻击敌人，陈一在战斗中牺牲。他们都被埋葬在张山头。

不只是这些红军将领，还有更多的红军战士，或在作战中当场牺牲，或伤重不治而亡，牺牲后就埋在后山。

随着战事繁多，牺牲的人也更多了，渐渐埋遍了附近的好几个山头。战时情况紧急，这些红军墓群都没有名字，排列整齐的一排排墓门以三块青砖垒砌，仅以此作为标志。

对于牺牲的红军战士，善良的张山头村民竭尽全力给予善后。

1933 年夏秋之交的一场急性痢疾、打摆子等传染病，红军中医院伤病员生疥疮、发烧，死亡率骤然增高，曾经一次牺牲人数高达 200 多人，村民只能将他们的遗体抬到后门山上成批仓促安葬。

听老人说，有的一个墓坑里甚至埋了好几个人。没办法，埋不过来了。村民老杨叹息道：前几年，有的村民在后门山挖笋时，一不小心还会挖到遗骸。

青山处处埋忠骨，何须马革裹尸还。

站在墓志石旁边，举目四望，竹林中密密麻麻的红丝带在风中摇摆，在那下面的土地里，长眠着上千英魂。他们大多是不到 20 岁的年轻人，因为生于战争年代，还没来得及享受生而为人的乐趣，就扛着枪弹奔向战场，将一腔热血献给了这片土地，牺牲 80 年后仍然没有墓碑，没有阵亡名单，没人知道他们是谁？家住哪里？

更没人知道，他们的家人和后代何时才能来祭奠先烈……

然而，我却听说了有这样一对父子两代人漫漫寻亲路的故事。

那是 2008 年夏季，距离武夷山约 500 公里之外的江西上饶余干县一户潘姓人家里，83 岁高龄的老人潘嘉馥生命垂危之际，他拼尽最后一口气，给儿子潘迪渊留下一句遗言："一定要找到你爷爷潘骥的遗骨，带爷爷回家，让爷爷落叶归根。"

潘骥，江西余干洪家嘴乡金家滩潘家村人，是潘嘉馥从未谋面的父亲，也是潘迪渊从未谋面的爷爷。他当年考入国民革命军五军随营学校后，回过一次家，从此便失去联络，几十年间一直杳无音讯。

潘骥的儿子潘嘉馥长大成人之后，母亲章氏叮嘱他要设法寻找父亲的下落。

世事苍茫，该去哪里找呢？

此时潘嘉馥并不知道，父亲可能是担心牵连家人，考入军校时就已经改名叫潘祺，后来参加革命又改名为潘骥。

连人名都对不上，他又该如何寻找父亲的足迹？

可潘嘉馥还是执着地找了下去，这一找，就是 50 年。从青年到老年，从青丝到白发，他始终没有找到父亲的下落。

直到 1998 年的一天，潘嘉馥的朋友给了一本书《可爱的中国》，是方志敏写的，里面收录的一篇叫《我从事革命斗争的略述》中记载了这样一段话："团长潘骥同志（他是余干人，训练队伍很好，作战也勇敢……）就在攻土屋时，被敌弹打破了嘴巴，抬回来待了三天就牺牲了。"

文中的"潘骥，余干人"字样令潘嘉馥悲喜交集。喜的是，他几乎可以确定这个叫潘骥的人就是自己的父亲潘锺彝；悲的是，苦苦寻找的父亲早已在70年前的战斗中牺牲。

接下来，他的任务就是确认"潘骥"就是父亲的化名，再找到父亲的安葬地，将遗骨接回老家安葬。

方志敏的这篇文章无疑成了潘嘉馥寻找父亲的重要线索。

潘嘉馥是当地中医院的主治医生，也是余干县政协委员。一次政协会议期间，他偶然在一份文件中发现了关于父亲生平的完整记载：

潘骥，又名潘骐、潘锺彝。1925年参加国民革命军，历任排长、连长等职。1928年任鄱阳县警卫团连长。1930年5月在地下党员、老乡李佩的帮助下决定率部起义，结果因叛徒出卖被捕，被关押在乐平监狱。6月，方志敏率红十军攻克乐平，救出潘骥。潘骥参加赣东北红军，任红十军84团团长。1931年1月，潘骥被派往闽北，担任闽北红军独立团团长。5月，在梭坨杨村的一次战斗中负伤牺牲，时年35岁。

在负伤被送进张山头红军医院的最后日子里，潘骥唯一能够确定的，是自己将会和许多战友一起长眠在这个叫作"梭坨杨"的深山里。他无法预料自己身后发生的一切，更不会知道他的儿子将会用大半生的时间寻找他的下落，儿子没找到，孙子乃至曾孙会继续找，直到让他落叶归根。

半世寻找，一生牵挂，漫漫寻亲路，潘嘉馥走了几十年。

父亲去世后，时年29岁的潘迪渊，接过父亲交给的寻亲任务，在漫长的艰难寻找中，日子飞逝而过，一晃又是十年。

功夫不负有心人。2018年12月26日，潘迪渊寻着"梭坨杨"的地名，终于找到张山头，来到爷爷战斗牺牲的地方：沙渠洋。这里的老百姓讲的都是方言，他们用土话所说的"梭坨杨"，其实就是沙渠洋。

正是在距离张山头只有三里路远的沙渠洋的一次战斗中，潘骥被敌人左脸打穿到右脸，送到张山头红军医院治疗三天后牺牲，就地掩埋。

"爷爷！我来看您了！"站在红军墓群前，潘迪渊痛哭失声，就是"梭驼杨"三个字，让我们两代父子找了这么多年！

他难掩悲痛，周围的人也纷纷落泪。

几十年的寻亲终于等到答案，这个瘦小精干的江西汉子久久地跪拜在红军墓前，他哽咽着说："爷爷和战友们已经化作了青山，这漫山遍野都是他的英魂。爷爷的墓已无处可寻，如今只能带回一抔土，让他和无名英雄们一同留在这里了。"

静谧的张山头在众多的祭奠者的抽泣声中依旧沉默，而它注定从此不再被无视和冷落。今天有一个潘迪渊，明天就会有更多的后人来这里寻找先烈。

如今，张山头红军墓群被列入全国重点文物保护单位，红军中医院也被列入全国红色旅游经典景区行列。截至目前，张山头已经发现标记1343座红军墓，这肯定不是全部，对红军先烈的追寻仍在继续……

张山头，寄托着苏区人民对革命先烈的深厚情感。清明祭扫，中元焚香，当地村民80多年来从未间断。

张山头，表达着后人对化作青山英魂的绵绵哀思。每年清明时节，武夷山各界群众都会在这里举行仪式，祭奠在革命斗争中英勇牺牲的英烈们。

张山头，倾听着前来拜谒者对长眠于此的无名烈士的心声。他们的感念、感怀、追思、留言，不仅直击泪点，还直击心灵。

这里有无数革命先烈的信仰，他们化作了一座永恒的精神丰碑，给你教育启迪，给你灵魂净化，给你鼓舞激励，给你前行力量。

此刻，我带着感动和敬仰，伫立在张山头无名烈士墓前，铭记历史，缅怀先烈，追忆往昔，仿佛看到了当年红军队伍冲锋陷阵的身影，听到了战士们向敌厮杀的怒吼，耳边陡然响起了随行作家何英大姐作词的歌曲《无字碑》，深情的旋律令我动容，禁不住泪水夺眶而出……

在繁星中，我寻寻觅觅，在闪耀的群星里，哪一颗是你？

在原野上，我觅觅寻寻，在茫茫的大地里，哪一株是你？

啊，无字碑哟无字碑，在岁月的长河里，那光芒的日月，有一缕就是你。

啊，无字碑哟无字碑，在辉煌的大地上，最鲜艳的那一朵，那一朵就是你。

啊，无字碑哟无字碑，在阳光下，那灿烂的阳光，有一束就是你。

啊，无字碑哟无字碑，在共和国的基石中，那奠基的一块就是你，就是你。

赤石渡口

郑鲁南

从武夷山回来，印象最深的是赤石渡口。

原以为我对赤石渡口并不陌生，在新四军赤石暴动的史料里，在幸存者的回忆录里，赤石渡口是一个再熟悉不过的地名。可是当我第一次走近武夷山崇阳溪赤石渡口时，才知道，赤石渡口早已废弃。荒芜的草丛中，一块青灰色的石碑写着：赤石暴动地址。鹅卵石铺砌的河堤上，4 个红色的大字 "赤石渡口" 标明赤石渡口曾经存在的位置。当年的码头、渡船寻不见踪影，只有川流不息的河水在无声地述说。望着河对岸的赤石暴动纪念园，青山上高耸的烈士墓，很难想象，77 年前，这里曾发生过惊天动地的赤石暴动。多少历史往事已经烟消云散，但是在人们心里，依旧余响不绝的是赤石暴动亲历者经过磨难留下来的真实记录。

一

这是历史上一段无法抹去的记忆。

1941 年 1 月 6 日，国民党第 3 战区突然调转枪口，调集 7 个师 8 万多人的兵力，奉蒋介石之令围攻从安徽泾县移防的新四军军部和直属部队，制造了震惊中外的皖南事变。

上饶集中营，就是国民党当局为囚禁皖南事变被拘的新四军官兵和爱国志士设立的。我的老师、解放军文艺出版社原社长王传洪的哥哥王传馥，就是在上饶集中营惨遭活埋，王传馥牺牲的日期是 1942 年 5 月 28 日，年仅 23 岁。那一年，王传馥的弟弟、15 岁的王传洪也参加了新四军，当时王传洪并不知道他的三哥王传馥已经牺牲。直到 1949 年 6 月，王传馥的父亲王翔云才得知儿子王传馥已去世多年，百感交集的老父亲抱病写下了王传馥追记："以弱冠之年献身伟业。不虞……皖南事变中无辜被执，惨遭酷刑。""狱中同志不能卧待杀戮，共谋起义，而传馥于断后，身受重伤，不幸牺牲。""回溯往事，凡有血肉，宁不伤心？路阻音隔，此 8 年中家人无不相望。"全文不足 500 字，读之悲怆，肃然起敬，这不仅仅是父亲写给儿子的血泪追记，也是写给那一代人坚定为之奉献生命的信仰。

在武夷山，也有一个关于父亲的故事。

2008 年 4 月，赤石暴动纪念馆迎来了一位前来寻找父亲的特殊客人，叫

新四军赤石暴动纪念馆

汤意诚，此时他已经 76 岁了。4 岁那年，他的父亲汤定波告别妻儿，投奔了新四军。自此，他与母亲再未得到过父亲的任何消息。半个世纪的寻找，没有人知道汤定波在哪。直到 2002 年，也就是汤意诚母亲与世长辞的第 2 年，他才明确获悉，自己的父亲汤定波是在皖南事变中被俘，是武夷山大安五烈士之一。当白发苍苍的汤意诚走进赤石暴动纪念馆，第一次抚摸墙上父亲的照片时，禁不住老泪纵横。

为什么 72 年后汤定波父子才"团聚"?

为了核实此事，我联系了 86 岁的汤意诚。原来，汤定波在皖南事变被捕登记姓名时，为了不连累家人，保守组织秘密，改名换姓叫唐金虎。在当时特定的历史条件下，改名换姓是一种斗争策略，但是客观上却增加了事后查找核实的难度。

《上饶集中营人物名录》中记载，在关押的 757 名新四军将士中，有 369 人用了假名、化名；在 100 位被囚的共产党人和爱国进步人士中，有 50 人用了假名、化名。武夷山大安牺牲的 5 位烈士，有 4 位用的是假名、化名：马六（沈韬）、周青（周奎麟）、唐金虎（汤定波）、伍国材（黄刚培）。其中，唐金虎就是汤意诚的父亲。这 5 位烈士牺牲在赤石暴动的前夜。

据赤石暴动幸存者赵天野回忆：赤石暴动前，他和马六被关押在同一间牢房，"支部书记沈韬领导狱中的对敌斗争，在石塘制定了暴动计划、行动口号、现场指挥、发动的暗号等"。但是谁也没有想到，6 月 15 日深夜，敌人突然把沈韬、周奎麟、黄刚培、汤定波、王铁夫等 5 位新四军干部带走审讯，分别关押拷打。为了保守暴动秘密，他们被敌人用马刀活活砍死。

新四军指战员在集中营经受了欺骗利诱和残酷折磨的考验，为了回到新四军重返抗日战场，他们坚贞不屈，坚持斗争，随时准备冲出牢笼。就在沈韬、汤定波等 5 人被害的当晚，第 6 中队迅速产生了 4 位新的暴动领导人：陈念棣、王东平、阮世炯、赵天野。

赤石暴动的发生，绝不是偶然的。

二

1942 年 6 月，日军侵犯浙赣铁路沿线，国民党第 3 战区由江西上饶撤退福建，上饶集中营奉命向闽北迁移。上饶集中营 6 个中队 700 余人，由国民党宪兵 8 团一个加强连武装押解。6 月 17 日下午，队伍行经崇安县赤石渡口等待过河。赤石暴动领导人陈念棣看着默默不语的赵天野，露出了久违的笑容。他低头抖了抖鞋里的沙，顺势看了看周围的环境，敌人宪兵队的机枪架在赤石渡口，6 个中队依次过河。为了赶时间，各个中队前不等后，渡过一个中队，各中队单独带走，赶在天黑前到达下梅村宿营。渡口有一条小船两张竹筏，每次只能运送一个分队，一个中队 3 个分队要 3 次才能从渡口过河到对岸，每次往返时间约半个小时。河对岸是一大片稻田，越过稻田，便是丘陵，山高林密，正是暴动的最佳选择。

秘密党支部当机立断，举行暴动。

心有所向，不问生死，只待一声号令。当 3 个分队过河到达集合地点，宪兵班的木船尚未靠岸时，暴动指挥员王东平高呼了一声"有"。听到暴动口令，同志们唰地一下全站了起来。一个举着步枪的哨兵愣了一会儿突然喝道："你们想干什么？"千钧一发之际，王东平大喊一声："同志们，冲啊！"一声令下，第 6 中队 80 多人一跃而起，成扇形展开，互相呼应，向稻田后面的密林狂奔。

现年 96 岁的上饶集中营幸存者季音（《人民日报》农村部原主任）告诉我："在赤石暴动中有一位木刻画家叫林裕（林夫），是 1937 年参加革命的共产党员。他身有残疾，两腿走路不便，在赤石暴动前，秘密党支部征求他的意见，他坚决支持。可是试想一下，一个走路都不方便的人，怎么能跑得过敌人的子弹呢？果然，赤石暴动枪响之后，林裕没跑几步就被国民党特务枪杀在赤石河边。林裕同志早就对我说过，根据他的身体状况，越狱是困难的，他准备死在集中营里。"慷慨赴死的林裕，实践了他坚定不移的决心。同样悲壮的还有 19

岁的翟祖辉，为了掩护战友突围，他紧紧抱住举枪的哨兵不放，直至壮烈牺牲。

赤石暴动的胜利，引起了国民党第 3 战区震怒，迅速将上饶集中营被囚禁人员重新编队，实施报复性杀戮。6 月 19 日，敌人在虎山庙后山的茶林，秘密将 59 人分 3 批枪杀，除秦烽一人幸存，其余全部殉难。

秦烽是虎山庙屠杀中唯一的幸存者。

三

多年后，秦烽回忆起被枪杀的瞬间，依旧难以释怀。

一开始，他叙述得惊心动魄、断断续续，无法理清整个事件的脉络。后来被一次次问及，一次次述说，他渐渐觉得那个场景就发生在眼前，他可以倒背如流，可以意味深长，可以冷静思考，甚至可以容忍旁人对他的怀疑甚至种种猜测，但是他从来没有掩饰过对虎山庙大屠杀的愤怒。因为，虎山庙屠杀已经成为秦烽生命的一部分。

秦烽原名秦蕙奇，被俘后化名秦夫烽，皖南事变前，在新四军一支队一团任特派员干事。新中国成立后，秦烽在上饶集中营的经历，在历次政治运动的审查中，都被怀疑成"叛徒"甚至"特务"。无论是质疑还是隔离审查，秦烽都坦然面对。赖少其有感于秦烽死里逃生的经历，为他写下了 4 个大字"大难不死"，赖少其也是上饶集中营幸存者。皖南事变被关押的 757 名新四军官兵，近 400 人在上饶集中营被折磨至死。在赤石暴动前后，有 73 位新四军干部和爱国志士牺牲，他们平均年龄只有 25 岁。

我特意去了赤石镇附近的角亭村虎山庙，虎山庙十分简陋，这个名不见经传的小庙，因为国民党在小庙后山制造的骇人听闻的屠杀而被人所熟知。看着虎山庙青烟缭绕，突然想起《三国演义》关公虽死，游魂不散，悠悠荡荡找到普净长老："还我头来！"

在日寇入侵、中华民族的危难之际，国民党的刀枪不杀日本人，却拿枪口对付奔赴抗日战场的新四军，以一国政府之名大肆抓捕、杀戮爱国志士，这样的悲剧震痛千古。

　　走进赤石暴动纪念园，隔江相望的赤石渡口，就像历史的守望者，阅尽千帆的崇阳溪，早已是赤石暴动的见证。赤石暴动纪念馆的负责人路遥告诉我：新中国成立后，党和政府在赤石暴动地址，修建了赤石暴动烈士陵园，他读小学的时候，清明节前后学校就会组织学生从赤石渡口坐船，去祭扫赤石暴动的英烈。如今，交通便利，随着高速公路的发展，赤石渡口渐渐失去了船运摆渡的功能，但是"赤石渡口"4个红色的大字却不会褪色。赤石暴动纪念馆，每年都接待数十万人，赤石，早已列入"全国100个红色旅游经典景区"。

　　武夷山，是中国共产党最早创建的革命根据地之一，在群山峻岭中，遍布着50多处革命旧址和100多处战斗遗址，是红旗不倒的革命老区。走进这片红色的土地，我突然明白，赤石暴动为什么会发生在武夷山，赤石暴动纪念园铭刻着一个国家和民族的永恒记忆。

聆听红土地上的足音

聂炳福

2020 年末一个风寒潇潇的周日，我随老同志王公经及刘振明烈士后人刘进财一道，驱车前往武夷山市岚谷乡横墩行政村乌山寺自然村，寻访刘振明先烈的革命事迹。乌山寺自然村坐西北朝东南，背靠虎山，西面和北面是重重山峦，黄龙岩主峰在西北面若隐若现，地势隐蔽。东有 100 多米宽的岚溪阻隔，村中有发源于犁壁尖高山的小溪流过，村前有东西走向 300 余亩的田垄与岚溪河畔 800 多亩烂泥田相连。当年，岚溪水深流急，东南走向只有一条经过竹山尾的小道，将乌山寺村与邻近的其他村落链接在一起。从地形地势来看，乌山寺村在土地革命战争时期，确实是红军游击队屯兵训练的理想之处。

在第一次土地革命的浪潮中，乌山寺村就是崇浦区、岚谷区苏维埃政府、崇安县苏维埃政府岚谷对外贸易处所在地。区苏维埃政府主席刘振明就出生在这里，并在这一带从事革命活动，组织和领导群众开展土地革命斗争，深受苏区百姓的景仰和爱戴。站在这块红色土地上，目之所及，远处高高的山冈上（炮台遗址标志）有红旗迎风飘扬。看到此情此景，我似乎能触摸到烽火岁月中轰轰烈烈的革命气场，耳际仿佛听到民众觉醒的呐喊声，在我心中掀起一层层波涛。

刘振明（1892—1933 年）出生于福建省崇安县岚谷区乌山寺村，1925 加入革命队伍，先后参加过苏维埃政府农民协会、民主进步团等革命组织，1927 年参加中国共产党。他曾任岚谷区苏维埃政府主席、崇浦区苏维埃政府主席，领导地下革命组织，与陈耿、徐福元等人一道联络各山头革命力量组织开展斗争。1933 年 4 月，因误为"改组派"被错杀于大安。《武夷山革命英烈名录》中记载着刘振明不平凡的革命一生。

1932 年 9 月，方志敏第二次入闽作战进军浦城曾在乌山寺村驻扎。1935 年 3 月，挺进师师长粟裕率领 500 余人，在这里进行为期 5 天的部队整训。如今，乌山寺村作为岚谷乡红色文化系列旅游景点之一，接受着人们的瞻仰。

百姓拥戴的苏区好干部

1930 年 5 月 1 日，崇安县第一次工农兵代表大会在上梅乡召开，成立闽北第一个县级苏维埃政权——崇安县苏维埃政府。至 8 月，崇安县设立了 18 个区苏维埃政府和 234 个乡（村）苏维埃政府，苏维埃土地革命运动如燎原烈火熊熊燃烧。1930 年 5 月起，岚谷区苏维埃政府和崇浦区苏维埃政府相继在乌山寺村刘振明家成立，刘振明任区苏主席。1930 年 10 月至 12 月，崇安县苏将 18 个区苏合并为八大区苏，岚谷区苏和崇浦区苏并入大浑区苏，期间刘振明调铸钱岩二连指挥部任职。根据上级指示，岚谷区苏维埃政府于 1931 年 1 月再度恢复，刘振明再次任主席，办公地点仍设在乌山寺刘振明家中。1932 年 7 月刘振明调任闽北分区苏维埃政府负责后勤保障工作。

见过刘振明的人是这样描绘他的，"个子老高，额门溜光，表情严肃，话音洪亮，身穿大肩衣，腰扎宽布带，很有领导干部模样"。虽然在体形和外貌特征上让人感觉有股威严，但凡与刘振明有过接触的人都能感觉到他的和蔼宽厚和平易近人。由于当时残酷的斗争环境和苏区主席的特殊身份，他的工作要比别人忙得多，活动时间大多是借助夜色掩护秘密地进行。传达上级指示精神，参加重要军事会议，部署土地改革工作，征兵优抚工作，妇女儿童工作，参加民众代表会议，组织民众武装，发展苏区经济，筹措军需物资，宣传党的政策等等。事有巨细，但件件都马虎不得，稍有不慎，都会给党和革命事业带来不可估量的损失。每次参加会议，他没有官话套话，开门见山用民众最能接受的朴实语言和生动的事例来说明道理，切切实实解决实际问题。组织和群众对他的评价是：工作很好，能力强，做宣传工作很得力，群众拥护。

在上级组织的眼里，在老百姓的心里，刘振明是党的优秀干部，是最受苏区群众爱戴的人。但在家里，在他父亲刘昌文和族亲们的眼里，刘振明是个桀骜不驯爱折腾的"败家逆子"。

刘振明的父亲刘昌文在岚谷乡一带也算是个说得上话的民间人物，虽然不是什么官什么长，但他从农经商，既耕田种地，又经营茶叶和纸张生意，并在江西横丰和河口有自己的店铺。刘振明原名为刘锡恭，少年时就被父亲送进本地私塾念书，他天资聪颖，学业长进快。不久，父亲就叫刘振明到横丰去读书，并学习做生意，长见识。刘昌文见儿子长大成人，家业后继有人，就把河口和横丰两个店铺的生意交给儿子打理。那段时间，刘锡恭往返于河口、横丰、崇安、上饶等地，进货、请挑夫、谈生意、追货款，忙得不可开交，生意也越做越有起色。刘昌文见儿子有出息，心里好一阵欢喜。

就在刘锡恭忙于生意这段时间里，他眼界大开，看到了江西大革命时期的反帝斗争运动和方志敏领导的农民运动，接受了革命思想熏陶，并与方志敏有所接触。两人由于志向相同，很快就成为好朋友。在方志敏进步思想的影响下，他秘密参加了革命活动，1927年在方志敏介绍下加入中国共产党。受方志敏的委派，他改名刘振明，化名刘化食、周作恭，到福建崇安一带进行秘密的地下革命工作，与陈耿、徐福元一道，组织发动群众参加上梅暴动。为了支持方志敏领导的弋横农民暴动，建立共产党自己领导的革命武装，他瞒着父亲，卖掉横丰和河口的两个店铺，把钱全部捐给党组织购买枪支，组织农民暴动。当刘昌文得知儿子卖掉了几代人辛苦积攒的家业时，气得吐血，大骂刘振明是大逆不道的"败家子"。

1933年4月，由于推行王明"左倾"路线"肃反"运动扩大化，刘振明被误为"改组派"错杀于大安。噩耗传来，刘昌文悲恸难抑，儿子为革命工作忠心耿耿，鞠躬尽瘁，没有倒在敌人的枪口下，却倒在错误路线的枪口下。两个月后刘昌文抱病身亡。

保卫苏维埃红色政权

苏维埃红色政权的诞生，土地革命运动的蓬勃开展，影响和动摇了国民党反动派的基层统治政权。国民党派出部队和民团不时进犯苏区根据地，同时采取对苏区经济严厉封锁政策，妄图扑灭熊熊燃烧的革命烈火，把红色政权扼杀在刚刚诞生的摇篮之中。为了打破国民党政治、军事和经济上对苏区的封锁，苏区政府采取相应的筹粮筹款的紧急措施，如派出精干的武装人员秘密潜入邻近的白区，抓捕劣绅、恶霸、地主、奸商和反动头目，等待其家人带款前来领人。对那些没有劣迹、群众口碑好的富户人家，则用写借条的方式向他们筹借款项（老百姓称为"写经济"），立下字据盖上苏区政府大印，并清楚写道，因革命需要，向某某某借款多少，等革命胜利后，所借款额本息照还；如果革命不胜利，就权当积德行善做好事。这些措施，虽是权宜之计，但在一定程度上缓解了苏区经济暂时的困难，对巩固新生的苏维埃红色政权起着一定的补助作用。

岚谷一带的老一辈人都记得有这样一句民谣：客口桥下十八寨，白狗横行民遭殃；客口桥上赤色区，土地革命红旗扬。当年的客口桥以上是岚谷苏区管辖范围，客口桥以下属于国民党统治区域，老百姓把国民党军队称作为"白狗子"，把共产党领导的区域叫"赤区"（红色区域）。生活在赤白交界的民众，饱受战争带来的痛苦和惊吓，还有一句民谣是这样形容的："红军上，白党爬山冈；红军撤，白狗来岚谷翻泥鳅。"意思是，红军大部队一到，国民党匪兵躲进大山不敢出来；红军一撤走，国民党兵和反动势力蜂拥进入岚谷，翻箱倒柜抢走穷苦百姓的鸡鸭牛羊。民众看清白狗子残害百姓的真面具，谁是谁非谁好谁坏，心中有一本清晰的账，他们因此更加相信共产党，更加拥护和支持苏维埃红色政权。

1929年10月，闽北第一支红军队伍中国工农红军第55团在岚谷的黄龙岩成立，当时岚谷成为红军和反动势力拉锯战地带。为了保障根据地的安全和当地老百姓正常的生产、生活，在乌山寺的虎山、横墩村和横源村交界墩子门东侧山顶、横源村的网岗、横源寺前村后山狮子腰山冈修建了 4 个被群众称作"炮台"的报警点和狙击点，形成以根据地——黄龙岩下一渡水 55 团团部为核心地区的完整的消息传递报警链。

虎山炮台位于根据地的前沿阵地，视野开阔，担负着观察敌情、报警和阻击敌人的重任。当国民党军队（群众称为"绿卒"）和其他反动武装出现在客口桥方向，虎山炮台就打响第一铳（也有用"过山龙"或枪），用枪声预警表示敌人来了；打第二铳表示敌人肯定往岚谷方向来，苏区群众就要做好撤退准备；打第三铳表示敌人快到岚谷了，群众立即撤往大山里。信号一站接一站往下传，直传到黄龙岩下红军首脑机关，使指挥机关迅速做好战斗部署和组织群众撤离。

1931 年 3 月的一天，国民党军队进攻岚谷苏区，苏区主席刘振明带领一个排的红军战士和赤卫队员在乌山寺阻击敌人。战斗从上午一直打到下午两三点，终因寡不敌众，红军撤进深山。恼羞成怒的敌人攻进乌山寺村后，烧毁参加红军和苏区干部的房屋 18 栋，其中刘振明家 4 栋和毛彭森林 3 栋，在敌人的暴行中化为灰烬。至今，在乌山寺的土屋旧房中，还能看到被烈火烧过的乌黑椽头痕迹，这些痕迹倾诉着国民党兵的残暴，印证着苏区人民不屈不挠的斗争历史。

在艰苦卓绝的三年游击战争岁月里，根据地人民冒着白色恐怖的生命危险，资助和接济游击队，用各种形式掩护游击队活动。在岚谷一带流传着这样一个故事：闽北游击纵队领导人王文波同志利用乌山寺做庙会（来拜佛的群众很多）作掩护，在乌山寺村召开秘密会议，没想到消息泄漏，敌人速派民团将乌山寺包围，在村前后路口设卡拦截。虽然乌山寺村民房家家有暗门相通，但路口如咽喉被死死卡住，加上王文波同志个头瘦小，特征明显，想脱身很困难。这时，有人建议，让王文波同志化妆成扣冰古佛，坐在神龛（也叫"轿殿"，土话叫"菩萨橱"）里，用抬菩萨过街作掩护，把王文波送出关卡。这个办法很管用，在过关卡检查时，民团团丁只注意抬轿的人，并没在意坐在神龛里化过妆的"菩萨"，就这样，王文波顺利通过敌人关卡，回到游击队总部驻地。

在共产党领导下，岚谷、崇浦苏区组建农民武装赤卫队，随时参加战斗阻击敌人。少年先锋队、儿童团负责站岗放哨查路条，严防敌人奸细混入苏区搞破坏。抓到敌人探子（刺探我方情报的特务）或是抓到顽固不化的土豪恶霸，关进犯厂（位置较偏僻的关押犯人临时看守所，其实是简陋的山棚，群众称之"犯厂"），等待上级处置。各村妇女组织起来做军鞋军衣支援红军前线作战。苏区群众团结一心众志成城，捍卫红色苏维埃政权，保卫土地革命来之不易的成果。在土地革命时期，横墩村就有 40 多人在同敌人作战中英勇牺牲，他们不朽的英名书写在苏区红色的土地上。

对外贸易，摆脱苏区经济困境

在乌山寺寺院门墙一侧，挂着"崇安县苏维埃政府乌山寺对外贸易处旧址"牌，由于苏区根据地范围不大，自给自足的物资供应紧缺，为了巩固土地革命成果，发展苏区经济建设，粉碎国民党对苏区的经济封锁，必须沟通苏区与白区的物资交流，崇安县苏维埃政府于 1931 年 8 月在乌山寺自然村的乌山寺庙设立岚谷对外贸易处，设主任、工作人员和挑夫若干名，隶属崇安县苏维埃政府国民经济部和岚谷区苏维埃政府领导。陈肝、彭金旺曾先后担任贸易处主任，工作人员有周如成、潘小妹、曾有明等人。

对外贸易处主要交易对象是邻近的周边县，如江西广丰、铅山和与崇安交界的浦城等县，采购物品主要有三种形式：一是派员前往白区，驻点联络采购物资；二是靠进步商人代购代运；三是用银圆（那时，银圆是"硬通货"，在苏区和白区通用）或纸币与白区商人交易。有了对外贸易，苏区经济复苏，为红军游击队的发展壮大提供了有利的物质保障。

贸易处物资部分存放在庙里，部分存放在乌山寺、毛塔、苦竹林、下圻头、山尾等村庄群众家中，再由接头户把货品秘密从小路挑送到红军游击队驻地。这些物品大多是生活必需品和军需用品，如盐巴、布匹、药材、钢铁、手电、电池等，让苏区度过最困难时期，对巩固苏区政权、保存革命实力，支援革命战争起到一定的作用。

参观闽北革命历史纪念馆

雄师过处，尽显军民鱼水情

　　岚谷苏区是闽北分区委重要的组成部分，而乌山寺村是联系闽北苏区首府与浦城的纽带，是红军由崇安到浦城往返的重要通道。1932 年 9 月，方志敏、周建屏等率领中国工农红军第十军 6 个团，第二次入闽作战。9 月 14 日，红十军越过分水关，在闽北苏区首府大安与闽北红军会合。9 月 15 日，红十军兵分两路，胜利拿下赤石与星村两个重镇后，回到洋庄乡坑口村宿营休整。9 月 17 日，红十军派出一支部队佯攻建阳，给敌人造成错觉。大部队则从坑口村出发，途经吴屯乡红园、上村、小浑村，进入岚谷乡的际下、江陈村、乌山寺村，前往攻打浦城县城。据当地前辈们回忆，大部队在乌山寺住了一宿，前后几个村庄，如江陈、池墩、毛家桥、坝前、山尾、下坜头、苦竹林等，家家户户住满红军。这天，原岚谷区苏主席、闽北分区苏维埃政府负责后勤保障的刘振明，和现任区苏主席裴梓明、区委书记赖寿长迎接红十军到来，见到阔别已久的革命家方志敏和夫人缪敏，以及红十军的官兵，心里十分高兴，一边忙着为红十军带路打浦城作战前准备，一边忙着组织群众为红十军指战员安排食宿，并特意把方志敏和缪敏安排在地下党员盛贵娇家住宿。夜间，刘振明向方志敏汇报工作，两人彻夜交谈了许久。新中国成立后，缪敏在担任中共上饶地委组织部副部长兼妇联书记期间，曾来到武夷山，在崇安县县长赖求兴、县劳动科长周如有陪同下，到岚谷看望革命"五老"盛贵娇，对老区群众无私奉献，支持革命斗争予以高度的赞赏。

红10军攻打浦城，得到闽北分区委和岚谷苏区的大力支援，岚谷、山坳、岭阳的赤卫队、先锋队一千余人随红十军进军浦城。他们给大部队带路，组织担架队和挑运队。攻打浦城时，因城墙太高难以攻克，赤卫队员们上山砍毛竹做竹梯，还为红军搭设临时住宿的竹棚，抢救伤员，做饭送饭。浦城战斗胜利结束后，方志敏率部队回师赣东北，一路上苏区群众沿途送茶、送水、送吃的东西。赤卫队、先锋队、担架队负责护送伤员并负责将红军缴获来的武器弹药战利品及各种物资挑运到到闽北首府大安。红十军两次入闽作战，苏区人民积极响应支持，为苏区红色政权的巩固和建设，提供了有力的保障。

1935年3月，时任红军挺进师师长的粟裕率领500余人，从江西上饶县禹溪乡越过寮竹关，进入崇安县洋庄乡坑口的车盆坑村。几天后，粟裕率红军挺进师，从车盆坑驻地经吴屯乡的红园、上村等地进入岚谷乡地界。粟裕了解到红十军曾于1932年9月第二次入闽作战时，在乌山寺住宿一夜的情况，便选择乌山寺作为挺进师开展为期五天的短期整训地。而今，在岁月中蔓长的森森野草将整训遗址悄然覆盖，但永远覆盖不了的是当年红军挺进师将士们整训时的飒爽英姿和昂扬斗志以及他们将革命进行到底的誓死决心。

走进岚谷乡的乌山寺村，你没觉得这山、这水、这田、这村落有多少特别，但感觉就是不一般。站在这块被大革命浪潮席卷的苏区红土地上，记忆深处会涌起"起民众、闹革命"如火如荼轰轰烈烈的景象，眼前似乎有红旗飘扬在苏维埃红色政权的上空，耳际回响着方志敏、粟裕两位无产阶级革命家，曾先后率领红军主力部队在此留下气势磅礴的足音。这足音，从历史深处由远渐近徐徐而来，让人心潮澎湃，振奋昂扬！

后 记

2020 年岁杪，正值隆冬季节，寒风凛冽，但武夷山大地却一片火热。为纪念崇安苏区成立 90 周年暨毛泽东同志《如梦令·元旦》词创作 91 周年，武夷山市举办了一场"今日向何方，直指武夷山下"——红色文化里的实践活动。由福建省炎黄文化研究会和福建省作家协会共同组织的作家采风团以及军旅作家采风团应邀来到武夷山，瞻仰红色遗址，探寻红色史迹，采写红色故事。作家们所到之处，无不被崇安老区 22 年红旗不倒和革命先辈坚持信念、不畏牺牲的精神深深感动。

收入本书的 34 篇作品便是这次采风活动的丰赡成果。或深情记叙老区革命历程，或形象再现当年战斗场景，或缅怀先烈的高尚品德，皆笔酣墨饱，情采动人。

今年是伟大的中国共产党诞生一百周年华诞。铭记革命精神，讲好红色故事，不忘初心，继承传统，是本书编写的初衷。

在本书出版之际，我们仅向武夷山市委、市政府，向为本书提供素材和热情接受采访的各有关单位和个人，向参与本书采访、写作的作家、编辑以及出版社的同志们，一并致以衷心的感谢！

编　者
2021 年 7 月